# Die
# OSMANEN

DAVID NICOLLE

# Die OSMANEN

## 600 Jahre islamisches Weltreich

tosa

DIE OSMANEN –

*600 JAHRE ISLAMISCHES WELTREICH*


Übersetzung aus dem Englischen:
Alexander Lüdeke für akapit Verlagsservice
Produktion der deutschen Ausgabe:
akapit Verlagsservice, Berlin - Saarbrücken
Covergestaltung: Studio Höpfner-Thoma GraphicDesign,
Gräfelfing
Coverbilder: Corbis, aus dem Buch
Druck: Tlaciarne BB s.r.o., Slovakia

www.tosa-verlag.com

Bildnachweis

**Alle Bilder von David Nicolle außer:**

Archivo Iconografica/Corbis: 114, 124, 149 (oben); Arte & Immagini srl/Corbis: 65 (rechts); Yan Arthus-Bertrand /Corbis: 4–5, 38, 45, 81, 113 (oben); Askeri Museum, Istanbul: 74 (beide), 150 (links unten), 159 (unten); Bettman/Corbis: 21, 22, 168, 173, 179, 185 (oben), 148 (oben); British Museum: 79 (unten); Christies Images/Corbis: 82 (unten); Corbis: 12, 174 (rechts), 176; Freer Gallery, NY: 24; Chris Hellier /Corbis: 88, 154; Hermitage Museum: 54; Hulton-Deutsch Collection /Corbis: 169 (oben), 172, 178, 182; Istanbul Umar Library: 86; Wolfgang Kaehler /Corbis: 29; Oliver Frey/Thalamus Studios: 97 (oben): Roger Kean/Thalamus Studios: 165; Louvre, Paris: 79 (rechts oben); Ian Meigh 94: (unten); Ali Meyer/Corbis: 111; Musée de l'Armée, Paris: 150 (oben), 150 (unten rechts): Musée Fabre, Montpelier: 153 (unten); Museum of Islamic Art, Cairo: 132 (unten); Müye Müdürlügu, Konya: 26 (rechts); Fred Nicolle: 36 (unten), 134 (oben links); Palazzo Mocenigo, Venice: 128; Pierpoint Morgan Library: 90; Royal Engineeers Museum, Chatham: 157; Rykoff Collection/Corbis: 161; Faith Saribas/Reuters/Corbis: 64; Stapleton Collection/Corbis: 155; Murat Taner/Zefa/Corbis: 127; Topkapi Library: 36 (links), 51 (oben), 62, 64 (links), 71, 91 (unten), 107, 109, 115, 118, 126, 130 (beide), 131 (rechts), 132, 137, 140; Topkapi Museum: 134; Vanni Archive/Corbis: 32 (oben); Vienna Kunst Historische Museum: 108; Roger Woods/Corbis: 89; Adam Woolfitt/Corbis: 20 (unten); Adam Woolfitt/Corbis: 35 (unten); Thalamus Publishing: 54, 66 (oben), 77, 80, 82 (oben), 83, 85, 94 (oben), 96, 104, 110, 120, 121, 122–123, 143, 149 oben), 183.

# Inhalt



Die Süleymanyye-Moschee, eines der größten religiösen Bauwerke Istanbuls, mit Blick auf das Goldene Horn.

# Einführung

## Die Türken in der Geschichte

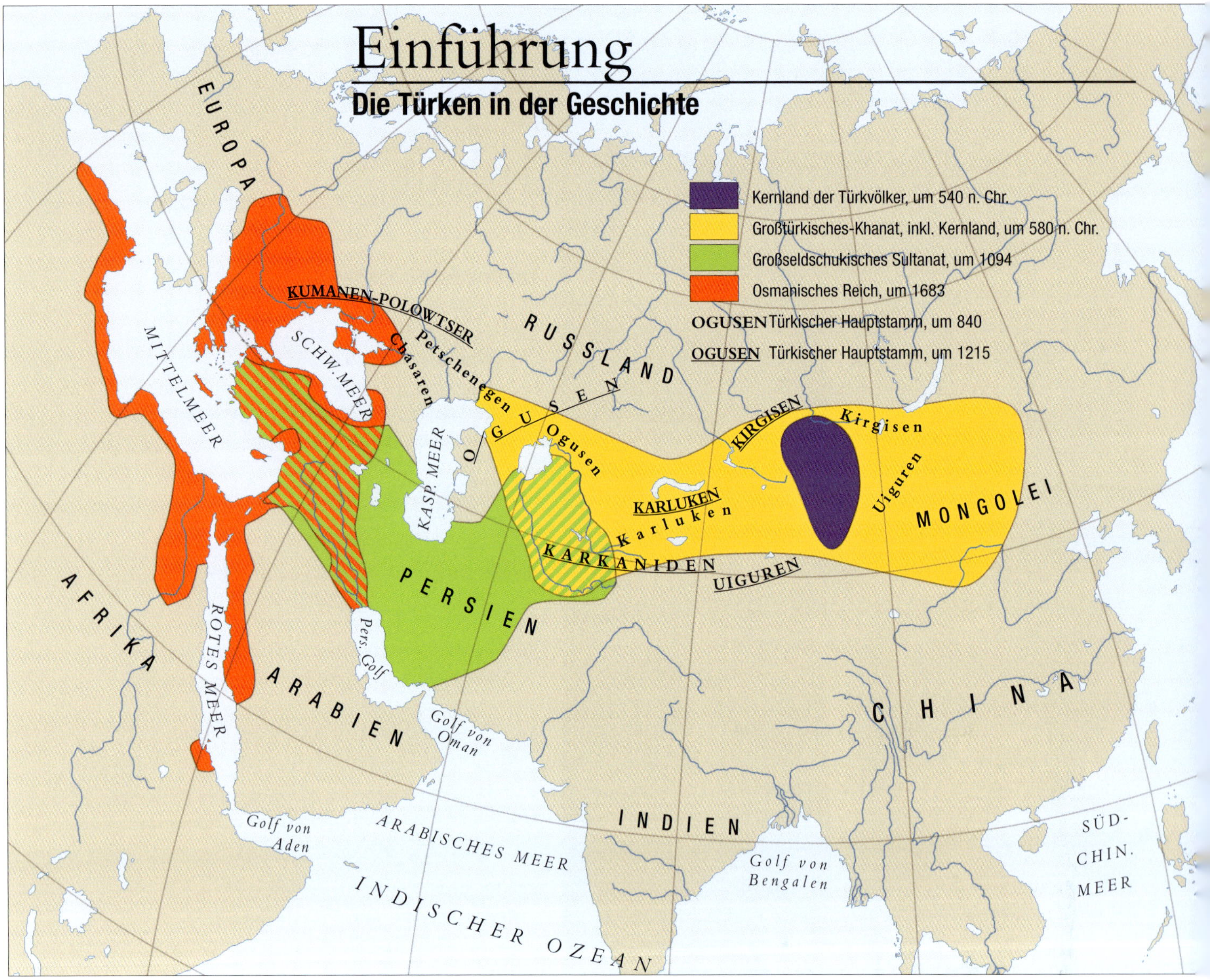


Auf ihrem Zenith beherrschten die Osmanen ein Gebiet ähnlicher Größe wie das mittelalterliche Byzantinische Reich zur Zeit seiner größten Ausdehnung. Dazu gehörten der Balkan, Kleinasien, Griechenland und Teile Nordafrikas. Sowohl viele Christen als auch Muslime hielten den Sultan für einen legitimen Nachfolger seines christlich-orthodoxen Vorgängers. Tatsächlich verband Türken und Byzantiner eine lange Beziehung, die zumindest bis zum Fall des Römischen Reiches zurückreichte. Diese Bezeichnung des Ereignisses ist jedoch irreführend, da im letzten Viertel des fünften Jahrhunderts n. Chr. nicht das gesamte Reich unterging; allein die westliche Hälfte brach als Resultat inneren Verfalls und äußeren Drucks zusammen. Ostrom überlebte in Form des Byzantinischen Reiches. Seine Bürger fühlten sich weiterhin als Römer, während das erste Türkvolk, welches Anatolien eroberte und sich dort ansiedelte, als Rumseldschuken bezeichnet wurde – Rum von „Rom". Im Lauf der Zeit wurden die Rumsdeldschuken zu mongolischen Vasallen und Anatolien zu einer Ansammlung türkischer Kleinstaaten. Einer dieser Staaten sollte zur mächtigsten aller türkischen Nationen werden: die Osmanen.

**Kartenverzeichnis**

KAPITEL EINS

# Die Türkei vor den Osmanen

## Türkvölker und Byzantiner

Bis Mitte des 5. Jahrhunderts n. Chr. hatte eine Serie verheerender Invasionen, nicht zuletzt diejenige der Hunnen, das Territorium Roms schrumpfen lassen. Die ethnische und sprachliche Zugehörigkeit der Hunnen bleibt bis heute ein Rätsel. Als Attila, ihr bekanntester Kriegsherr, Westeuropa überfiel, schienen die Hunnen ein Verband verschiedener Völker gewesen zu sein, zu denen Germanen, Iraner, Mongolen und Türken zählten. Die Türken selbst traten weit im Osten auf die Bühne der Geschichte. Mitte des 6. Jahrhunderts lebten die T'u-kiu oder T'u-chüeh, wie sie in chinesischen Quellen genannt wurden, in der heutigen westlichen Mongolei. Heute bewohnen die einer anderen Sprachfamilie angehörenden Mongolen das ehemalige Kernland der Türken, weite Gebiete westlich davon sind jedoch weiterhin türkisch geprägt.

Von allen aus Zentralasien stammenden Völkern hatte keines einen größeren Einfluss auf die Geschichte als die Türken. Ihr Name bedeutete wohl „Helm", und ursprünglich scheinen sie eine kleine Gruppe von geschickten Metallhandwerkern im eisenreichen Altaigebirge gewesen zu sein. Die Türken vereinigten im 6. Jahrhundert, nachdem sie die mongolischen Juan-Juan besiegt hatten, einen Großteil der Nomadenvölker im östlichen Zentralasien. Dieser riesige Staat wurde Gök-Khanat (Gök für blau oder himmlisch) genannt, doch bereits um 583 teilte er sich in die oftmals rivalisierenden Ost- und Westtürkischen Khanate.

Anklänge fast vergessener Kriege zwischen Gök-Türken und sassanidischen Persern finden sich im großen iranischen Nationalepos, dem *Shahnamah*. Die Türken waren besonders gut organisiert und diszipliniert – worüber später auch Gegner weiter westlich mit Ehrfurcht berichten sollten –, und ihre Taktik basierte auf berittenen Bogenschützen. Während die östlichen Türken sesshaft wurden und Landwirtschaft betrieben, blieben viele der westlichen Türken ihrem nomadischen Lebensstil treu. Sie hatten auch die Wucht der ersten arabisch-islamischen Vorstöße nach Zentralasien sowie der Angriffe der T'ang-Chinesen zu tragen. Daher löste sich das Westtürkische Khanat im Jahr 740 auf. Danach wurden die Westtürken als Ogusen bekannt, von denen sowohl die Seldschuken als auch die Osmanen ihre Herkunft ableiteten. Während Teile der Ogusen in den Osten des islamischen Kalifats eindrangen, wo sie muslimisch wurden, zogen andere nach Westen und ließen sich im 8. Jahrhundert in Anatolien nieder, wo sie mit der Zeit von der byzantinischen Gesellschaft und Kultur absorbiert wurden. Andere Stämme spielten später eine wichtige Rolle in den Gebieten, die einmal Russland und die Ukraine werden sollten.

Die armenische Kirche von Aghtama steht auf einem Felsvorsprung über dem Vansee im östlichen Anatolien.

Zu den türkisch-hunnischen Stämmen, die nach dem Zerfall von Attilas Reich (406–453 n. Chr.) in Südosteuropa verblieben waren, gehörten die Onoguren (*On Oqur* oder „Volk der zehn Pfeile"), bald besser bekannt als Bulgaren („Mischvolk"). Sie errichteten eine Reihe von Staaten, von denen das später christliche Bulgarien und das islamische Khanat der Wolga-Bulgaren im heutigen Zentralrussland die langlebigsten waren. Die Geschichte dieser Stämme und Regionen ist komplex. Byzanz litt oft unter Überfällen dieser Völker, während es zugleich Soldaten aus ihnen rekrutierte. Die Chasaren, ein weiterer türkischer Stamm, eroberten nach 670 die Steppengebiete nördlich des Schwarzen Meeres, und ihre Führungselite nahm schließlich den jüdischen Glauben an. Noch bevor muslimische Araber an ihren südlichen Grenzen erschienen, gingen die Chasaren mit Byzanz eine Allianz gegen den alten Feind Roms, das persische Sassanidenreich, ein, die auch den Fall des Sassanidenreichs an die Araber im Jahr 651 überdauerte. Byzanz und die Chasaren blieben fortan meist Verbündete.

Durch russische Angriffe geschwächt gaben die Chasaren im frühen 11. Jahrhundert der so genannten dritten Wanderungswelle nomadischer Türkvölker nach. Die Petschenegen tauchten im 9. Jahrhundert aus ihrem Ursprungsgebiet zwischen Wolga und dem südlichen Ural auf, eroberten die Steppen nördlich des Schwarzen Meeres und drangen bis auf den Balkan vor. Ihre Zusammensetzung war noch gemischter als die anderer Stämme, denn obwohl die Mehrzahl türkisch sprach, gab es unter ihnen auch viele finno-ugrische und iranische Nomaden. Trotz diverser Zusammenstöße zwischen Petschenegen und Byzantinern ermutigten die byzantinischen Kaiser einige Stämme, sich entlang der Donaugrenze als *foederati* (Bundesgenossen) niederzulassen. Andernorts vermischten sich die Petschenegen nach und nach mit weiteren Völkern, darunter mit türkischen Nomadenstämmen wie den Torken und später den Kiptschaken.

Erinnerung an eine Vergangenheit weit in den Bergen des Ostens: das Relief eines Löwens, der eine Kuh reißt. Große Moschee, Diyarbakir.

Es gibt zudem die Hypothese, dass die christlichen Türken der Dobruja-Region in Rumänien eher die Nachfahren der Petschenegen und Kiptschaken als diejenigen osmanischer Siedler sind. Ein Teil des ogusischen Stammesbundes, die Usen, wurde nach Westen gedrängt und entriss den Petschenegen kurzzeitig die westlichen Steppen, bevor sie von den Kiptschaken zerstreut wurden. Obwohl ihre Geschichte in Osteuropa nur kurz war, hatten die Ogusen eine eigene Kultur. Ihr Nationalepos, *Dede Korkut,* ist ein Schmuckstück der frühen türkischen Literatur. Ogusische Krieger dienten seit dem 9. Jahrhundert im byzantinischen und seit dem 11. Jahrhundert in islamischen Heeren, sogar in Marokko und Spanien.

Die kiptschakischen Türken eroberten die europäischen Steppen ungefähr zu jener Zeit, als die seldschukischen Türken, Teil der Ogusen, die Kontrolle über die östlichen Provinzen der islamischen Welt übernahmen. In Russland waren die Kiptschaken als Polowtser, in Byzanz als Chomanoi und in Zentraleuropa als Kumanen bekannt. Sie vertrieben die Ogusen aus den Steppen Südrusslands und herrschten dort bis zur Ankunft der Mongolen unter Dschingis Khan im 13. Jahrhundert.

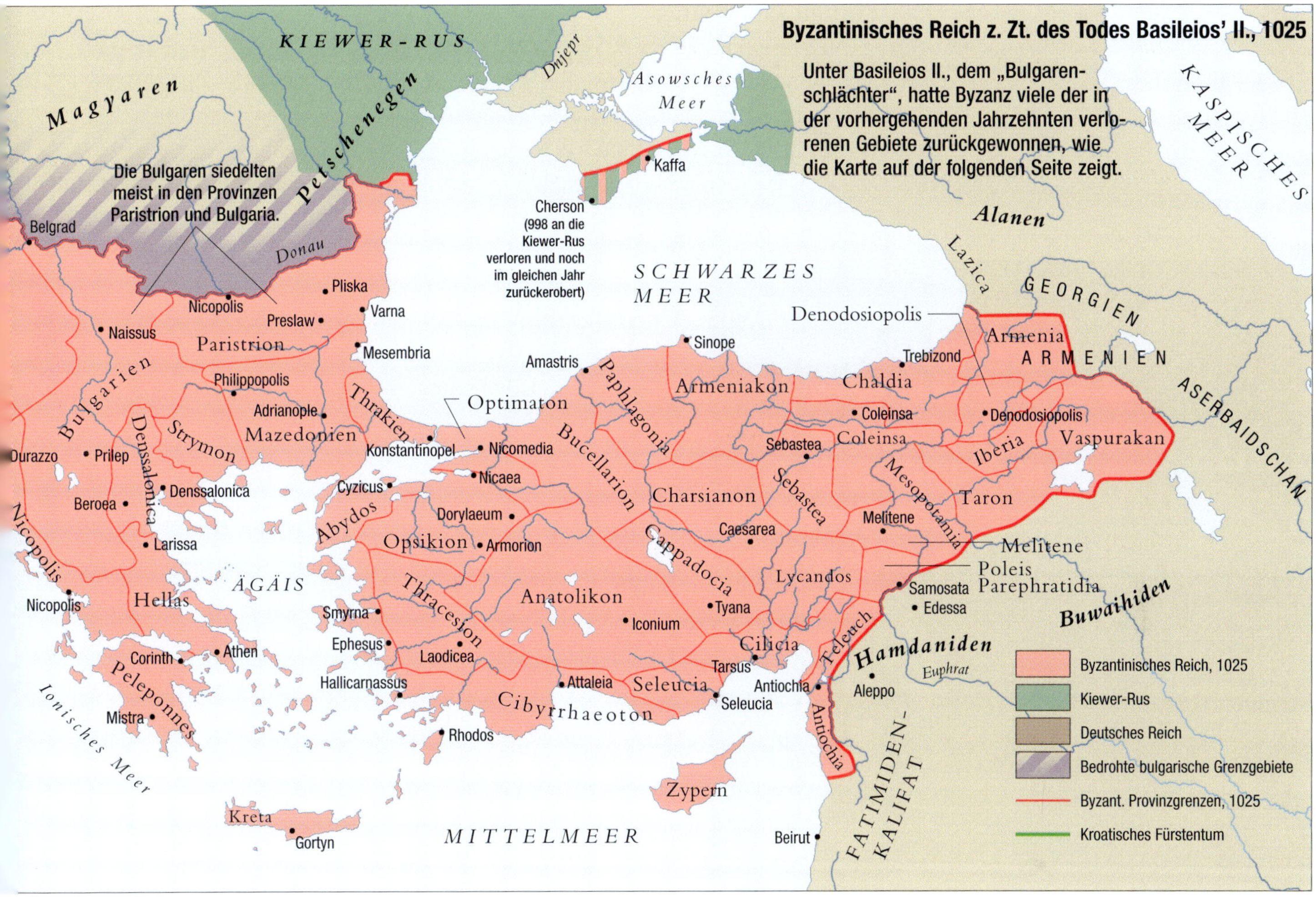


Weit im Osten hatten bereits Ereignisse stattgefunden, die letztlich fatale Folgen für Byzanz haben sollten. Die Karakhaniden waren Türken, die im 9. Jahrhundert aus der Stammesföderation der Karluken hervorgegangen und zum Islam konvertiert waren. Sie schufen ein Khanat zu beiden Seiten der Tien-Shan-Berge. Unter ihrer Herrschaft nahm das zuvor iranischsprachige Transoxanien schrittweise die türkische Kultur an. Zudem schufen sie den ersten wahren islamisch-türkischen Staat. Spuren dieses Erbes bewahrten sich später auch bei den Seldschuken und Osmanen, was noch heute in manchen Unterschieden zwischen türkischem und arabischen Islam sichtbar ist. Das Reich der Karakhaniden bestand aus einer Reihe von militärischen Machtbereichen mit einer nur lockeren gemeinsamen Regierung. Südlich von ihnen lagen die Ghasnawiden, Abkömmlinge türkischer Sklaven, die als Soldaten für die iranischen Samaniden (819–999) gekämpft hatten, westlich befanden sich die Ogusen.

Im späten 10. Jahrhundert tauchte der zum Islam konvertierte Seldschuk auf. Nachdem er sich mit seinen Vorgesetzten zerstritten hatte, führte er seine Großfamilie und deren Gefolgschaft in einen Landstrich am Fluss Syrdarya. Seine Nachkommen waren für mehrere Generationen mit internen Machtkämpfen beschäftigt. Erst Mitte des 11. Jahrhunderts begannen die Seldschuken, wie sie genannt wurden, sich auszubreiten. Dann jedoch veränderten sie innerhalb weniger Jahre das politische Spektrum nicht nur der islamischen Welt, sondern auch das des Byzantinischen Reiches.

## Die Türken kommen

Byzanz' Niederlage gegen die Seldschuken in der Schlacht von Manzikert 1071 und der folgende Verlust Anatoliens waren ein großer Schock für die christliche Welt. Noch heute betrachten einige Historiker Manzikert als Katastrophe und halten den Aufstieg des Islams im 7. Jahrhundert für die Wurzel dieses Desasters. Andere sehen den Grund in einer Reihe von Ereignissen, die mit der Rückeroberung Anatoliens und Nordsyriens (Regionen, die zuvor bereits rund dreihundert Jahre islamisch gewesen waren) im 10. Jahrhundert durch Byzanz begonnen hatte. Die Verhängung des Kriegsrechts im christlichen Armenien Mitte des 11. Jahrhunderts schwächte die Ostgrenze des Reiches und ermöglichte nur wenige Jahrzehnte später einen türkischen Durchbruch. Die byzantinische Annexion Armeniens hatte auf beiden Seiten der Grenze tiefgreifende Auswirkungen. Das armenische Königreich kam unter die Kontrolle des byzantinischen *dux* oder Militärgouverneurs von Iberia, ein Territorium, das zuvor den ebenfalls christlichen Georgiern geraubt worden war. Teile der alten armenischen Elite übernahmen führende Rollen in Georgien, während andere in das byzantinische Kappadokien, in das islamische Syrien oder nach Ägypten gingen.

Detail eines byzantinischen Mosaiks, das Konstantin IX. (1042–1055) zur Rechten Christi sitzend zeigt. Konstantin verlor die italienischen Gebiete des Reiches und versäumte es, einer neuen Bedrohung aus dem Osten, den seldschukischen Türken, Einhalt zu gebieten, die nur 16 Jahre nach seinem Tod Anatolien überrannten.

Die seldschukische Eroberung großer Teile der zentralen und östlichen islamischen Welt während des 11. Jahrhunderts war ebenfalls von Bedeutung, denn damit wurde die schiitische Vorherrschaft gebrochen, und es kam zu einem Wiederaufleben des sunnitischen Islams. Zudem brachte dies räuberische und nur oberflächlich islamisierte türkische Stämme an die Ostgrenze des Byzantinischen Reiches. Diese Stämme, meist Turkomanen genannt, um sie von den sesshaften, zivilisierten Türken zu unterscheiden, waren problematische Nachbarn.

Die Seldschuken waren einst ein Klan innerhalb des Stammesverbandes der Ogusen. Traditionell teilten sie die Macht innerhalb der Familie auf. Dieses System wurde auch im Sultanat der Großseldschuken beibehalten, das sie und ihre Nachfahren im Iran, Irak (ungefähr das Gebiet des antiken Mesopotamiens), dem nördlichen Syrien und einigen benachbarten Regionen errichteten. Obwohl sie von den bereits länger islamisierten Türken fast als Barbaren betrachtet wurden, erlaubte ihr zentralasiatisches Erbe es ihnen, auf bewährte Traditionen der Staatsgründung zurückzugreifen. Während die Seldschuken Persien beherrschten, wurden ihre Kultur und ihr Aussehen zunehmend persischer, zudem nahmen sie eine mysthische und fast „volkstümliche" Form des Islams an, die sich von der gelehrten Auslegung des arabischen Islams bedeutend unterschied.

Die Seldschuken und ihre Nachfolger fanden Byzanz' Grenzen nur schwach verteidigt vor. Zahlreiche turkomanische Raubzüge, ja ganze Nomadenstämme waren schon Jahre vor der Schlacht von Manzikert tief nach Anatolien vorgedrungen. Einige von ihnen kämpften als *gazis* (religiöse Freiwillige), um den Byzantinern ein Jahrhundert zuvor verlorenes Gebiet wieder zu entreißen. Andere waren schlicht auf

Byzanz und die Türken, um 940
Byzantinisches Reich
Gebiete unter islamischer Herrschaft
Türkvölker
Chasarenreich
Regionen unter der Herrschaft türkischer Dynastien oder Stämme
Finno-ugrische Magyaren
Nowgorod
Wolga
Wolga-Bulgaren
Balten
Rus
Kiew
Don
CHASARENREICH
Wolga
Itil
KASPISCHES MEER
Dnjepr
Dnjestr
Petschenegen
Sarkel
Asowsches Meer
Kassogen
Kaffa
Slawen
Magyaren
Byzantinische Quellen bezeichnen die finno-ugrischen Magyaren oft als „Türken".
SCHWARZES MEER
Serben
Donau
ADRIA
BULGARIEN
ITALIEN
Konstantinopel
Denssalonica
ANATOLIEN
BYZANTINISCHES REICH
Vansee
Urmiasee
Mosul
Tigris
MESOPOTAMIEN
Euphrat
Tarsus
Aleppo
Sizilien
Malta
Zypern
unter gemeinsamer byzantinischer und islamischer Herrschaft
Kreta
Damaskus
MITTELMEER
Alexandria
ARABIEN
Ikhshididen
Fustat
AFRIKA

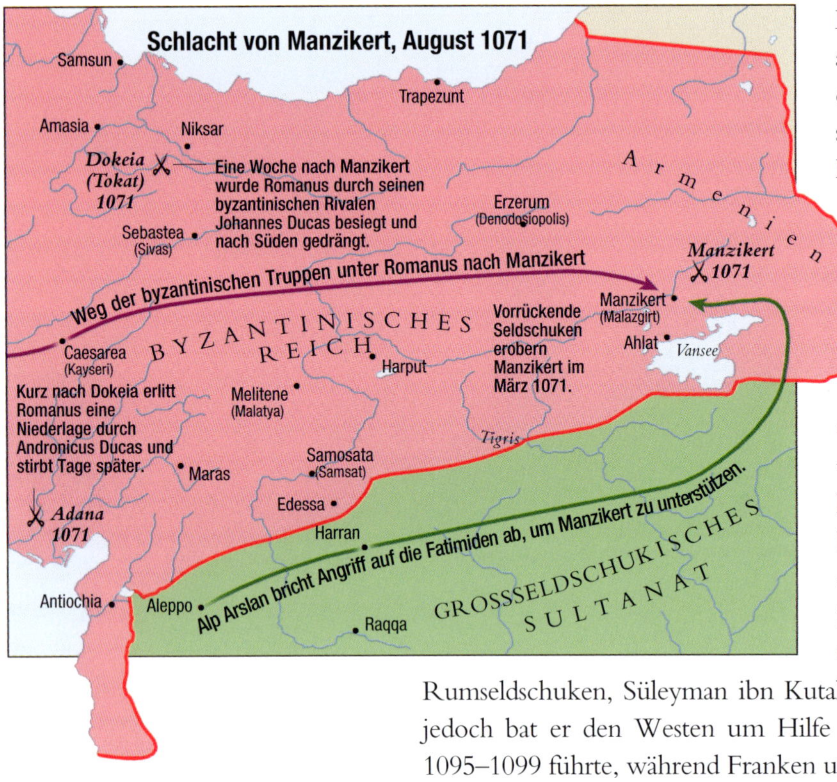


Beute aus. Ein Angriff auf das mächtige und alte Byzantinische Reich jedoch – das „Rom" des Nahen Ostens – war offiziell nicht Teil der seldschukischen Politik. Der Feldzug Kaiser Romanus' IV. gegen die Seldschuken führte zur Niederlage gegen deren Sultan Alp Arslan bei Manzikert. Eine Reihe byzantinischer Bürgerkriege und der allmähliche Zusammenbruch der kaiserlichen Autorität in Anatolien folgten. In der Hoffnung auf Entsatz hielten zahlreiche abgeschnittene Garnisonen in ihren befestigten Lagern aus, während sie die Kontrolle über das Umland verloren. Einige Anwärter auf den Kaiserthron boten den Türken Städte oder Regionen an, um deren militärische Unterstützung zu gewinnen. So offerierte der aufstrebende Alexius Comnenus dem Gründer des Sultanats der Rumseldschuken, Süleyman ibn Kutalmis, Nicaea. Als Kaiser Alexius I. (1081–1118) jedoch bat er den Westen um Hilfe gegen die Türken, was zum Ersten Kreuzzug 1095–1099 führte, während Franken und Normannen Jerusalem eroberten und Kreuzfahrerstaaten gründeten, z. B. die Grafschaften Edessa und Tripoli, das Fürstentum Antiochia sowie das Königreich Jerusalem, das nominell über die anderen herrschte.

Nach Süleymans Tod nahm ein weiterer Sultan der Großseldschuken, Malik Schah, dessen Sohn Kilich Arslan als Geisel, da er fürchtete, dass die Rumseldschuken nur schwer zu kontrollieren sein könnten. Als Kilich Arslan schließlich in seine Heimat zurückkehrte, hatte er große Probleme, seine Macht wiederzugewinnen, denn zwischenzeitlich waren noch unbeugsamere türkische Mächte in der Region entstanden, die herausragendsten unter ihnen waren die Danischmendiden.

## Das Sultanat der Rumseldschuken

Von 1070 bis zur Ankunft der ersten Kreuzritter Ende des 11. Jahrhunderts hatten diverse armenische Führer im Süden und im Zentrum Anatoliens sowie im Norden Syriens verschiedene Fürstentümer gegründet. In anderen Gegenden unterwarfen sich Teile der alten armenischen Militäraristokratie zusammen mit griechischen und westeuropäischen Truppen, die einst in byzantinischen Diensten gestanden hatten, der türkischen Herrschaft. Diese übernahmen nach und nach Teile der türkischen Sprache und Kultur, teils konvertierten sie auch zum Islam. Andere blieben noch für Generationen christlich, obwohl sie den neuen türkischen Herrschern in zivilen und militärischen Ämtern dienten. Die im 11. Jahrhundert auf erobertem byzantinischem Gebiet gegründeten neuen türkischen Staaten überstanden den Durchmarsch der Truppen des Ersten Kreuzzugs durch Anatolien auf ihrem Weg nach Syrien und Jerusalem. Allerdings schrumpfte Rum auf wenig mehr als die Umgebung von Iconium (Konya), das auch Hauptstadt wurde.

Da sie im Zuge der byzantinischen Wiedereroberung weit weniger Land verloren hatten, wurden die Danischmendiden zur führenden islamischen Militärmacht im Anatolien des frühen 12. Jahrhunderts. Tatsächlich gelang es ihnen, eine ganze christ-

liche Armee, die den erfolgreichen ersten Kreuzfahrern im Sommer 1101 folgte, zu vernichten. Zwei Geschlechter von Herrschern oder Emiren der Danischmendiden spielten Mitte des 12. Jahrhunderts eine Rolle, eines hatte seinen Sitz in Sivas, das andere in Malatya und Elbistan. Obwohl ihre Geschichte größtenteils im Dunkeln liegt, tauchen sie in Volkslegenden und in der Literatur auf, so z. B. in der Erzählung *Danischmandname*. Im Lauf der 1270er-Jahre erholten sich die Rumseldschuken von ihren früheren Rückschlägen und schluckten beide Staaten der Danischmendiden.

Während sie mit dem noch immer mächtigen Byzanz meist gute Beziehungen pflegten, vergrößerten die Seldschuken beständig ihr Gebiet auf Kosten des armenischen Kilikiens, der Kreuzfahrergrafschaft Edessa im Süden und der Danischmendiden im Osten. Im Jahr 1176, zwischen zwei Feldzügen, die das Ende der Danischmendiden bedeuteten, fügten die Seldschuken einer byzantinischen Armee unter Manuel I. Comnenus eine schwere Niederlage zu. Für die Byzantiner war die Schlacht von Myriokephalon eine fast so große Katastrophe wie Manzikert 1071. Obwohl die Rumseldschuken ihren Erfolg nicht unmittelbar nutzten, erholte sich das byzantinische Militär nie wieder vollständig.

Die erste Hälfte des 13. Jahrhunderts stellte den Höhepunkt der Zivilisation der Seldschuken auf dem Gebiet der heutigen Türkei dar. Unter ihrer Herrschaft bildete sich eine neue Form der anatolisch-islamischen Kunst und Architektur heraus. Die meisten der noch erhaltenen Seldschuken-Bauten stammen aus dieser Periode. Das

- Großseldschukische Sultanate
- Nach 1071 an die Seldschuken verlorenes byzantinisches Gebiet
- Den Seldschuken tributpflichtig
- Andere islamische Territorien
- Andere Türkvölker (nicht oder nur teilweise muslimisch)
- Byzantinisches Reich
- Strittig zw. Fatimiden und Seldschuken
- Andere christliche Staaten
- Byzantinische Grenze vor 1070

Gleiche gilt für die meisten erhaltenen seldschukischen Textilien, Stuckarbeiten, Keramiken sowie Holz- und Metallarbeiten. Den stärksten Einfluss übten dabei der benachbarte Iran und das eigene türkisch-zentralasiatische Erbe aus, doch spielten auch christlich-byzantinische und armenische Elemente eine Rolle. Die seldschukisch-anatolische Kunst, Architektur und Literatur schufen die Basis für die folgende osmanische Kultur.

Die meisten Städte im türkischen Anatolien gab es bereits Hunderte, ja Tausende von Jahren. Ihre römisch-byzantinischen Grundrisse, Wehranlagen und anderen Einrichtungen verschwanden unter der türkischen Herrschaft nicht, sondern wurden im Gegenteil oft wieder auf- oder gar ausgebaut. Im Gegenzug wiesen die neu gegründeten Städte zwar zahlreiche zentralasiatische Eigenarten auf, spiegelten jedoch die

**Links:** Eingang der 1252 erbauten Koranschule von Karatay, Konya.

**Unten:** Doner Gumbat, 1276, Kayseri.

römisch-byzantinische urbane Tradition wider. Diese Städte waren oft großzügiger angelegt als zuvor und verfügten über Gärten, Obstbaumhaine, Märkte, fließendes Wasser und zahlreiche öffentliche Brunnen. Die Türken vergrößerten ebenfalls die Zahl der *hamams* oder öffentlichen Bäder. Diese unterschieden sich von den römisch-byzantinischen Bädern darin, dass sie kein großes Wasserbecken, sondern mehrere kleine besaßen, in die beständig fließendes kaltes und heißes Wasser strömte. Die Seldschuken veränderten wie ihre osmanischen Nachfolger das Bild ehemals byzantinischer Städte, indem sie zahlreiche Moscheen und Koranschulen sowie Krankenhäuser errichteten.

Eine weitere typische neue Art von öffentlichen Gebäuden waren die *maret* genannten Suppenküchen und Unterkünfte für Arme. Viele dieser wohltätigen Einrichtungen wurden durch das *Vakf*-System (arabisch *waqf*) verwaltet und finanziert, welches wiederum von den Einahmen dauerhaft für solche Zwecke gestifteter Grundstücke abhängig war. Obschon religiöse Institutionen in der islamischen Welt von Steuern befreit waren, zahlten die Nutzer der Grundstücke Gebühren an einen Verwalter, der diese Einnahmen dann an wohltätige Zwecke, etwa Suppenküchen, weiterleitete.

Wie in anderen traditionellen islamischen Städten waren bestimmte Gebiete außerhalb der Stadtmauern für Schlachttiere bestimmt. Auch andere unbeliebte oder geruchsintensive Gewerbe hatten sich am Rand oder außerhalb der Stadtmauern anzusiedeln. Je wertvoller und prestigeträchtiger die Waren eines Gewerbes waren, desto näher am Stadtzentrum war es zu finden. Daher konzentrierten sich Goldschmiede und Buchhändler oft um die Moschee im Herzen der Stadt.

Es gab zwar keine offiziell anerkannten Zünfte in türkischen Städten, doch wie in anderen Teilen der islamischen Welt wurde jedes *esnaf* oder Handwerk von einem Beamten überwacht. Während der osmanischen Periode diente dieser dazu, Steuern

von den städtischen Handwerken einzutreiben. Jedes Handwerk entwickelte eine gemeinsame Identität. Man besuchte häufig die gleiche Moschee oder bildete Milizeinheiten, die bestimmte Abschnitte der Stadtmauer verteidigten. Üblicherweise wurden in islamischen Städten nur selten Sklaven in Gewerbe und Landwirtschaft eingesetzt, da man der Ansicht war, Sklaven sollten vor allem als geschultes Hauspersonal oder als Elitesoldaten eingesetzt werden. Tatsächlich entwickelte sich die Bezeichnung *kul* oder Sklave zu einer Art Ehrentitel, die während der osmanischen Zeit auch von Freien angenommen wurde.

Hof der Koranschule von Erzerum im nordöstlichen Anatolien, **oben**, und das Innere der Karatay-Koranschule, Konya.

Im Ausland hat die türkische Literatur nur selten den Stellenwert iranischer oder arabischer Werke. Dennoch erwiesen sich das Sultanat der Rumseldschuken und dessen unmittelbare Nachfolger als fruchtbarer Boden für Formen der Literatur, die sowohl zentralasiatische als auch neue Elemente enthielten. Dazu gehörten aufregende, wenn auch eher schlichte Kriegsepen und die wohl lustigsten Erzählungen der islamischen Literatur, die Geschichte der Streiche Nasredin Hodschas. Diese sind typisch türkisch und bis heute sehr populär. Obgleich oftmals unverschämt und respektlos gegenüber Autoritäten, sind sie doch zutiefst moralisch, ja teils sogar mysthisch, da sie eng mit den Sufi- und Derwisch-Bruderschaften verbunden sind, die während der verheerenden mongolischen Besetzung im 13. Jahrhundert für ein Überleben der türkischen Literatur sorgten.

## Die seldschukische Türkei, Zentrum des internationalen Handels

Die anderthalb Jahrhunderte seldschukischer Herrschaft in Zentralanatolien waren von einem bemerkenswerten wirtschaftlichen Fortschritt, besonders im Fernhandel, gekennzeichnet. Anpassungsfähige Händler nutzten neue Methoden, um mit hochwertigen Waren aus dem Orient gleichzuziehen, und ein gut ausgebautes Handelsnetzwerk sorgte für

die Verteilung ihrer Waren in fast die gesamte damals bekannte Welt. Technologie und Gewerbe in der islamischen Welt des 12. Jahrhunderts waren in einigen Bereichen sehr fortgeschritten, besonders im Mittleren Osten. Manche dieser neuen Technologien fanden ihren Weg auch in das wirtschaftlich expandierende und zunehmend wohlhabende Sultanat der Rumseldschuken. In etlichen Städten blühten das Keramik- und Textilgewerbe, während muslimische Töpfer beständig versuchten, mit den hochgeschätzten, jedoch sehr teuren Importkeramiken aus China zu konkurrieren. Metall- und Holzverarbeitung fanden ebenfalls aufnahmebereite Märkte vor, wobei muslimische Schmiede neue Techniken aus China und Indien übernahmen.

Rasche Kommunikation über weite Strecken hinweg und Handelsverbindungen zur See und an Land unterstützten die Verbreitung derartiger Technologien und hochwertiger Waren. Die Rumseldschuken nutzen ihre Lage am Knotenpunkt mehrerer florierender Handelsrouten, um Waren zu kaufen, verkaufen und in praktisch die gesamte damals bekannte Welt zu transportieren, die im 13. Jahrhundert ganz Europa, einen großen Teil Asiens bis hin nach China, Japan, Korea und Indonesien

sowie einen bedeutenden Teil Afrikas umfasste. Es scheint manchmal, als seien die einzigen Kontinente, von denen keine Waren die seldschukischen Märkte passierten, Amerika und Australasien gewesen. Es ist daher kein Wunder, dass europäische Kaufleute, besonders aus Italien, großes Interesse am Aufbau freundlicher Beziehungen zu seldschukischen Händlern hatten.

Der Transport war einfach, aber effektiv. Vor den Toren jeder Stadt gab es ein Gelände, auf dem Lasttiere mit Waren bepackt wurden, während die Märkte in den Städten oft große, gesicherte Lagerhäuser besaßen. Wege, die unter byzantinischer Herrschaft verfallen waren, wurden ausgebessert und Brücken repariert. Ein bemerkenswertes Netz von Karawansereien *(hans* bzw. *khans)* wurde neu errichtet. Diese ähnelten befestigten Motels, in denen Händler mit ihren Waren Zuflucht vor Räubern und dem häufig harschen anatolischen Klima finden konnten. Karawansereien waren oft im Abstand von rund 30 km erbaut, was einem Tagesmarsch beladener Packtiere entspricht. Die größten besaßen einen Innenhof mit einem erhöhten Gebetsraum *(musalah)* im Zentrum, einen Saal, ein *hamam* oder öffentliches Bad, Privatunterkünfte, Ställe für Lasttiere und Lagerräume für Waren. Nicht alle waren so gut ausgestattet, doch das Konzept war Teil einer alten Tradition orientalischer Handelseinrichtungen, wie man sie im Iran, in Transoxanien und entlang einiger Abschnitte der Seidenstraße nach China beobachten konnte.

Mittelmeer und Schwarzes Meer wurden zum großen Teil von christlichen Flotten beherrscht. Diese waren meist italienisch, obwohl auch Byzantiner im Schwar-

Überdachte mittelalterliche Galeerendocks in Alanya. Die großen Mittelmeerhäfen – wichtig für den byzantinischen Handel und Zoll – waren eine wertvolle Beute der Seldschuken. Viele alte Brücken wurden ausgebessert oder neue errichtet. Diese Brücke bei Aspendos zeigt das Geschick der seldschukischen Baumeister.

zen Meer und islamische Schiffe im östlichen Mittelmeer zu finden waren. Als die Seldschuken und ihre Nachfolger aber Mittelmeer und Schwarzes Meer erreicht hatten, rissen sie die Seeherrschaft erneut an sich, wie es schon ihre Vorfahren im späten 11. Jahrhundert getan hatten. Mitunter waren die von ihnen erbauten Hafenanlagen erstaunlich ausgeklügelt und verfügten über in Fels gehauene Hellinge und vollständig überdachte Kais. Die meisten dieser raffinierten Bauten scheinen eher für Kriegs- als für Handelsschiffe gedacht gewesen zu sein, doch wurde der Handel an allen Abschnitten der türkischen Küsten gefördert.

## Die Mongolen dringen in Anatolien ein

Die Eroberung der Hauptstadt Konstantinopel (später Istanbul) im Vierten Kreuzzug 1204 und ihre Besetzung durch westliche („lateinische") Kräfte bis 1261 schwächten Byzanz. In Kleinasien blieben ihm nur das kleine, isolierte „Reich" von Trapezunt und das etwas größere „Reich" von Niceaea.

Da das Hauptanliegen des Letzteren die Rückeroberung Konstantinopels von den Lateinern war, nutzten die Seldschuken die Chance, sich weiter auszudehnen, und erreichten das Mittelmeer im Süden sowie das Schwarze Meer im Norden. Der Besitz schon kleiner Küstenabschnitte brachte noch mehr Einnahmen durch Handel, die wiederum zur Finanzierung militärischer Stärke dienten und territoriale Ambitionen schürten. Ein Großteil dieser Ambitionen war nach Osten, auf das alte Kernland der islamischen Kultur, gerichtet.

Die Rumseldschuken hatten einige mächtige östliche und südöstliche Nachbarn. Die Ayyubiden, Abkömmlinge Saladins, der 1187 bei Hattin die Kreuzfahrer besiegt und Jerusalem wiedererobert hatte, beherrschten Syrien und das nördliche Mesopotamien. Die Abbasiden-Kalifen in Bagdad bildeten im mittleren und südlichen Mesopotamien sowie im westlichen Persien einen bedeutenden Machtfaktor. Auf dem

Diese um 1330 entstandene mongolische Illustration zeigt Alexander den Großen beim Kampf gegen einen Drachen. Auf ihrem Vormarsch nach Westen übernahmen die Mongolen viele Legenden der Völker, die sie erobert hatten.

Kaukasus war Georgien eine Großmacht geworden, und der Seldschuken-Sultan Kayhusraw II. hatte Russudana, Tochter der berühmten georgischen Königin Tamara, zu seiner zweiten Frau genommen.

Die Chwarism-Schahs des östlichen Persiens und Transoxaniens hatten ebenfalls Interessen in dieser Region. Wenn auch der Chwarism-Schah Ala'al-Din durch Dschingis Khan (1167–1227) besiegt worden war, gelang es seinem Sohn und dem Großteil seiner Armee, sich kampffähig nach Westen abzusetzen. Zusätzlich zu Zusammenstößen mit den Abbasiden und Ayyubiden überfielen die für geschlagen gehaltenen Chwarismer seldschukisches Gebiet im Osten Anatoliens. Zwar gelang es Kayhusraw, sie zu besiegen, doch lauerte am Horizont bereits eine weitaus größere Gefahr. Von Panik erfüllte Flüchtlinge strömten in das Territorium der Seldschuken und verbreiteten Nachrichten über die Gräueltaten, die Dschingis Khans heidnische Truppen bei ihrem Vormarsch durch den Iran und Transoxanien verübten. Dies führte zu einer religiösen Hysterie gegenüber Nichtmuslimen und zur Rebellion gegen die Autorität der Seldschuken, was den Sultan dazu gezwungen haben könnte, mehr westliche Söldner als jemals zuvor einzusetzen.

Kämpfende mongolische Reiter; Gemälde der persischen Schule, 16. Jahrhundert.

Einige Jahre lang waren vor allem Persien, Georgien und das südliche Russland das bevorzugte Ziel der Mongolen. 1221 versuchte der Sultan von Rum, diese Situation auszunutzen. Mit der Hilfe seiner Flotte wollte er die Oberhoheit über die genuesische Handelsniederlassung Sudak (Soldaia) auf der Krim gewinnen. Den Verteidigern Sudaks gelang es wenige Monate später und sehr wahrscheinlich mit seldschukischer Hilfe, einen gemeinsamen Angriff von Russen und Kiptschaken abzuwehren. Doch im Jahr 1222 erlitten Russen und Kiptschaken an der Kalka in der heutigen östlichen Ukraine eine vernichtende Niederlage gegen die Mongolen. Im folgenden Jahr erhielten die mongolischen Feldherrn Subotai, Dschebe Noyan und Jochi, Dschingis Khans ältester Sohn, den Befehl, sich nach Osten zu wenden und sich wieder der Hauptstreitmacht anzuschließen. Es schien, als sei die Bedrohung der Seldschuken durch die Mongolen zunächst vorüber.

Beinahe zwei Jahrzehnte vergingen, ehe die Mongolen ihre Aufmerksamkeit wieder den Seldschuken zuwandten. Dschingis Khan war tot, und seit 1241 war das Mongolenreich von Töregene Khatun, Witwe seines Sohnes Ugedai, regiert worden.

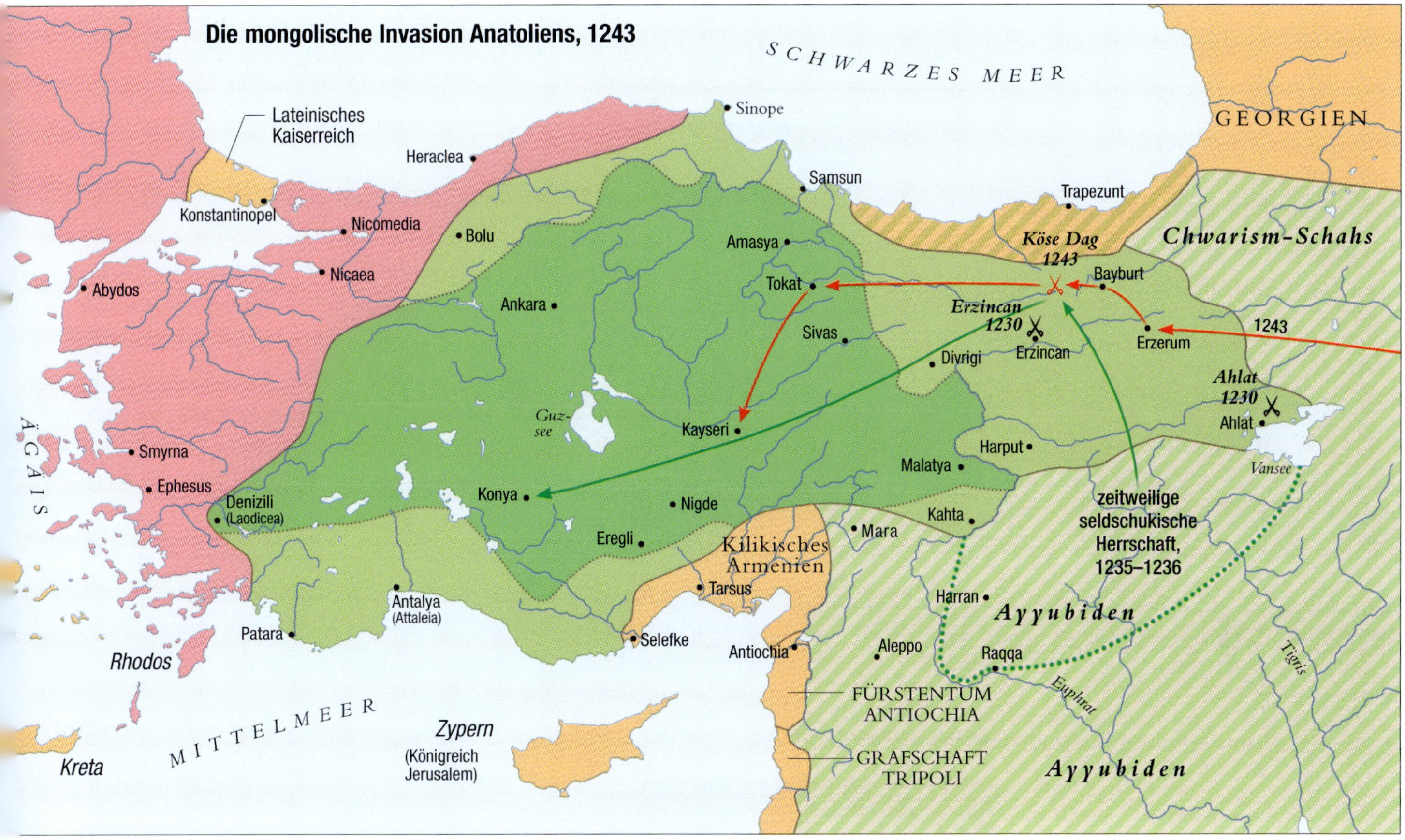


Der Eroberungsfeldzug der Mongolen war ins Stocken geraten, und einige der von ihnen eroberten islamischen Regionen drohten, ihrer Kontrolle zu entgleiten. Schon bald nach Ugedais Tod eroberte eine mongolische Armee die anatolische Stadt Erzerum. Kayhusraw versammelte daraufhin eine bedeutende Streitmacht unter dem Kommando des georgischen Fürsten Shervashidze. In den Reihen der mongolischen Angreifer fanden sich ebenfalls georgische und armenische Truppen.

In der Schlacht von Köse Dag am 26. Juni 1242 erlitten die Seldschuken eine verheerende Niederlage. Für Militärhistoriker ist es besonders interessant, dass Kayhusraws Truppen auf fast europäische Art kämpften, da sie sich zu großen Teilen auf von Infanterie begleitete, schwer gepanzerte Reiter stützten und zahlreiche westeuropäische Söldner sowie Männer aus den in Auflösung begriffenen Kreuzfahrerstaaten Syriens in ihren Reihen hatten. Die Mongolen verließen sich dagegen auf berittene Bogenschützen, die gleiche Taktik, welche die Vorfahren der Seldschuken 200 Jahre zuvor erfolgreich angewandt hatten.

In dem Moment, als die Autorität der Seldschuken schwand, vergrößerten diverse nomadische und halbnomadische turkomanische Stämme ihre Macht und errangen die Unabhängigkeit. Die Zeit der *beyliks* oder Emirate war angebrochen.

KAPITEL ZWEI

# Die Ursprünge des Reiches

## Bis an den Bosporus

Während der letzten Jahrzehnte seiner Existenz war das zerfallende Sultanat der Rumseldschuken ein Vasall des riesigen mongolischen Il-Khanats. Nach 1277 wurde es direkt von mongolischen Gouverneuren kontrolliert, wenn es auch bis 1307 nominell noch seldschukische Herrscher gab. Zu jenem Zeitpunkt wurde das türkische Anatolien theoretisch ein Teil des Il-Khanats, doch viele Gebiete wurden von so genannten *beys* – lokalen Herrschern kleiner türkischer Staaten oder *beyliks* – beherrscht. Einige von diesen erkannten die Oberhoheit der Il-Khane an, andere wurden zum Zentrum des türkischen Widerstandes gegen die Mongolen. Das Il-Khanat selbst war Teil einer Reihe von mongolischen Khanaten, die im späten 13. und frühen 14. Jahrhundert einen Großteil der bekannten Welt von China bis Polen beherrschten. Die Verwüstungen, die Dschingis Khans Armeen im zentralen und östlichen Teil der muslimischen Welt anrichteten, schienen zu beweisen, dass die Mongolen einen besonderen Hass auf den Islam hegten. Doch Dschingis Khans zuvorkommende Behandlung der Muslime in Zentralasien vor seinem Angriff auf die

Türkische Reiter, begleitet von Infanterie, fallen über ihre Feinde her und sorgen für Getümmel auf dieser Schlachtendarstellung.

Chwarism-Schahs, die führende islamische Macht jener Region, und muslimische Türken in seinen Armeen bestätigten dies nicht. Die Verwüstungen während des mongolischen Vorstoßes beruhten wohl eher auf politischen und militärischen Überlegungen als auf religiöser Rivalität.

Dschingis Khans Enkel Chülegü (1217–1265) führte die mongolischen Eroberungen im islamischen Mittleren Osten zu ihrer größten Ausdehnung und begründete das Il-Khanat, dessen Kernland der Iran und Mesopotamien waren. Nur ein paar Generationen später traten die Il-Khane zum Islam über, danach spielte ihr riesiges, jedoch recht kurzlebiges Reich eine wichtige Rolle bei der Neugestaltung der

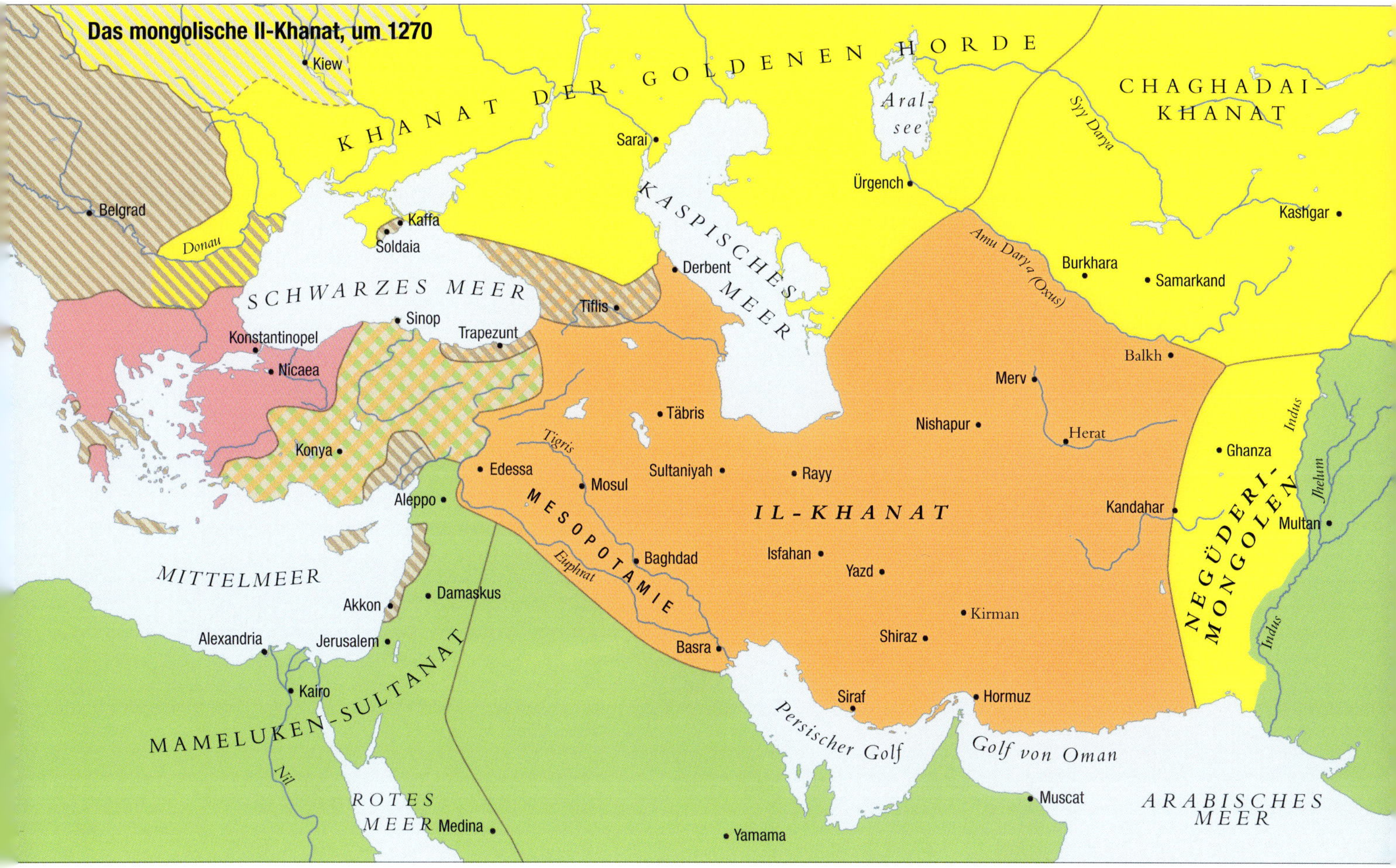


Mongolisches Il-Khanat
Il-Khan-Vasallen
Sultanat der Rumseldschuken unter Oberhoheit des Il-Khanats
Andere mongolische Khanate
Vasallen anderer mongol. Khanate
Weitere islamische Gebiete
Byzantinicchoc Roich (zuvor „Reich“ von Nicaea)
Weitere christliche Gebiete

Geschichte, Kultur und Kunst des Mittleren Ostens. Es trug viel zur Wiederherstellung einer nationalen Identität des Irans bei, der zuvor von Arabern und Türken beherrscht worden war. Das Il-Khanat diente auch als Brücke für Ideen, Technologie und Kunststile zwischen China und dem Mittleren Osten. Während Chülegü die mongolische Herrschaft über den Iran, Mesopotamien, Anatolien und die Gebiete nördlich des Euphrats sicherte, schienen sich die Seldschuken mit ihrer neuen Rolle als Vasallen zufriedenzugeben. Die Mameluken von der anderen Seite des Euphrats versuchten gelegentlich, die Vorherrschaft der Mongolen abzulösen, waren jedoch niemals erfolgreich. Paradoxerweise erlebte das untergehende Sultanat der Rumseldschuken eine letzte goldene Periode der Kunst, Architektur und Kultur. Dies war vielleicht ein unbewusster Versuch, die türkisch-islamische Identität im Angesicht der zunächst teils heidnischen, teils buddhistischen und zum Teil nestorianisch-christlichen Herrschaft der Mongolen zu bewahren. Die türkische Sprache wurde zum ersten Mal im islamischen Mittleren Osten offiziell anerkannt und auch für ernsthafte, hochstehende Literatur verwendet. Chülegü bevorzugte die Christen, ebenso wie seine Nachfolger Abaqa (1265–1282) und Arghun (1284–1291). Dies geschah oft zum Nachteil der muslimischen Mehrheit und heizte den Unmut weiter an, der später den östlichen Christen so sehr schaden sollte. Zu jener Zeit blühte das Christentum im Iran, in Mesopotamien, im nordöstlichen Syrien und Anatolien auf. Die nestorianischen Christen, deren Gemeinden überall im Reich der Mongolen zu finden waren, erfreuten sich einer besonderen Wertschätzung.

Südlich des Sultanats von Rum zeigte sich das armenisch-christliche Königreich von Kilikien wesentlich enthusiastischer in seiner Loyalität gegenüber dem Il-Khanat. Es litt zwar aufgrund dieser Allianz unter mamelukischen Überfällen, doch gelang es den Armeniern, einige zuvor an die Seldschuken verlorene Gebiete zurückzugewinnen. Zudem brachte ihnen ihr Hafen Ayas Wohlstand, da er der beste Zugang der Mongolen zum Mittelmeer war. Doch als das Il-Khanat zerfiel, erhielten die Armenier immer weniger Unterstützung der Mongolen gegen Überfälle der Mameluken und nomadischer turkomanischer Stämme aus Zentralanatolien. Das Pendel schlug wieder zu Gunsten der türkischen Muslime aus, doch obwohl die christlichen Armenier nun die Verlierer waren, sollten die Rumseldschuken nicht als Gewinner dastehen.

## Osmanische Mythen und Ursprünge

Die ersten Osmanen werden eher eine der zahlreichen nomadischen Gruppen oder räuberischen Banden der Turkomanen gewesen sein als ein wirklicher Stamm, der durch das mongolische Vordringen nach Anatolien Mitte des 13. Jahrhunderts gegen die byzantinische Grenze gedrückt wurde. Ihre Ursprünge gründen sich bis zu den Taten Ertugruls auf Mythen. Der beliebteste Mythos der Osmanen bezüglich ihres Ursprungs beschreibt, wie sich der junge Krieger Osman in Malkhatun, die Tochter

**Wanderung der Qayï nach Anatolien**

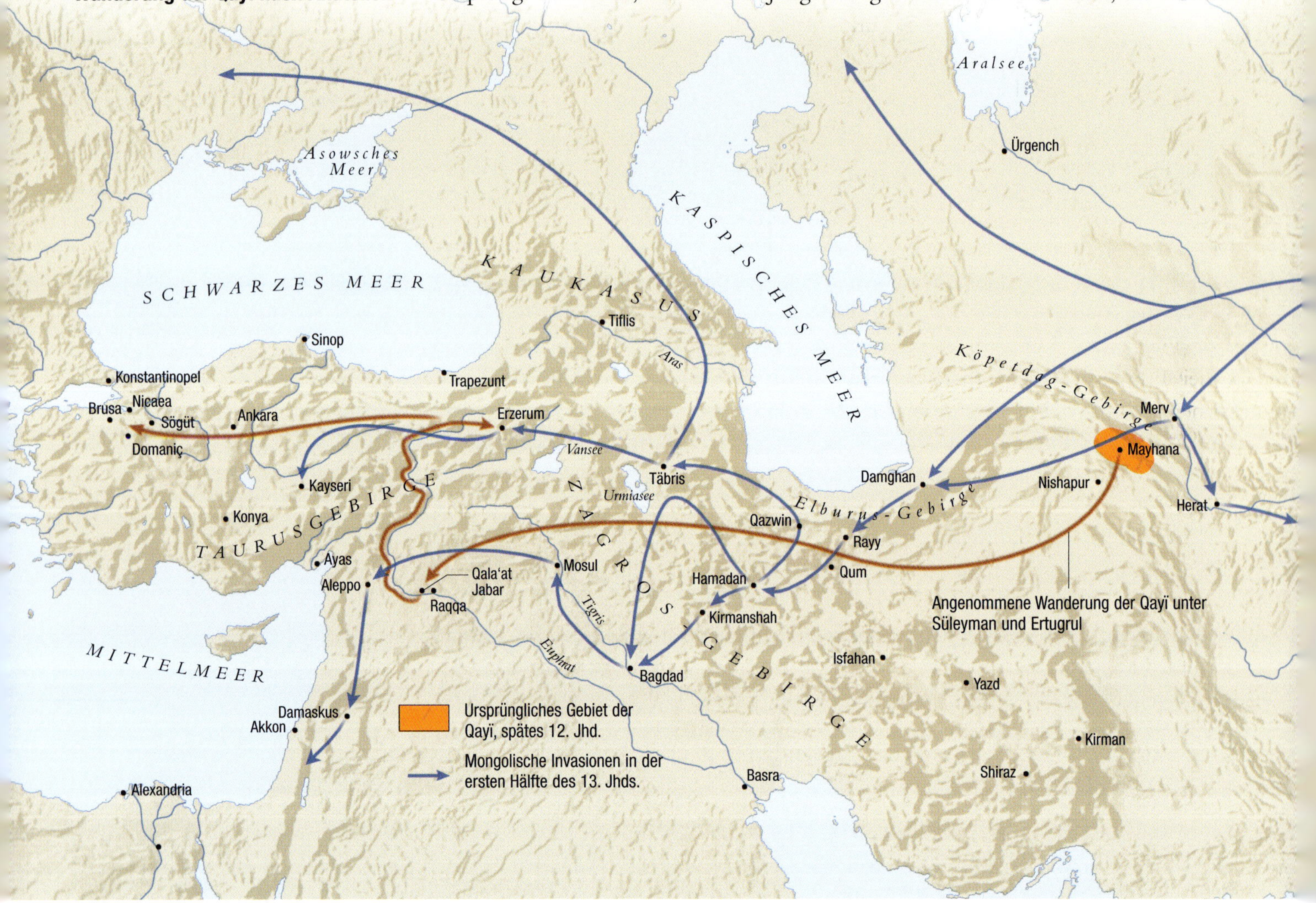

des heiligen Sheikh Edebali, der selbst wohl der Führer einer örtlichen *ahi* oder religiösen Bürgerwehr war, verliebte. Da er arm war, konnte Osman nur hoffen, Malkhatuns Hand zu gewinnen, wenn er militärischen Ruhm erlangte. Dies gelang ihm zwar, doch erst als er dem Sheikh von einem seltsamen Traum erzählte, erlaubte dieser ihm die Verlobung mit seiner Tochter.

In seinem Traum sah Osman den Mond, Symbol der schönen Malkhatun, der von Sheikh Edebalis Brust aufstieg und über Osmans eigener Brust unterging. Daraufhin sei aus Osmans Herzen ein mächtiger Baum gesprossen und habe bald den ganzen Himmel bedeckt. Aus dessen Wurzeln seien vier große Flüsse entsprungen: Tigris, Euphrat, Nil und Donau. Ein derartiger Traum bezog sich stark auf Symbole, die in der türkischen Kultur seit ihrer heidnischen Vergangenheit in Zentralasien populär waren. Der Sheikh betrachtete diesen Traum als Prophezeiung künftiger imperialer Größe und war glücklich, seine Tochter dem kommenden Eroberer zur Frau zu geben.

Historisch exaktere, aber eventuell dennoch zum Teil nur auf Legenden beruhende Berichte geben an, die Osmanen stammten vom edlen Qayï-Klan der Ogusen ab. Ihre Vorfahren bewohnten angeblich im späten 12. Jahrhundert die fruchtbaren Steppen um die Stadt Mahan an der Nordwestgrenze des Irans. Zu Zeit der Invasion durch Dschingis Khan soll der Führer des Qayï-Klans ein Mann mit dem Namen Süleyman (Schah) gewesen sein.

Süleyman und sein Volk flohen wie so viele der nomadischen Turkomanen mit ihren Tieren vor den herannahenden Mongolen. Süleymans Klan durchzog Persien, Mesopotamien und das nordöstliche Syrien. Nahe der großen Festung von Qala'at Jabar, die den Euphrat überblickte, versuchten die Flüchtlinge, den Fluss zu überqueren, doch Süleyman ertrank dabei. Den historischen Umständen nach werden die Turkomanen versucht haben, vom Nord- an das Südufer des Flusses zu gelangen, aus dem späteren Il-Khan-Territorium auf das Gebiet der Ayyubiden, bzw. ihrer mamelukischen Nachfolger. Tatsächlich sollte dieser Teil des Euphrats noch für Jahrhunderte zwischen Mameluken und Mongolen umkämpft bleiben. Süleymans ursprüngliches Grab war auf der Nordseite des Flusses, nur ein paar hundert Meter von Qala'at Jabar entfernt. Bis zum Bau des Assad-Stausees 1973 wurde sein Grab von Soldaten der türkischen Armee bewacht, obwohl es sich tief in syrischem Gebiet befand. Ein interessantes Beispiel für eine Kooperation zwischen Nachbarn, deren Verhältnis oft angespannt ist. Heute liegt dieser Ort tief unter der Oberfläche des Sees.

Der Eingangstorbogen der wunderbaren Jumaa-Moschee aus der Zeit des Il-Khanats in Natanz, Iran.

Den traditionellen Geschichten zufolge waren Süleymans Söhne uneins darüber, was als Nächstes zu tun sei. Zwei Söhne führten ihre Leute zurück auf mongolisches Gebiet, wo sie angeblich in deren Dienste traten. Der dritte Sohn, Ertugrul, führte eine kleinere Schar nordwärts nach Erzerum. Dies könnte bedeuten, dass sie die Idee, den Euphrat zu überqueren, um auf freies islamisches Gebiet zu gelangen, aufgegeben hatten und stattdessen seinem Lauf stromaufwärts nach Westen und nach Anatolien

folgten. Einige Zeit später sollen Ertugrul und sein Klan nahe Ankara auf der dortigen Hochebene gelebt haben. Es ist sicher, dass Ertugruls 400 Krieger bald darauf mit der Verteidigung und eventuell auch Ausdehnung einer kleinen, weiter westlich gelegenen Grenzregion betraut wurden. Dies geschah zu einer Zeit, als die Macht der letzten Sultane von Rum nur noch auf dem Papier bestand.

Lange behaupteten viele Historiker, Ertugrul habe nie gelebt, doch Archäologen fanden Münzen, die seinen Namen tragen und aus dem späten 13. Jahrhundert stammen. Ertugruls Reich lag in den Bergen um Sögüt und umfasste auch das Schlachtfeld von Dorylaeum (türk.: Eskisehir), wo das Heer des Ersten Kreuzzuges 1097 die Seldschuken geschlagen hatte. Ausgehend von diesen bescheidenen Anfängen vergrößerte sich das Reich beständig, bis es im Westen nach Wien und im Osten an den Indischen Ozean reichte.

Pferde grasen unter der islamischen Burg von Qala'at Jabar aus dem 11. Jahrhundert, wo die Proto-Osmanen erstmals in der Region auftauchten. Einst Wächter eines wichtigen Überganges über den Euphrat, stehen die Ruinen nun auf einem Felsen über dem Fluss (**unten**).

## Die anatolischen Fürstentümer

Die Konsequenz der mongolischen Eroberung des östlichen und mittleren Teils der islamischen Welt waren eine Zunahme des Nomadentums und ein Rückgang der Landwirtschaft. Dies war auch im türkischen Anatolien zu beobachten, wo turkomanische Kräfte Nutzen aus dem Chaos, das die Mongolen mit sich brachten, zogen. Diese Stämme bildeten die Basis für eine Reihe kleiner Fürstentümer oder Beyliks, die aus dem untergehenden Sultanat von Rum hervorgingen.

Nach ihrer vernichtenden Niederlage gegen die Mongolen bei Köse Dag 1243 verringerte sich die politische und militärische Macht der Seldschuken zwar beständig, verschwand jedoch nicht über Nacht, da sie bedeutende Vasallen des riesigen mongolischen Il-Khanats wurden. Das seldschukische Heer blieb zunächst größtenteils unverändert, obschon es Verschiebungen in der Wichtigkeit seiner einzelnen Bestandteile gab. Aus Sklaven rekrutierte *ghulams* oder *mamluks*, allerdings in geringer Anzahl, blieben Kern und Elite der so genannten Alten Armee.

Turkomanische Hilfstruppen fanden nur selten Erwähnung, aber die *jira-khvar*-Söldner turkomanischen Ursprungs wurden zunehmend wichtiger. Die neue Armee stützte sich vor allem auf die Stämme, und viele Einheiten kamen vom mächtigen Stamm der Germiyan, welcher große Teile des westlichen Anatoliens kontrollierte. Fremde Söldner, darunter auch Europäer, waren ebenfalls vertreten, doch Vasalleneinheiten verschwanden nach 1256. Die Germiyan spielten eine Schlüsselrolle bei der Entstehung der westanatolischen Fürstentümer. Die Hauptstadt ihres 1286 gegründeten Staates war Kütahya. Die Germiyan unternahmen im Westen Angriffe, um byzantinisches Gebiet zu erobern. Diverse Führer solcher Angriffe etablierten ihre eigenen Fürstentümer, die sich schließlich bis zur Küste der Ägäis erstreckten. So entstanden Aydin und Saruhan, die bald über beträchtliche Seestreitkräfte verfügten, sowie Karasi, dem jedoch eine schlagkräftige Marine fehlte. Das erste kleine osmanische Fürstentum scheint ebenfalls ein Ableger der Germiyan gewesen zu sein.

Zwischenzeitlich war eine neue Macht auf der Bühne der Geschichte erschienen, die in der ersten Zeit des kommenden Osmanischen Reiches eine wichtige Rolle spielen sollte. Diese Macht trug verschiedene Namen: *fityan* auf Arabisch, *ikvan* im Türkischen oder *javan* im Persischen, was „Brüder" oder „Bruderschaft" bedeutet. Basis dieser „Brüder" scheint ein lockeres Regelwerk im Bereich der Religion sowie des Zivil- und Militärlebens gewesen zu sein, das im Arabischen *futuwa* heißt. Die meisten von ihnen waren Infanteristen und kamen aus Städten, wo sie die bestehenden Milizen unterstützten oder gar ersetzten. Im Chaos des Untergangs der Seldschuken verteidigten diese Männer oft ihre Städte gegen die umliegenden und nun kaum noch zu kontrollierenden turkomanischen Stämme.

Die Turkomanen waren bereits durch die Rumseldschuken in ein weites Niemandsland zwischen seldschukischen und byzantinischen Provinzen gedrängt worden. Dort vergrößerten die Turkomanen während des späten 13. Jahrhunderts das islamische Territorium beträchtlich, indem sie zunächst das Land rund um die byzantinischen Städte und Festungen kontrollierten und diese so von den Zentren der imperialen Macht abschnitten. Blieben diese Außenposten ohne Unterstützung durch die Zentralregierung, mussten sie sich früher oder später mit dem seldschukischen Sultan oder mit einem der türkischen Beyliks einigen.

Von den mongolischen Siegen profitierend wandten einige turkomanische Stämme die gleiche Taktik gegen nominell rumseldschukische Städte an und zwangen sie, die Oberhoheit der Turkomanen anzuerkennen. Währenddessen verließen viele der religiös motivierten Kämpfer (Gazis) die seldschukischen Reihen und schlossen

Ein Tal zu Füßen des Taurusgebirges in Zentralanatolien.

sich den aufstrebenden turkomanischen Fürstentümern an. Das Gleiche galt für die Vielzahl von Flüchtlingen, die von Osten nach Anatolien strömten, um der mongolischen Unterdrückung zu entfliehen. Darunter waren muslimische Religionslehrer, weniger orthodoxe Derwische und viele besitzlose Kleinbauern, aber auch Berufssoldaten, die zwar Beschäftigung suchten, jedoch nicht bereit waren, für die Mongolen zu kämpfen.

## Vom Reich vernachlässigt

Anderen, zum Teil oberflächlich christianisierten oder noch heidnischen türkischen Stämmen aus den Steppen des südlichen Russlands und der Ukraine war angeboten worden, sich im Byzantinischen Reich niederzulassen, das unter der Herrschaft Michaels VIII. (1259–1282) aus der Palaeologus-Dynastie wieder auflebte. Diese Türken waren ebenfalls auf der Flucht vor den Mongolen, und nachdem das byzantinische „Reich" von Nicaea 1261 seine alte Hauptstadt Konstantinopel den Kreuzfahrern entrissen hatte, siedelte man viele der Türken im westlichen Anatolien an, um die dortige Verteidigung zu stärken. Dennoch tendierte die Regierung dazu, ihre verbliebenen anatolischen Provinzen zu vernachlässigen und sich auf die Wiederherstellung ihrer Stärke auf der europäischen Seite der Meerenge zu konzentrieren. Diese Vernachlässigung führte dazu, dass einige Grenzgouverneure, ganze Garnisonen sowie die im Stich gelassenen Bauern zu den neuen turkomanischen Fürstentümern überliefen.

Manche der aus dem Sultanat von Rum entstandenen Fürstentümer waren wohlhabend, kultiviert und ein lokaler Machtfaktor. Selbstverständlich nutzten sie die Beute aus ihren Eroberungen, um ihre Position zu stärken, doch dies betraf sowohl militärische als auch kulturelle Ausgaben, denn von islamischen Herrschern wurde erwartet, dass sie Religion, Literatur, Kunst, Architektur und Handel förderten. Daher verfügen viele Städte der heutigen Türkei über eindrucksvolle Moscheen und andere Gebäude, die aus der Zeit als Zentren der Beyliks in der zweiten Hälfte des 13. und dem 14. Jahrhundert stammen. Interessant ist, wie viele schmückende und sogar naturalistische architektonische Elemente während dieser und teilweise auch der vorhergehenden seldschukischen Zeit verwendet wurden. Einige Elemente beziehen sich dabei auf die heidnische, zentralasiatische Vergangenheit der Türken, andere spiegeln chinesischen, byzantinischen oder europäischen Einfluss wider. Vieles von alledem erscheint jedoch im Vergleich zur traditionellen islamischen Kunst und Architektur fast fremdartig.

Türkische Stuckarbeiten aus dem frühen 13. Jahrhundert aus einem Palast bei Konya.

Selçuk (im Griechischen Ephesus, im mittelalterlichen Türkisch Ayasoluk) ist ein Beispiel dafür, wie die turkomanischen Eroberer ihre kulturelle Präsenz in einem neu eroberten, ehemals byzantinischen Gebiet kundtaten. Obwohl ein beliebtes Touristenziel, ist Selçuk heute nur eine kleine Marktstadt. Während der Zeit der Fürstentümer von Sasan und Aydin war die Stadt jedoch bedeutend und wurde 1365 kurz von den Christen zurückerobert. Zu den umfangreichen Ruinen des antiken Ephesus finden sich dort die Reste der frühchristlichen Basilika des heiligen Johannes sowie eine zum Teil byzantinische, zum Teil seldschukische Festung. In Selçuk findet

sich auch die Ibn-Muhammad-Bey-Moschee, die 1375 für die herrschende Aydin-Ogullari-Dynastie erbaut wurde, um die Basilika zu übertreffen. Ihren Haupteingang zieren *muqarna* genannte Dekors im spätseldschukischen Stil, in ihrem Inneren befindet sich ein herrlicher Innenhof. Ihr Gebetsraum wird durch vier riesige rosafarbene Granitsäulen geteilt, welche zwei Kuppeln tragen. Wie viele andere Teile der Moschee stammen diese Säulen aus den Ruinen des antiken Ephesus. Dies sollte klarstellen, dass eine neue Zivilisation die alte ersetzt hatte.

In einigen Gegenden hat sich das Leben turkomanischer Nomaden kaum verändert: Yurten in der Nähe eines Sees bei Ayay Kala in Usbekistan, **links**, und ein Nomadenlager nahe Nigde in der Zentraltürkei.

### Der erste osmanische Staat

Der Historiker und Geograf Donald Pitcher bezeichnet Folgendes als die wahrscheinliche Version der ersten Jahre des osmanischen Staates: „Die ursprüngliche Wiege des späteren Emirates war das Weideland, das sich von den nordöstlichen Hängen der Domaniç Dag [Domaniç-Hügel] zur Biegung des Flusses Sangarios [Sakarya] erstreckte.“ Ertugrul, der osmanische Führer, dessen Leben und Wirken im

Nebel der Legenden liegt, starb um das Jahr 1280. Mit ziemlicher Sicherheit bestieg sein Sohn und Nachfolger Osman Gazi 1281 den Thron, und von dort an wird die frühe Geschichte der Osmanen zusehends klarer. Osman I. Gazi regierte bis 1324, und während seiner Herrschaft entwickelte sich der osmanische Staat von einem winzigen, obskuren Fürstentum zu einem zwar noch immer kleinen, aber bedeutenden Grenzstaat, dessen aggressives Verhalten wichtig genug war, um in den byzantinischen Annalen festgehalten zu werden. Einer dieser Angriffe schenkte Osman 1301 seinen ersten Sieg über ein kleines byzantinisches Heer bei Koyunhisar (Bapheus). Die letzten Jahre seiner Herrschaft konzentrierte sich Osman auf die Belagerung Prousas (von den Türken in Bursa umbenannt), das kurz vor seinem Tod 1326 in die Hände seines Sohnes Orhan fiel. Da es an der Grenze des rasch schwächer werdenden Byzanz lag, zog das osmanische Fürstentum offenbar auch weit mehr religiös motivierte Krieger an, als man sonst erwartet hätte. Obschon eigentlich defensiver Natur, hatte die Idee des heiligen Krieges oder Dschihad in vielen Teilen der islamischen Welt einen offensiven Zug angenommen, nicht zuletzt in Anatolien. Andererseits scheint es, dass zahlreiche Zusammenstöße zwischen den Beyliks und Byzanz eher auf die üblichen Raubzüge und die beständige Suche der Nomaden nach besseren Weiden für ihr Vieh zurückzuführen sind als auf langfristige Planung.

Die Beweggründe mögen unterschiedlich gewesen sein, das Ergebnis war jedoch eindeutig, da die Osmanen, wie auch andere Grenzfürstentümer, immer mehr byzantinisches Territorium kontrollierten. Wie üblich ignorierten sie mitunter die befestigten Städte und Garnisonen, isolierten diese aber. Erhielten diese Außenposten keine Unterstützung durch das byzantinische Heer, unterwarfen sie sich in der Regel den Osmanen, teilweise jedoch erst nach jahrelanger Blockade. Manchmal scheint es, als ob der Kaiser in Byzanz sowohl unfähig als auch nicht willens war, seinen Außenposten zu Hilfe zu kommen.

Eine Interpretation dieser Ereignisse geht davon aus, dass zahlreiche christliche, ehemals byzantinische Truppen in türkisch-islamische Dienste traten. Die meisten von ihnen sprachen Griechisch, doch befand sich darunter auch eine Anzahl armenischer und westeuropäischer Söldner, schließlich sogar Katalanen aus dem weit entfernten Spanien. Bevor sie sich gegen den Kaiser wandten, sollen die Katalanen unter dem Kommando des gierigen Roger de Flor *(siehe auch Seite 51)* die Osmanen 1305 aus Lefke vertrieben haben. Einer dieser ehemals byzantinischen Kommandeure taucht in der Legende von Osman, Sheikh Edebali und dessen Tochter Malkhatun auf. Nach dieser Geschichte nahm der junge Osman den Herrn der byzantinischen Festung Khirmencik gefangen. Osman und sein Gefangener, Köse Mihal („der bartlose Michael“), wurden Freunde und kämpften zukünftig als Verbündete. Die Familie Mihaloglu („Söhne des Michael“) wurde bis zum Ende des 14. Jahrhunderts ein politisch und militärisch bedeutender osmanischer Klan.

Viele der ehemals byzantinischen Soldaten scheinen sehr rasch zum Islam übergetreten zu

**Gegenüber:** Die byzantinisch-türkische Burg Ayasoluk bei Ephesus (Selçuk) mit der Ibn-Muhammad-Bey-Moschee im Vordergrund. Ihre Fassade (**links unten**) zeigt *muqarnas*-Dekors aus der späten Seldschukenzeit über dem Eingang. Daneben verraten dekorative Details des Eingangs zur Hatuniye-Koranschule in Karaman multikulturelle Einflüsse.

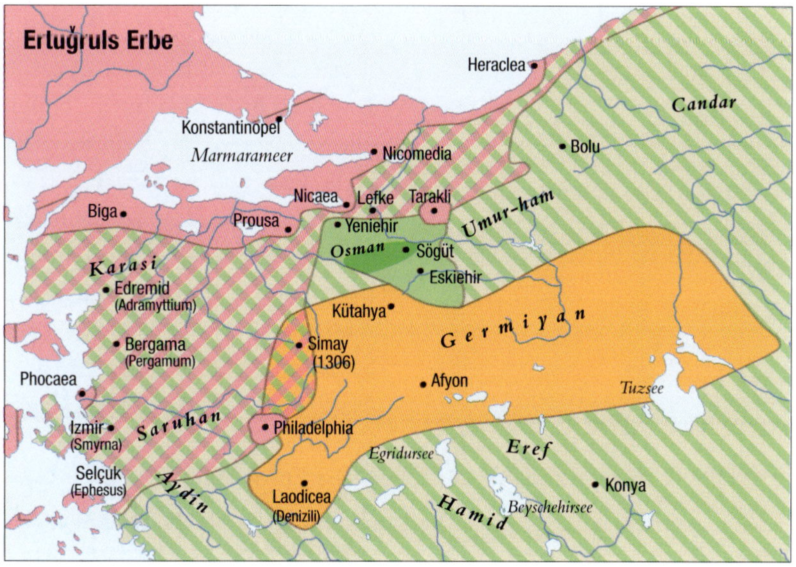

## Seldschukische Dynastien

**Großseldschukische Herrscher**

| | |
|---|---|
| 1037–1063 | Tugril I. |
| 1063–1073 | Alp Arslan *(Sieger von Manzikert, 1071)* |
| 1073–1092 | Malik Schah I. |
| 1092–1094 | Mahmud I. |
| 1094–1105 | Barkiyaruq |
| 1105 | Malik Schah II. |
| 1105–1118 | Muhammad I. Tapar |
| 1118–1157 | Ahmed Sanjar |

**Seldschukische Herrscher von Kirman**

| | |
|---|---|
| 1048–1073 | Ahmad Qawurd |
| 1073–1074 | Kirman Schah |
| 1074–1085 | Sultan Schah |
| 1085–1097 | Turan Schah I. |
| 1097–1101 | Iran Schah |
| 1101–1142 | Arslan Shah I. |
| 1142–1156 | Muhammad I. |
| 1156–1170 | Togrül Schah |
| 1170 | Bahram Schah |
| 1170–1171 | Arslan Schah II. |
| 1171–1172 | Bahram Schah *(zweites Mal)* |
| 1172–1177 | Arslan Schah II. *(zweites Mal)* |
| 1177–1183 | Turan Schah II. |
| 1183–1187 | Muhammad II. |

*(Kirman als eigenständiger Staat wurde 1187 wohl von Gusen erobert)*

**Seldschukische Herrscher in Syrien**

| | |
|---|---|
| 1078–1095 | Tutush I. |
| 1095–1113 | Ridwan |
| 1113–1114 | Alp Arslan al-Akhras |
| 1114–1123 | Sultan Schah |

**(Sultane/Emire von Damaskus)**

| | |
|---|---|
| 1076–1078 | Abaq al-Khwarazmi |
| 1078–1095 | Tutush I. (von Syrien) |
| 1095–1104 | Duqaq |
| 1104 | Tutush II. |

sein, in anderen Fällen jedoch blieben sie und ihre Nachfahren noch generationenlang christlich, obwohl sie den neuen muslimischen Herrschern dienten. Diese Absorption militärischer und politischer Eliten sollte ein Kennzeichen der osmanischen Expansion sowohl in Europa als auch in Asien bleiben, was tiefgreifende Auswirkungen auf Personal, Organisation, Taktik, Bewaffnung und Bekleidung osmanischer Armeen sowie auf die Struktur des Staates hatte. Eine ähnliche Verschmelzung von Neu und Alt, islamisch und christlich, türkisch, griechisch oder slawisch war in der Folge auch in der osmanischen Kunst, Architektur und anderen kulturellen Aspekten zu beobachten.

### Die Pracht Bursas

Für Byzanz nur von beschränkter Wichtigkeit, wurde Prousa-Bursa die osmanische Hauptstadt. Heute ist es eine der schönsten Städte der westlichen Türkei und verfügt über die eindrucksvollsten frühen osmanischen Bauten überhaupt. Als neue Hauptstadt profitierte Bursa von den osmanischen Innovationen in der Moscheenarchitektur. Die Bedeutung der Stadt und ihrer klassischen Bauten waren das Ergebnis einer Jahrhunderte dauernden Entwicklung. Osmanische Monumentalbauten, Moscheen, Koranschulen und Gräber waren zunächst der seldschukischen Tradition Anatoliens verbunden, doch schon bald verrieten sie einen starken byzantinischen und sogar italienischen Einfluss.

Der wohl auffälligste Beitrag osmanischer Architekten und Baumeister zur islamischen Baukunst ist ohne Zweifel die Kuppelmoschee. In der islamischen Welt und darüber hinaus ist diese Bauform heute derart verbreitet, dass man die Tatsache, dass sie eigentlich eine osmanische Erfindung war, gewöhnlich vergisst. Frühere Moscheen waren Entwicklungen aus dem ersten islamischen Gebetshaus, dem Haus des Propheten Mohammed in Medina, gewesen und hatten als solche vor allem aus einem umschlossenen Hof mit einem überdachten Seitenbereich bestanden. Im Lauf der Jahre hinzugefügte Elemente beinhalteten kleine Kuppeln, geschmückte monumentale Eingänge, Minarette usw. Der grundlegende Bauplan blieb jedoch von Andalusien im Westen über den Mittleren Osten bis nach Nordindien, ja sogar bis nach Indonesien, immer der Gleiche.

Die osmanischen Architekten entwickelten dann durch die Übernahme wichtiger Bauelemente der großen byzantinischen Kuppelkirchen eine Moschee, die aus einer rechteckigen, mit einer Kuppel versehenen Gebetshalle bestand, und deren Innenhof zu einem untergeordneten Bauelement wurde, das dazu diente, den Besucher in das Hauptgebäude zu führen. Kleinere oder Teilkuppeln bedeckten den übrigen Gebetssaal und lenkten zugleich den Blick aufwärts auf die Hauptkuppel. An der Außenseite wurden die Minarette nahe der Kuppel positioniert, was den Entwurf einheitlicher machte und seinen aufstrebenden Charakter unterstrich. Doch es ist der Innenraum, in dem die größte Errungenschaft der osmanischen Baumeister sichtbar wird, da sie die zahlreichen, zum Tragen der vielen kleinen Kuppeln benötigten Säulen und Bögen früherer Moscheen entfernten. Moscheen umschlossen nun einen einzigen großen und ungeteilten Raum, der ein Gefühl von Einheit schuf, welches die Idee der göttlichen Einheit widerspiegelte, die ein Kerngedanke des Islams ist. Diese Entwicklung dauerte natürlich eine Weile, und die ältesten erhaltenen Gebäude in Bursa stammen aus der Zeit, als die Osmanen ihre Hauptstadt nach Adrianopel (türk.: Edirne) in Europa verlegten. Dazu gehört die Hüdavandigar-Moschee aus der

zweiten Hälfte des 14. Jahrhunderts, die für Derwische erbaut wurde und Kontemplations- sowie Studienräume zu beiden Seiten eines zentralen Wasserbeckens besitzt.

Die Kuppel der Moschee bleibt bescheiden, und das Gebäude hat noch immer den bogenförmigen Säulengang, der die frühesten osmanischen Moscheen kennzeichnet. Über diesem Säulengang befindet sich jedoch eine wunderbare Loggia oder offene Galerie, die erstaunliche Parallelen zu frühen Palästen im italienischen Stil in Dalmatien und an der Adriaküste aufweist. Eine Mischung von Stilelementen aus solch weit auseinander liegenden Gebieten war ein Vorgeschmack dessen, was die osmanische Architektur noch bieten würde.

1333, rund sieben Jahre, nachdem Orhan Beys Truppen Bursa betreten hatten, besuchte der berühmte marokkanische Reisende Ibn Battuta die neue Hauptstadt der Osmanen. Er schrieb, Orhan sei „der Größte aller turkomanischen Herrscher, der Reichste an Schätzen, Land und Truppen, und nenne fast hundert Festungen sein eigen." Ibn Battuta hatte alle türkischen Fürstentümer besucht und schrieb als unabhängiger Beobachter, daher sind seine Schilderungen überraschend, deutet doch sonst alles daraufhin, dass die Osmanen zu jener Zeit noch immer nur ein unbedeutender Faktor in der verwirrenden politischen Landschaft Anatoliens waren.

Hauptziel der osmanischen Expansion im 14. Jahrhundert war der Norden, wo sie byzantinische Gebiete entlang der asiatischen Küste des Marmarameers eroberten. So erreichten sie fast den Bosporus und kamen bis an das Schwarze Meer. In den ersten 15 Jahren des 14. Jahrhunderts erweiterte Osman Bey das osmanische Gebiet in zwei Richtungen: südwestwärts zu den Hängen des Uludag (dem bithynischen Olymp) und nordostwärts, um einige Städte am Sakarya einzunehmen. Andere osmanische Angriffe drangen noch weiter vor, konnten jedoch das eroberte Land nicht langfristig sichern.

Da das Fürstentum der Osmanen im Grunde genommen immer noch ein Grenzgebiet im Kriegszustand war, fuhren Osman und seine unmittelbaren Nachfolger fort, eher „aus dem Sattel" als aus den eroberten Städten zu herrschen.

Seine glitzernde Fassade aus Keramikkacheln gab dem Grüner-Mausoleum (**oben links**) in Bursa seinen Namen. Die im späten 14. Jahrhundert erbaute Ulu-Moschee dominiert Bursa (**oben rechts und oben**). Die moderne Stadt ist eingehüllt in den Dunst, der sich oft am Fuß der Berge bildet.

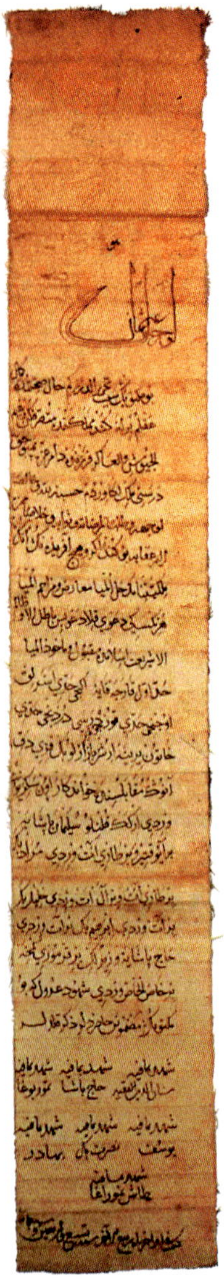

Einige Städte an der Südküste des Marmarameers blieben daher noch Jahre, nachdem die Osmanen die umliegenden Hügel eingenommen hatten, unter byzantinischer Kontrolle. Doch auch das Tiefland wurde immer mehr von den Turkomanen beherrscht.

Der erste Sieg der Osmanen über ein kleines byzantinisches Heer bei Koyunhisar (Bapheus) um 1301 erweis sich als glückliche Fügung und sorgte für die Verbreitung des Ruhms Osman Beys. Angeblich strömten Siedler und religiös motivierte Krieger (Gazis) in das osmanische Territorium. Das noch immer bescheidene Fürstentum scheint häufig als wahrer Gazi-Staat, als „Instrument Gottes und sein sicheres Schwert", angesehen worden zu sein, der vor allem existierte, um den Islam zu verteidigen und zu verbreiten. Auf einer nüchterneren Ebene musste der Führer der Osmanen seine Gefolgsleute und eine wachsende Zahl von Freiwilligen bezahlen oder mit Beute belohnen. Einem Sieg musste ein Sieg folgen, oder es gab keine Beute, und die Truppe konnte nicht bezahlt werden. Doch der Erfolg der Osmanen beruhte auf mehr. Die anderen Beyliks des westlichen Anatoliens verfügten bald über keine Grenzen zu Byzanz mehr, gegen die sie anrennen konnten, sodass sie sich entweder auf Angriffe zur See verlegten oder den Fokus auf eine mehr nach innen gerichtete, kultiviertere Form des Islam richteten und ihre Energie für Kunst und Architektur aufwandten. Andere schwanden dahin und wurden, als einige Fürstentümer sich gegeneinander richteten, von stärkeren Nachbarn erobert.

Detail einer Koransäule, Konya, 1279 (**oben**) und eines Manuskripts, das die *tugra* (Unterschrift) Orhans I. trägt. Die Ritter des Ersten Kreuzzuges warfen 1097 die seldschukische Besatzung durch das Istambul-Tor von Iznik (Nicaea) hinaus, doch binnen 250 Jahren war die Festung wieder in türkischer Hand.

Die Kultur des osmanischen Grenzstaates war so komplex wie seine politische Situation. Seine Gesetze waren noch immer die der türkischen Stammestradition, der *yasa*, und nicht die Scharia des Koran, wie es in orthodoxeren und etablierteren islamischen Staaten der Fall war. Oft scheint es, als ob die osmanische Religion eine sonderbare Mixtur aus sunnitischem und schiitischem Islam, türkischem Schamanismus und einem Rest bäuerlichen Christentums war. Fast schon ketzerische Derwische begleiteten mit Sicherheit einige, wenn nicht gar alle frühen osmanischen Heere auf ihren Feldzügen. Einige dieser Mythiker behaupteten, dass Islam und Christentum im Grunde eine Religion wären, was ihnen christliche Anhänger einbrachte und nicht unerheblich zum osmanischen Erfolg bei der Eroberung des Balkans beitrug.

Wie rasch der erste Vorstoß der Osmanen in Richtung Konstantinopel erfolgte, ist nicht klar, denn Tatsachen werden hier von frommen und patriotischen Legenden durchdrungen. Die größte Ausdehnung hatte das osmanische Territorium in Richtung Westen, wo das Fürstentum Karasi erobert worden war. Im Osten wurden kleine Beyliks wie das von Göynük, das bis zur Eroberung 1331 von der Umur-Han-Dynastie regiert wurde, in das osmanische Gebiet eingegliedert. Die Ausdehnung nach Norden war etwas beschränkter. Ohne starke Flotte mussten die Osmanen nach Nordosten und dann westwärts zum Marmarameer marschieren, um die Kontrolle über die Halbinsel, die zum Bosporus führt, zu erlangen. Die Behauptung, die Osmanen hätten 1308 die Insel Kalolimne im Marmarameer erobert, ist wohl eine Legende, doch sie könnten die Insel überfallen haben. Diese war auf Reichsgebiet, und die Byzantiner hätten sie nicht ohne Kampf aufgegeben.

Ein groß angelegter Feldzug in den Jahren 1327/28 erreichte die Außenbezirke von Üsküdar (Scutari) gegenüber Konstantinopel am Bosporus und führte zur Einnahme mehrerer Städte. Im folgenden Jahr wurden die Byzantiner bei Pelekanon und 1330 bei Philokrene besiegt. Währenddessen eroberten die Osmanen das Südufer des Golfes von Izmit, was die wichtige byzantinische Stadt Nicomedia (heute Izmit) praktisch isolierte. Diese Feldzüge waren, verglichen mit späteren Aktionen auf dem Balkan, nur von geringem Umfang und konzentrierten sich auf ein recht kleines Gebiet, gaben jedoch einen guten Eindruck dessen, was noch kommen sollte.

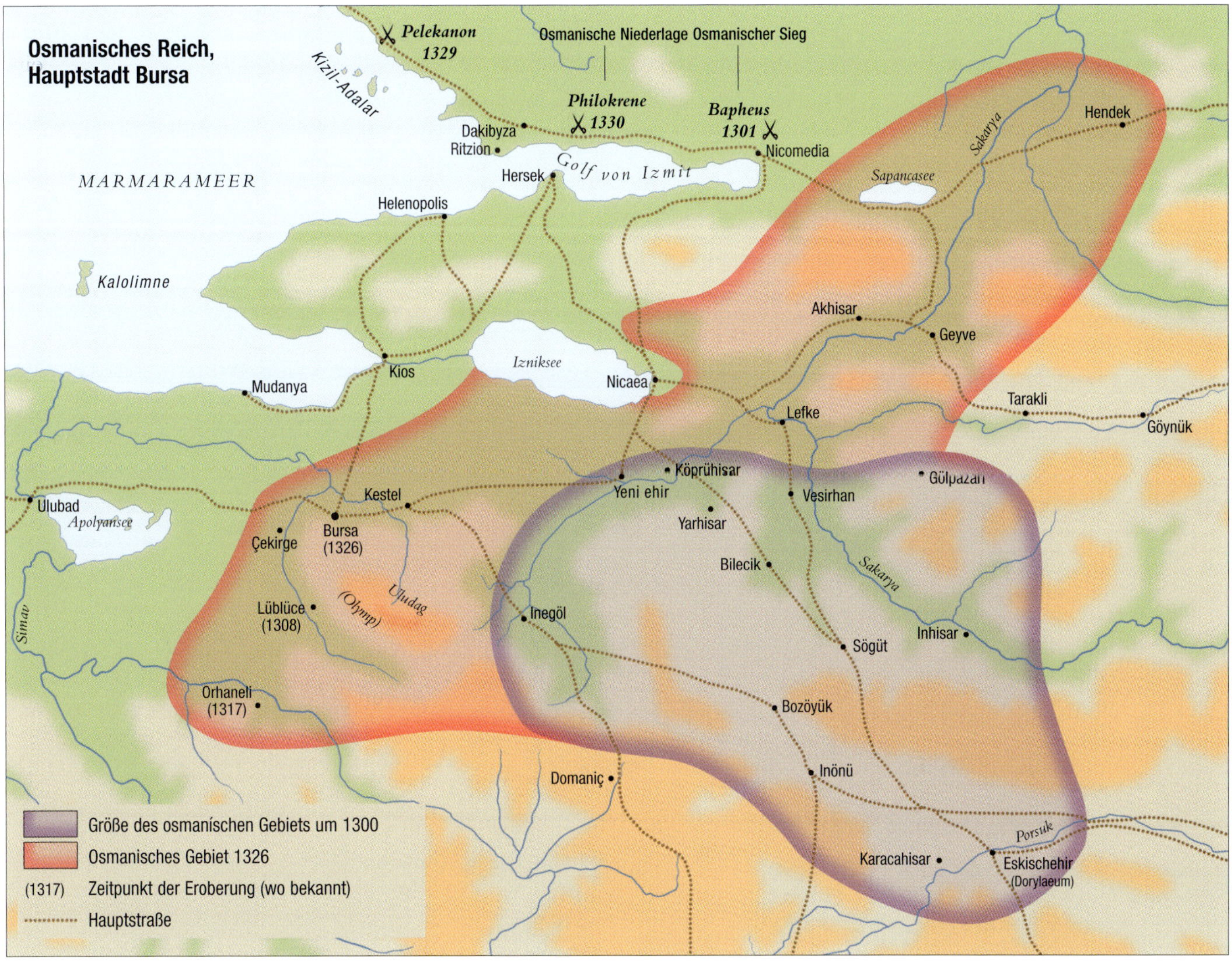

KAPITEL DREI

# Über den Bosporus

## Über die Grenzen von Byzanz hinaus

Die wichtigsten Konkurrenten der Osmanen um das, was Byzanz in Anatolien noch verblieben war, waren andere türkische Fürstentümer, vor allem im Westen und Südwesten. Sobald sie jedoch die Küste der Ägäis erreicht hatten, konnten sich diese Fürstentümer meist nicht weiter ausdehnen, weshalb sich einige auf Überfälle von See her verlegten und zu dem wurden, was europäische Chronisten ungenau, jedoch aus verständlichen Gründen, als „Piratenstaaten" benannten. Einer dieser Staaten war das Fürstentum Karasi an der nordwestlichen Spitze Anatoliens. Obwohl es nur über eine kleine Flotte verfügte, schien es bereit für den Schritt über die Dardanellen nach Europa zu sein. Doch bevor es dies wagen konnte, wurde Karasi 1346 von den Osmanen erobert, was diesen große strategische Möglichkeiten eröffnete. Durch die Übernahme der Flotte Karasis konnten die osmanischen Krieger (und zusätzlich jene, die zuvor für Karasi gekämpft hatten) nun die byzantinische Küste und Inseln überfallen, wie es die Beyliks weiter südlich bereits seit einem halben Jahrhundert getan hatten. Noch wichtiger war jedoch, dass die Eroberung Karasis osmanischen Truppen den Zugang zum Ostufer der Dardanellen ermöglichte, das sich beinahe in Rufweite der Halbinsel Gallipoli auf europäischer Seite befindet.

Unter den Kämpfern, die als Ergebnis der Eroberung Karasis zu den Osmanen übertraten, befand sich Kara Timürtasch Gazi Evrenos. Während Köse Mihal eine

Die 1280 von den Genuesen erbaute Burg bei Anadolukavagi überblickt den Bosporus in Richtung Norden und Schwarzes Meer.

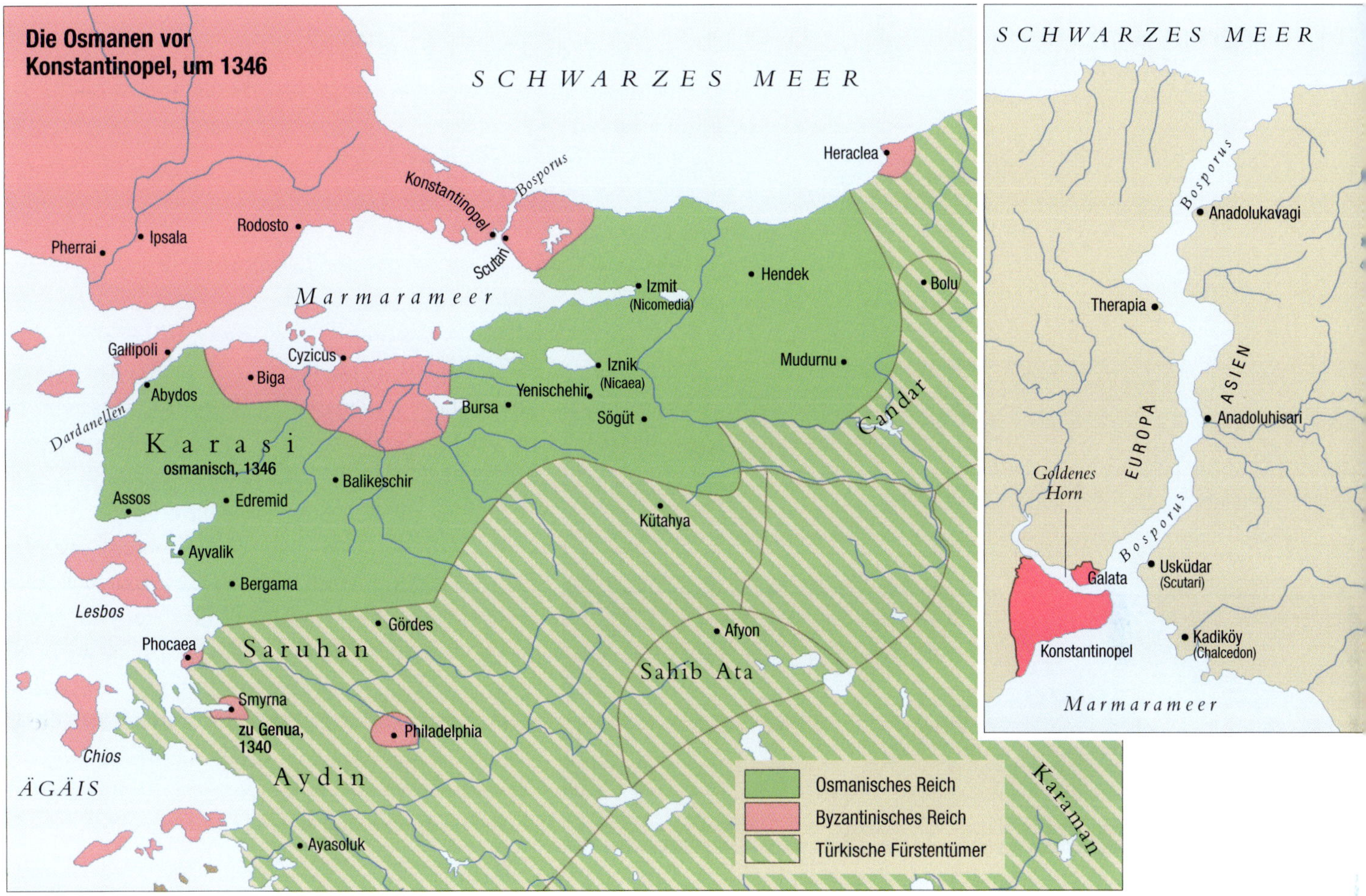


mysthische Figur gewesen sein mag, war Gazi Evrenos Bey eine reale historische Person. Seine lange und dramatische Karriere machte ihn zu einem der wichtigsten militärischen Führer des mittelalterlichen Europas, obschon er immer noch wenig bekannt ist. Glaubwürdigen Quellen zufolge war Evrenos der Sohn Isa (Jesus) Bey Prandis und stammte aus einer ursprünglich byzantinischen Familie, die im frühen 14. Jahrhundert in die Gefolgschaft der Fürsten von Karasi getreten und rasch zum Islam konvertiert war.

Gazi Evrenos war einer der Soldaten, die Orhan Johannes VI. Kantakuzenos während des byzantinischen Bürgerkriegs als Unterstützung gegen dessen Rivalen Johannes V. sandte. Nachdem die Osmanen 1352 ihren ersten Brückenkopf auf der europäischen Seite der Dardanellen errichtet hatten, wurde Evrenos einer ihrer erfolgreichsten Kommandeure auf dem Balkan. Er führte für nicht weniger als fünf osmanische Herrscher Feldzüge durch und wurde *uç-bey* oder Gouverneur der Linken Mark (Grenzgebiet). In dieser Eigenschaft dehnte er die Kontrolle der Osmanen bis nach Thessaloniki, Mazedonien und Albanien sowie hinunter in das Kerngebiet Griechenlands selbst aus. Anders als andere osmanische Kommandeure jener Zeit war Gazi Evrenos ein relativ orthodoxer Muslim, vielleicht wegen des orthodox-christlichen Hintergrundes seiner Familie. Er führte die Hadsch-Pilgerfahrt nach Mekka durch und förderte den Bau von Moscheen, Koranschulen, Armenhäusern, Derwischklöstern, öffentlichen Bädern und Karawansereien. Während seiner Zeit als Gouverneur entwickelte sich Komotini im heutigen

Nordostgriechenland zu einem der ersten Zentren türkisch-islamischer Kultur in Europa. Gazi Evrenos starb im hohen Alter am 17. November 1417. Die Inschrift auf seinem Grab in Yenitsa, nahe Thessaloniki, lautet noch heute:

*Er ging aus dieser flüchtigen Welt in das Reich der Ewigkeit,*
*Der Empfänger von Gottes Gnade und Vergebung,*
*Der Gesegnete, der Märtyrer, der Befehlshaber der Gazis*
*und Krieger des Dschihad, Schlächter der Ungläubigen und Polytheisten,*
*Hadschi Evrenos, Sohn des Isa,*
*Möge Gott sein Grab erhellen und seine Asche duften,*
*Zur Gnade Gottes, des Allmächtigen, und seinem Gefallen.*

Blick auf die Halbinsel Gallipoli in Richtung Kilitbahir vom asiatischen Ufer bei Çanakkale (nahe Abydos) aus.

## Der erste Brückenkopf in Europa

Der erste osmanische Außenposten in Europa musste nicht einmal erobert werden. Als Belohnung für die Überlassung von Söldnern an Byzanz erlaubte Johannes VI. Kantakuzenos dem osmanischen Herrscher Orhan, eine Festung auf der Halbinsel Gallipoli zu besetzen. Seit vielen Jahren hatten die geschwächten Byzantiner, wie einige ihrer Rivalen auf dem Balkan und in Griechenland, türkische Truppen, ob muslimisch oder nicht, bei ihren selbstzerstörerischen Streitigkeiten und Bürgerkriegen eingesetzt. Um 1340 waren unter diesen Truppen auch Osmanen. Dies erklärt, warum der erste permanente osmanische Stützpunkt westlich der Dardanellen, obwohl von immenser Wichtigkeit für die Geschichte des Kontinents, zu jener Zeit nicht mehr Aufregung verursachte.

Die Hartnäckigkeit des Widerstandes der byzantinischen Armee so nahe am Herz des Reiches stärkte die Kraft sowohl der osmanischen Truppen als auch des Verwaltungssystems nur noch mehr. Die einzigen anderen Beyliks, die sich in einer ähnlichen Situation befanden, waren jene, die sich einige hundert Kilometer weiter östlich der ebenso zähen wie flexiblen byzantinischen Enklave am Schwarzen Meer gegenübersahen, die man das Reich von Trapezunt nannte. Allerdings hatten die dortigen Türken mit weit schwierigeren klimatischen und geografischen Bedingungen zu kämpfen.

Nach dem Tode Andronicus' III. 1341 heuerte Johannes VI. Kantakuzenos serbische und türkische Söldner an, um seinen Mitkaiser Johannes V. Palaiologus zu stürzen. Ein Großteil der türkischen Truppen kam aus Aydin und nicht von den Osmanen, doch wurde es ihnen erlaubt, weite Gebiete Mazedoniens zu plündern, bevor sie mit reicher Beute heimkehrten. Nach dem Tod seines berühmten Herrschers Umur Bey begann der Niedergang Aydins. Als der nächste Kantakuzenos Hilfe benötigte, wandte er sich daher an Byzanz' unmittelbare Nachbarn, die Osmanen. Offenbar wurde Orhan ermutigt, mit 5.500 Mann über die Dardanellen nach Thrakien überzusetzen. Mit Hilfe dieser kleinen, aber schlagkräftigen Armee vertrieb er die Feinde Johannes VI. Kantakuzenos' von der europäischen Küste des

### Die frühe osmanische Dynastie

**Vor der Reichsgründung**

| | |
|---|---|
| ?–1227 | Süleyman Schah (Fürst) |
| 1227–1281 | Ertugrul (Fürst) |

**Nach der Reichsgründung**

| | |
|---|---|
| 1281–1324 | Osman I. (Fürst) |
| 1324–1360 | Orhan I. (Fürst) |
| 1360–1389 | Murat I. (Sultan seit 1383) |
| 1389–1402 | Bayezit I. |

*(Interregnum, 1402–1413)*

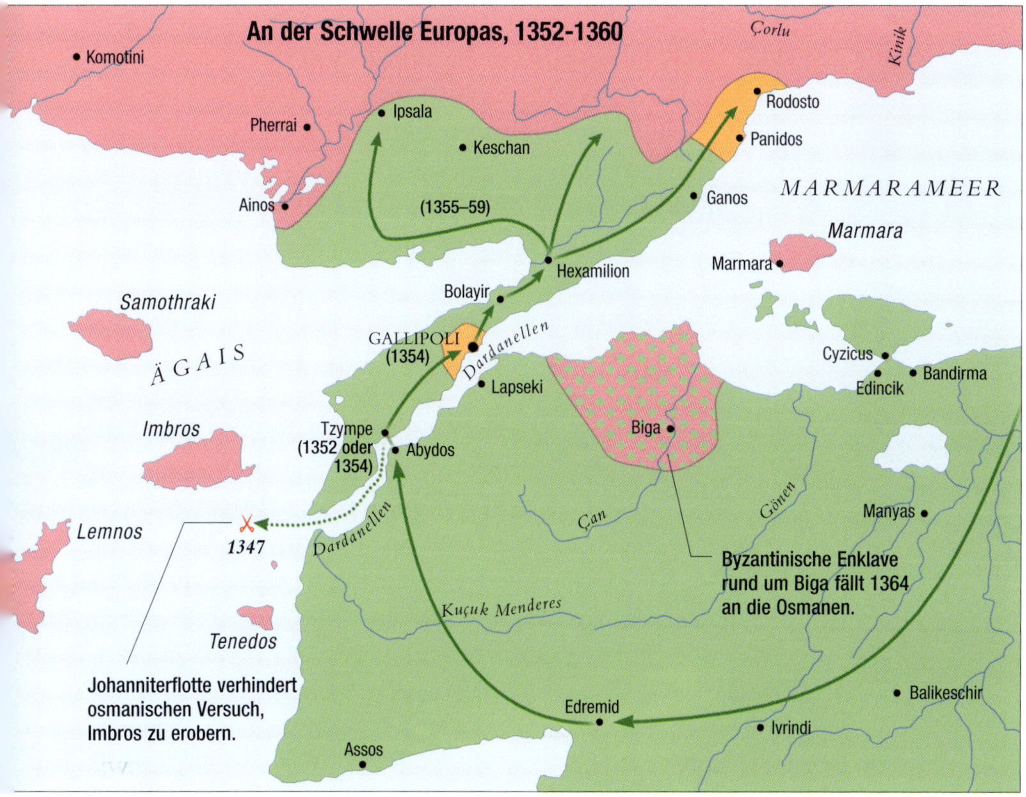


Schwarzen Meeres nordwestlich von Konstantinopel und ermöglichte seinem Auftraggeber die Rückkehr auf den Thron. Teil seiner Belohnung war die Hand der kaiserlichen Tochter Theodora. Währenddessen wurde es osmanischen Truppen unter Orhans Sohn Süleyman erlaubt, jene Teile Thrakiens und Gallipolis zu plündern, die Johannes nicht als Kaiser anerkannten. Doch sie überfielen auch andere Orte, darunter einige, die Kantakuzenos anerkannten. Dieser war jedoch nicht in der Position, um sich zu beschweren. Johannes erbat auch weiterhin osmanische Hilfe, da er über keine schlagkräftige Armee verfügte. 1349 brachte die byzantinische Flotte Süleymans Männer nach Thessaloniki, um den Hafen von den Serben zurückzuerobern, die ihn kurz zuvor eingenommen hatten. Drei Jahre später half Orhan Kantakuzenos, dessen Rivalen Johannes V. und seine serbischen und bulgarischen Verbündeten bei Didimotikon zu schlagen. Als Belohnung für Orhans Hilfe und um sicherzustellen, dass seine osmanischen Bundesgenossen rasch verfügbar waren, erlaubte Johannes VI. Kantakuzenos Orhan, die Festung bei Tzympe auf der Halbinsel Gallipoli zu bemannen.

Orhan erkannte, dass dieser Außenposten, obschon klein und verwundbar, von großem strategischen Wert war. Seine Gefolgsleute begannen unmittelbar damit, die umliegenden Gebiete zu überfallen. 1353 stieß Süleyman Berichten zufolge nördlich bis nach Tekirdag (Rodosto) vor, offenbar gemeinsam mit genuesischen Schiffen. Genua hoffte, diese neue Allianz würde die dominierende Position seines Hauptrivalen im Handel mit Byzanz, Venedig, schwächen. Johannes VI. beschwerte sich und führte an, dass Tzympe nur als eine zeitweilige Basis für seine schwierigen osmanischen Verbündenten gedacht war. Orhan stimmte zu, dass der übereifrige Süleyman nach Hause zurückkehren sollte, behauptete jedoch zugleich, dass es gegen islamisches Recht sei, erobertes „ungläubiges Gebiet" wieder aufzugeben. Er bestand im

**Der byzantinische Bürgerkrieg**

In dieser verwirrenden Zeit erlaubten es Rivalenkämpfe den Osmanen, ganze Teile des Reiches zu erobern. 1341 bestieg der neunjährige Sohn des verstorbenen Andronicus III. als Johannes V. den Thron, doch seine 50-jährige Herrschaft war von einem beinahe permanentem Bürgerkrieg gekennzeichnet. Sein Schwiegervater Johannes Kantakuzenos ergriff als Johannes VI. 1347 die Macht. Kantakuzenos war es, der Orhan und die Osmanen nach Europa brachte. Als er sich 1354 mit Hilfe seiner nun schwierigen osmanischen Verbündeten gegen seine alten Feinde, die Serben und Bulgaren, wandte, verlor die byzantinische Elite ihre Geduld und ersetzte ihn durch seinen Rivalen Johannes V. Johannes' V. zweite Amtszeit war nicht erfolgreicher als seine kurze erste. Von seinem Sohn als Schwächling angesehen, übernahm dieser als Andronicus IV. in den Jahren 1376–1379 den Thron, bevor Johannes' V. venezianische Verbündete ihn vertrieben. Johannes V. war vergeblich nach Italien gereist, um den Papst um Hilfe zu ersuchen, und musste Orhans Herrschaft über die eroberten Gebiete anerkennen. Johannes V. starb 1391 als gebrochener Mann.

Das Wassertor, Pherrai (heute Féres im Osten Griechenlands).

Besonderen darauf, dass die strategisch wichtige Stadt Gallipoli und ihr Hafen in osmanischer Hand blieben.

Am 2. März 1354 erschütterte ein schweres Erdbeben die Halbinsel Gallipoli und zerstörte viele der dortigen Befestigungen, auch die Burg Tzympe. Süleyman schickte dem Kaiser einen Brief, dass dieses Beben ein Zeichen Gottes gewesen sei, der wolle, dass die Osmanen bleiben sollten, was sie dann auch taten.

## Die Ägäis: Grenze und Drehscheibe des Handels

In den ersten Jahrzehnten des 14. Jahrhunderts, während die Osmanen sich im Nordwesten Anatoliens festsetzten, war die Ägäis sowohl ein vom Krieg gezeichnetes Grenzgebiet als auch eine wichtige Handelsroute. Zur See und zum Teil auch zu Land wurde die Ägäis von den lateinischen Truppen beherrscht. Die Lateiner waren westeuropäischer Herkunft, jedoch zum Teil schon lange in der Region ansässig. Sie und nicht die Byzantiner waren die Hauptgegner der Osmanen, wenn diese versuchten, ihren Einfluss, ihre Macht und ihre Kultur auf die Ägäis auszudehnen. 1204 wurde Konstantinopel während des Vierten Kreuzzuges von europäischen Truppen erobert, die das kurzlebige Lateinische Kaiserreich errichteten. Dies hatte jedoch – abgesehen davon, dass es Byzanz im Angesicht seiner

türkischen Nachbarn in Anatolien noch weiter schwächte – keine langfristige Auswirkung. Die Präsenz der Kreuzfahrer in Nordgriechenland war ähnlich flüchtig, allerdings waren die Staaten, die sie in Zentral- und Südgriechenland schufen, weitaus bedeutungsvoller. Selbst nachdem die Lateiner einen Großteil des Landesinneren durch byzantinische Gegenangriffe verloren hatten, bildeten sie weiterhin die Aristokratie der Küstenstädte.

Relief mit einem aus byzantinischen und genuesischen Elementen zusammengesetzten Wappen aus dem 14. Jahrhundert auf der Burg Mytilene, Insel Lesbos.

Dies verstärkte sich noch durch die Ankunft italienischer Familien, die nach und nach die dominierende Rolle unter den zuvor vor allem französischen und burgundischen Siedlern übernahmen. Nicht wenige der neuen italienischen Herren betrachteten ihre griechischen Ländereien als eine Art Finanzinvestition, während die alte, französisch-ritterlich geprägte Gesellschaft im Griechenland des 13. Jahrhunderts durch eine neue, von Handel und wirtschaftlichen Prioritäten dominierte ersetzt wurde. Die Kreuzfahrerstaaten Griechenlands blieben aber ein Rekrutierungsbecken für adlige und einfache Söldner, die in vielen Armeen des südlichen Balkans und sogar Anatoliens dienten.

Die Kreuzritter der Ägäis scheinen weitaus bereiter gewesen zu sein, die vorhandenen slawischen militärischen Eliten zu integrieren und türkische Siedler willkommen zu heißen, so sie denn zum Christentum übertraten, als die mächtigeren und potenziell gefährlicheren griechischen Militärführer. Doch mit der Zeit und einem wachsenden Bedarf an Soldaten erhielten einige Griechen den Ritterschlag und ein erbliches Lehn, obwohl sie orthodox blieben und nicht katholisch wurden. Der Verlauf dieser Prozesse mag unterschiedlich gewesen sein, doch scheint es bemerkenswert ähnliche Assimilationen und kulturelle Verschmelzungen auf beiden Seiten der Ägäis, in Griechenland, Anatolien sowie auf dem byzantinischen und slawischen Balkan gegeben zu haben.

Genuesische Wappen an der Mauer der Festung von Amastris (Amasra). Diese Handelsenklave blieb bis zur Eroberung der Sadt durch die Osmanen 1460 genuesisch.

Auch die Handelsrepubliken Genua und Venedig waren Teil der neuen italienischen Siedler. Ihre wertvollen Handelsaußenposten in der Ägäis und im Schwarzen Meer schützten vor allem Truppen italienischer Herkunft, die mitunter von griechischen Einheimischen unterstützt wurden. Es gibt jedoch keine Anhaltspunkte, dass daran auch türkische Muslime beteiligt waren.

Nach dem Vierten Kreuzzug von 1204 wurden zahlreiche Inseln der Ägäis zu Treffpunkten für Piraten und Freibeuter unterschiedlichster Nationalitäten, doch auch daran scheinen türkische Muslime nur selten beteiligt gewesen zu sein. Viele der Freibeuter waren adliger Herkunft, da Piraterie noch nicht in einem so negativen Licht betrachtet wurde wie in späteren Jahrhunderten. Manche „Piratenritter“ dienten Venedig oder Genua. Unter den erfolgreichsten befanden sich die Genueser Brüder Zaccaria, welche diverse Häfen und die wichtigen Alaunminen an der anatolischen Küste kontrollierten. Meist waren diese Häfen schlicht von den Byzantinern übergeben worden, da sie nicht in der Lage waren, sie gegen die vorrückenden Türken zu verteidigen. Die Brüder Zaccaria fanden sich bald militärisch, aber auch in Handelsdingen aggressiv auftretenden türkischen Nachbarn gegenüber.

Die Zaccarias waren wohlhabend genug, um sich eine eindrucksvolle Flotte zu bauen, und eroberten 1304 die große Insel Chios in Namen ihrer Heimatstadt Genua. Chios war bereits ein wichtiger Stützpunkt, Hafen und Versorgungsplatz für diverse bedeutende Seehandelsrouten. Jahrzehnte später eignete sich die Familie Zaccaria im Namen Genuas oder Byzanz' (oder beider), weitere Inseln und Küstenenklaven an, um letztlich Vasallen des osmanischen Sultans zu werden.

## Teilung des Handels und der Macht

Die genuesischen Außenposten wurden in einer ganz anderen Weise regiert als die venezianischen. Während die Venezianer versuchten, in den Bereichen Verteidigung, Handel und bei nachbarlichen Beziehungen eine strikte Kontrolle auszuüben, verfolgten die Genueser eine traditionell lockere, ja fast anarchische Art, die Dinge zu

**Christliche Verbündete und Feinde, um 1360**

regeln, die den Gewohnheiten daheim in Genua entsprach. Ihre Handelsposten wurden in der Regel von einem Verband reicher Schiffseigner, bekannt als *mahonese*, geführt. Diese versuchten meist erfolgreich, sich die Unterstützung der örtlichen Kriegsherren und die Genehmigung der türkischen Herrscher zu sichern, indem sie diesen einen Teil des riesigen genuesischen Profits zusicherten. Unter den Mahonese befanden sich Männer von außerordentlichem geografischem Wissen. So war etwa Tedisio d'Oro daran interessiert, eine Handelsroute nach China zu finden, indem er westwärts über den Atlantik segeln wollte. Offenbar trieben Europäer wie Tedisio d'Oro mit ihren orientalischen Partnern nicht nur Handel, sondern lernten auch von ihnen.

Von der katholischen Kirche wurden die Muslime als *summa culpabilis*, als die „Tadelnswertesten", bezeichnet, was auch eine Triebfeder der Kreuzzüge war. Die Adligen der lateinischen Staaten allerdings erwiesen sich als wesentlich realistischer und pragmatischer. Viele von ihnen wandten sich schlicht vom Kaiser des Lateinischen Reiches ab, als er sie nicht mehr bezahlen konnte. Später ließ die so genannte Große Katalanische Kompanie von Söldnern auf ganz ähnliche Weise ihre verarmten Auftraggeber im Stich, um die lateinischen Staaten Griechenlands anzugreifen, wobei sie keine Probleme hatten, mit den muslimischen Türken in der Ägäis langfristige Allianzen einzugehen. Bis 1330 waren einige der italienischen Herrscher ägäischer Außenposten zu *illik kafirleri* (ungläubigen Grenzherren) unter türkischer Oberhoheit geworden.

Der gotische Galataturm beherrscht den Blick auf die gleichnamige Istanbuler Vorstadt. Der Turm wurde 1348 von den Genuesen erbaut, die den Bereich auch mehrheitlich bewohnten. Er wurde „Turm Christi" genannt und war der höchste und mächtigste Turm der umfangreichen Befestigungsanlagen Galatas.

Die meisten Historiker betonen die italienische Seeherrschaft in der gesamten Ägäis zu jener Zeit. Allerdings wird das Ausmaß der christlichen Überlegenheit zur See oft übertrieben. Die Behauptung, dass christliche Flotten bis weit hinein in das 15. Jahrhundert die Ägäis und das Schwarze Meer beherrscht hätten, ist vereinfacht und übertrieben. Obwohl es stimmt, dass türkisch-islamische Flotten bis zum Aufstieg des Osmanischen Reiches zur Seemacht im späten 15. Jahrhundert kaum eine direkte Konfrontation mit italienischen oder Kreuzfahrerverbänden wagen konnten, waren prä- und frühosmanische Marineeinheiten durchaus in der Lage, ihre zahlreichen kleinen Schiffe für Überfälle auf von Christen gehaltene Küsten und Inseln zu nutzen.

Für die verstreut liegenden lateinischen Gebiete des 13. und 14. Jahrhunderts wurde die Kontrolle des Meeres ebenfalls sehr wichtig. Lateinische Siedler, die im 14. Jahrhundert in der Ägäis Schiffsbesatzungen stellen mussten, wurden vor allem in den venezianischen Kolonien eine Woche vor dem Ablegen und erneut am Abreisetag durch einen Ausrufer zusammengerufen. Männer, die nicht ordentlich ausgerüstet erschienen, hatten Geldbußen zu zahlen. Marineunternehmungen waren

– von welcher Seite auch immer sie durchgeführt wurden – mit beträchtlichen Entbehrungen verbunden. Die Verpflegung bestand aus hartem Schiffszwieback, getrocknetem Fisch und für Christen Wein. Seit dem Fall des Römischen Reiches waren keine Galeerensklaven mehr eingesetzt worden. Die byzantinischen und islamischen Flotten setzten während des Mittelalters nur von Freiwilligen bemannte Schiffe ein, abgesehen von den persönlichen Dienern hoher Offiziere. Es war der von Rhodos aus operierende Johanniterorden, der wieder Sklaven einführte. Jedoch sollte man besser von Galeerenleibeigenen sprechen, da die Arbeit als Ruderer Teil des Frondienstes der griechischen Untertanen der Johanniter war. Muslime wurden nur selten als Galeerensklaven eingesetzt, einfach weil die Johanniter üblicherweise keine Gefangenen machten, wenn sie sich im Krieg mit ihren türkischen Nachbarn befanden – Gefangene wurden schlicht exekutiert.

Derwischzelle im Mevlanakloster, Konya, mit einer sitzenden Figur und die Puppe eines sich drehenden Mevlevi-Derwisches **(oben).**

Landschaft nahe Karaman, einem Treffpunkt der Melevis in Kilikien.

### Die türkischen Derwische

Schon seit den Tagen des Sultanats der Rumseldschuken war Anatolien die Heimat diverser mystischer islamischer Bewegungen oder Derwischsekten gewesen. Einige der anatolischen Sekten, wegen ihrer groben wollenen Umhänge *Sufis* (Wolle) genannt, spiegelten den alten Glauben der Türken mit seinen schamanistischen und buddhistischen Einflüssen wider. Andere basierten mehr auf einem frühen persisch-islamischen Mystizismus, und einige enthielten eindeutig Elemente eines eher unorthodoxen „Volkschristentums", wie es vor der seldschukischen Eroberung im byzantinischen Anatolien zu finden war. Die schiitische Ausrichtung des Islams war im frühen türkischen Anatolien sehr bedeutend, besonders unter den religiös motivierten Kriegern (Gazis) und den nomadischen Stämmen der Turkomanen. Sogar die frühen osmanischen Herrscher, obwohl sie sich selbst als orthodoxe Sunniten bezeichneten, übernahmen erst im späten 15. Jahrhundert die Hauptströmung des Islams. Die Orthodoxie wurde erst nach dem Sieg über die Mameluksultane Ägyptens zu Beginn des 16. Jahrhunderts stärker, als die Osmanen die Wiege der islamischen Zivilisation im Mittleren Osten eroberten.

Drei Derwischbewegungen spielten bei der Bekehrung christlicher Gemeinden in Anatolien und schließlich auch auf dem Balkan eine Rolle: die Mevlevis, die Bektaschis und die Melamis. Die Mevlevis, die drehenden Derwische, sind heute der bekannteste Orden. Sie wurden im 13. Jahrhundert von dem berühmten persischen Dichter und Mystiker Dschalal al-Din Rumi in Konya in der heutigen Türkei gegründet. Während des Osmanischen Reiches war der Mevlevi-Orden besonders in Anatolien und in Teilen der arabischen Welt vertreten, während die anderen beiden Orden vor allem sowohl in Anatolien als auch auf dem Balkan aktiv waren.

Wahrheit und Legende sind im Bezug auf die Gründung des Bektaschi-Ordens nur schwer zu trennen. Die Bektaschi waren seit ihren frühesten Tagen eng mit der Eliteeinheit der Janitscharen verbunden und sollen sogar für deren typische hohe

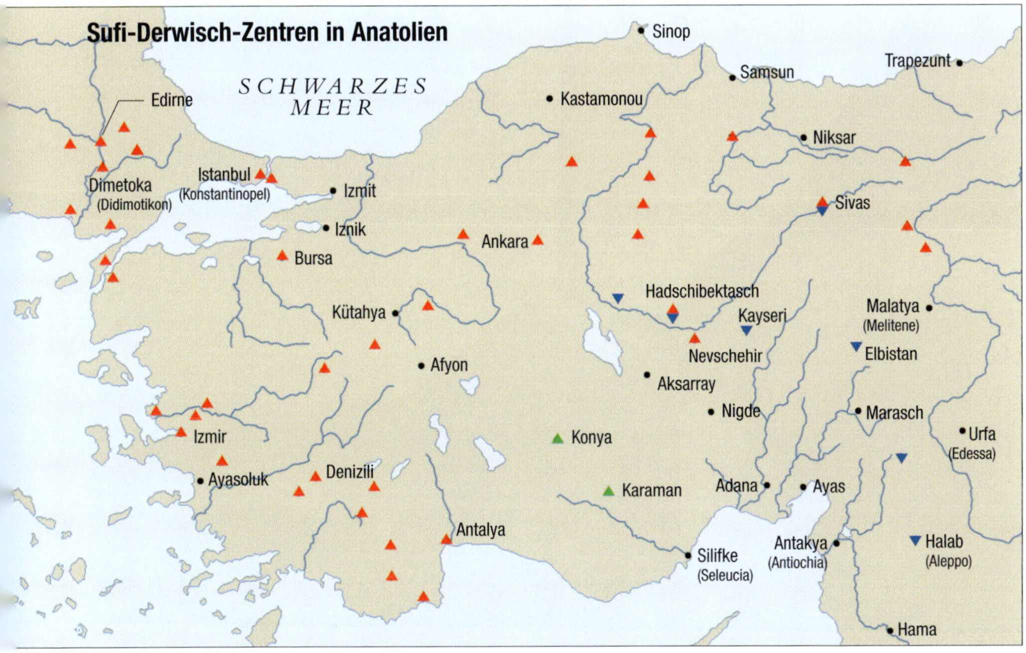


▲ Bektaschi-Gräber, *tekkes* und Pilgerzentren

▼ Von Hadschi Bektasch (ca.1248–1295) besuchte Orte

▲ Mevlevi-Gräber und *tekkes*

Hadschi (oder Hajji) Bektasch war Mitte des 13. Jahrhunderts der legendäre Gründer der anatolischen Bektaschi-Derwische. Er stammt aus Nischapur im Iran und war ursprünglich Anhänger des Yasawi-Sufi-Ordens, der in Zentralasien aktiv war und die dortigen Türkvölker missionierte. Sheikh Ahmad Yasawi schickte ihn nach Anatolien, um den dortigen Türken zu predigen, wo er in der nach ihm benannten Stadt Hadschibektasch bis zu seinem Tod blieb.

weiße Filzkappen verantwortlich sein. Kopfbedeckungen waren bereits seit Langem ein religiöses Identifikationsmerkmal. Die von den meisten osmanischen Soldaten – auch den höheren Rängen – getragenen hohen roten Hüte waren in früheren Jahrzehnten von revoltierenden schiitischen Sekten getragen worden; eine Tatsache, die auf den schiitischen Einfluss in den ersten Jahren des Reiches hindeuten könnte. Die Bektaschis sind seit dem 13. Jahrhundert in Anatolien belegbar und wurden von vielen orthodoxen Muslimen als verdächtig, wenn nicht gar als ketzerisch angesehen – eine Einstellung, die auch heute noch anzutreffen ist.

Die feierliche Verteilung von Brot, Käse und manchmal auch von Wein bei der Aufnahme eines neuen Ordensmitgliedes kann fast mit Sicherheit auf christliche Einflüsse zurückgeführt werden. Die Bektaschi-Bewegung entwickelte auch eine bemerkenswerte lyrische Tradition und vertrat eine liberale Haltung zu Rolle und Status der Frauen.

Der Gründungsort des Melami-Ordens liegt, wie auch derjenige der Bektaschis, in Zentralanatolien. Die Weigerung, sich durch die äußeren Formen der Religion einengen zu lassen, war eine bemerkenswerte Eigenschaft der Melamis und brachte sie in zunehmende Schwierigkeiten mit den osmanischen Behörden. Vielleicht waren deshalb alle Melamizentren in den europäischen Grenzgebieten des Reiches zu finden, z. B. in Albanien, Bosnien und während der kurzen osmanischen Herrschaft über Ungarn auch in Budapest.

In späteren Jahrhunderten wurden die Melamis verfolgt und ihr Orden schließlich, wie auch jener der Bektaschis, in den Untergrund gedrängt. So wurden die Bektaschis im 19. Jahrhundert zu einer illegalen Organisation erklärt, doch ihr Glaube und ihre Praktiken überlebten im Geheimen. Heutzutage gibt es wieder kleinere Bektaschigemeinden vor allem in Albanien und Amerika, aber auch an anderen Orten.

Die Gebetshalle des aus dem 13. Jahrhundert stammenden Bektaschiklosters in Hadschibektasch.

Ahi-Evren-Moschee der Derwische, frühes 16. Jahrhundert, Kirschehir.

## Das nichtosmanische Anatolien

Viele türkische Fürstentümer in Anatolien gediehen im 14. Jahrhundert weiter, während die byzantinische Enklave von Trapezunt an der Küste in relativem Frieden lebte. Der Verbündete Trapezunts, Georgien, war ein riesiger Staat, der einen Großteil des Kaukasus und das Innere Nordostanatoliens beherrschte, während eine Reihe von anderen Staaten mit dem osmanischen Sultanat konkurrierte. Südlich und östlich des christlichen Königreichs Georgien lag das noch größere Gebiet der zutiefst muslimischen Jalayriden, einer der Nachfolgestaaten des mongolischen Il-Khanats, der von Bagdad, der alten Hauptstadt des Kalifats, aus regiert wurde. Zwei Fürstentümer, Eretna und Karaman, beherrschten im frühen 14. Jahrhundert Zentralanatolien. Andere wichtige Staaten, Dulkadir and Ramazan, gab es im Südosten, während der Westen Anatoliens weitaus zersplitterter war.

Karaman, das Reich der Karaman-Dynastie oder Karamaniden (1265–1475), lag im alten Zentrum des Sultanats der Rumseldschuken und war in vielerlei Hinsicht sein Hauptnachfolger, auf jeden Fall aber der langlebigste. Der Vater von Karaman Ibn Nur al-Din, dem ersten Herrscher der Karamaniden, war ein bekannter Sufi, daher blühten die Derwischgemeinden unter ihrer Herrschaft auf. Für viele Jahrzehnte waren die Karamaniden ernstzunehmende Rivalen der Osmanen und schlossen Allianzen mit mächtigen Staaten in Ost und West, bis sie schließlich doch vom Sultanat absorbiert wurden.

Das Fürstentum Eretna (1336–1380) beherrschte einen weiten Teil des Gebietes, das im späten 11. und 12. Jahrhundert der Kern des Staates der Danischmendiden gewesen war. Es gibt Stimmen, die behaupten, der Name des Gründers Eretna Ibn Ja'far stamme vom Sanskritwort *ratna*, Juwel, und dass er uigurischer, also osttürkischer, und vielleicht sogar buddhistischer Herkunft war. Er wird wahrscheinlich dem Il-Khanat oder einem seiner Vasallen, den Çobaniden, gedient haben, die Nordanatolien beherrschten, bevor Eretna es eroberte.

Das Fürstentum Dulkadir (1337–1521) wurde vom Ogusenhäuptling Qaraj Ibn Dulkadir, dessen Name später zu Dhu'l-Qadr („Besitzer der Macht") arabisiert wurde, gegründet. Die Bedeutung seines Namens im Türkischen bleibt jedoch unklar. Dulkadir konnte zum einen so lange überleben, weil es im selben unzugänglichen Berggebiet lag, das auch den Armeniern Kilikiens als Rückzugsort gedient hatte, zum anderen, weil es Allianzen mit mächtigeren Nachbarn geschlossen hatte, nämlich den Mameluken und den Osmanen. Ihr hartnäckigsten Feinde waren die Karamaniden und die Aq Qoyunlu („weiße Schafe") genannten Turkomanen Westpersiens.

Die Ramazan-Dynastie (1378–1608) war ein Nachzügler in dieser komplizierten militärischen und politischen Situation, doch Ramazan Bey, Vater des Gründers, trat bereits um 1350 in Erscheinung. Angeblich stammte er von den Westogusen ab und forderte daher einen hohen Rang in der Familien- oder Klanhierarchie der Türken. Die Ramazan errichteten ihren Staat im wohlhabenden Kernland des ehemals armenisch-kilikischen Königreiches. Zunächst Feinde der Mameluken, verfolgten sie später eine pro-mamelukische Politik und dienten als Puffer zwischen Mameluken und Osmanen. Die Ramazan überstanden die osmanische Eroberung sowie den Sturz der Mameluken im frühen 16. Jahrhundert und wurden danach für fast ein Jahrhundert Vasallen des Osmanischen Reiches, bevor dieses ihr Land annektierte und zu einer Provinz *(eyâlet)* machte.

Im Westen Anatoliens war die Lage wesentlich komplexer und veränderte sich rasch. Dort gab es zu viele kurzlebige Fürstentümer, um sie detailliert zu beschreiben, doch unter den wichtigsten war das von Candar (1292–1462). Das Zentrum der Macht in Candar war Kastamonou, und nachdem es die Oberhoheit des Il-Khanats abgeschüttelt hatte, dehnte es sich ostwärts entlang der Küste bis nach Sinop aus. Die Dynastie von Candar wurde 1393 kurzzeitig von Sultan Bayezit I. entthront, kurz darauf jedoch vom Mongolenherrscher Timur-i-Lenk wieder eingesetzt, woraufhin sie den Namen Isfandiyar annahm. Auch nach der endgültigen Annexion ihres Gebietes durch Sultan Mehmet II. im Jahr 1462 blieb die Candar- oder Isfandiyar-Familie noch viele Jahre sehr einflussreich.

Die Dynastie von Germiyan (1299–1428) taucht in den Chroniken zunächst als ein türkischer Stamm im Dienste der Sultane von Rum in Malatya, am östlichen Ende des Seldschukengebietes, auf. Während des späten 13. Jahrhunderts wanderte dieser nach Westen und gründete rund um die mächtige Festung von Kütahya ein eigenes Fürstentum. Zunächst war dies jedoch ein Vasall der Seldschuken und des Il-Khanats. Dann aber nutzte Germiyan den Niedergang der Seldschuken und die räumliche Entfernung der Il-Khane, um ein Fürstentum zu schaffen, das für eine Weile das ausgedehnteste aller türkischen Beyliks in Westanatolien war. Die Herrscher von Germiyan machten einige kleinere Nachbarn zu Vasallen, und für eine Weile zahlte ihnen sogar Byzanz Tribut. Allerdings führte der Aufstieg kleiner, aber reicher und mächtiger Fürstentümer an der ägäischen Küste und der Osmanen im Norden zum Niedergang und der Auflösung Germiyans. Sein letzter Herrscher, Ya'qub II., verlor 1390 seinen Thron an Bayezit I. Timur-i-Lenk verhalf Ya'qub II. zwar erneut zur Macht, doch bei seinem Tod 1428 vermachte dieser Murat II. – und damit den Osmanen – sein Land erneut.

Die Herrscher der Dynastien von Hamid (1301–1391) und Teke (1301–1423) waren Nachfahren eines seldschukischen Grenzkommandanten mit Namen Ilyas Ibn

**Die Osmanen und die türkischen Beyliks**

- Osmanisches Gebiet, um 1362
- Osmanische Eroberungen bis 1382
- Türkische Beyliks in Anatolien
- Andere islamische Gebiete
- Byzantinisches Gebiet (Reich von Konstantinopel und Trapezunt)
- Andere christliche Gebiete

Alanya war ein wichtiger seldschukischer Stützpunkt und von mächtigen Befestigungen umgeben, wie dem „Roten Turm" am Hafen.

Hamid, der im späten 13. Jahrhundert ein Beylik im südwestlichen Anatolien geschaffen hatte. Hamid und Teke blieben zwar räumlich recht klein, waren jedoch zeitweilig wohlhabend, da sie strategisch günstig an den Handelsrouten zwischen Ägäis und Mittelmeer lagen. Ihre Geschichte war im Allgemeinen friedvoller als die ihrer größeren Nachbarn, doch wurden beide schließlich von Bayezit I. erobert, wonach Hamid völlig verschwand. Teke verdankt seine Wiederherstellung, wie so viele andere kleine Beyliks, Timur-i-Lenk. Es wurde jedoch eine Generation später endgültig von den Osmanen erobert, die seinen letzten Führer dann allerdings nicht in ihr System integrierten, sondern ihn töteten.

Die Dynastie von Mentesche (1280–1424) beherrschte die raue und zerklüftete Küste westlich von Hamid und Teke. Der Vater Mentesche Beys, des Gründers der Dynastie, könnte „Amir-i Sawahil" oder Gouverneur der Küste für die Seldschuken gewesen sein, doch vielleicht ist dies auch nur eine Familienlegende zur Rechtfertigung ihrer Herrschaft. Ob ihrer geografischen Lage ist es kein Wunder, dass sie bald damit begannen, venezianische Seehandelsrouten und von den Johannitern gehaltene Inseln zu überfallen. Vielleicht war es diese maritime Ausrichtung, die es den Mentesche erlaubte, weiter zu existieren, nachdem die Osmanen ihre Nachbarn bereits erobert hatten. Aber auch sie gehörten zu den Dynastien, die von Bayezit entthront, von Timur wieder eingesetzt und eine Generation später schließlich endgültig von den Osmanen erobert wurden.

Die Dynastie von Aydin (1308–1426) wurde von Aydin Oglu Muhammad Bey gegründet, er war Armeekommandeur in Diensten Germiyans gewesen, bevor er an der ägäischen Küste einen kleinen Staat schuf. Sein Sohn, der berühmte Umur Bey,

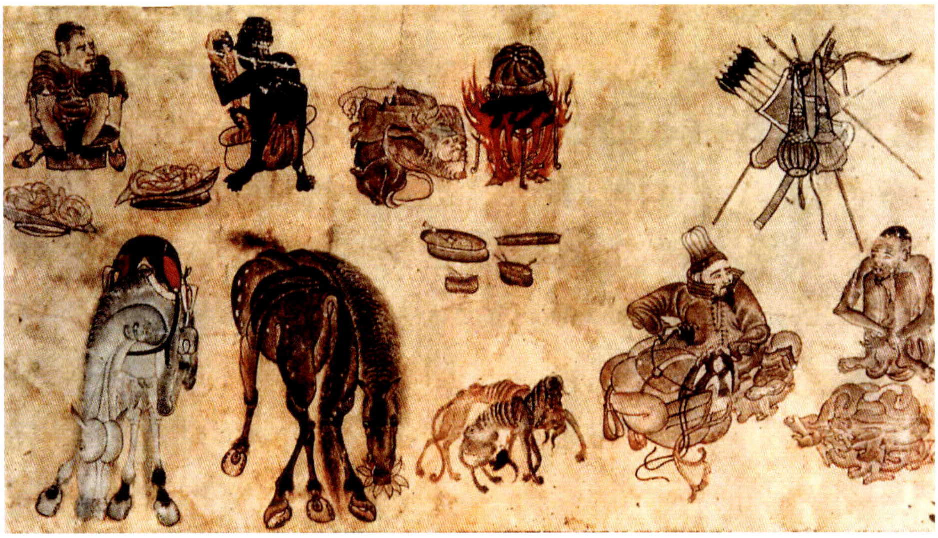

Türkische Nomaden, Zeichnung einer Handschrift aus dem späten 14. oder frühen 15. Jahrhundert.

eroberte Izmir und schuf eine kleine, aber erstaunlich schlagkräftige Flotte, mit der er alle christlichen Flotten der Ägäis und darüber hinaus herausforderte. Er wurde zum Helden eines Epos *(Destan von Umur Pascha)*, das eines der besten Beispiele mittelalterlicher türkischer Literatur ist. Schließlich aber wurden Umur und seine Flotte besiegt und Izmir zeitweilig von Kreuzfahrern und Johannitern zurückerobert. Aydin teilte das Schicksal der meisten seiner Nachbarn: Es wurde 1426 von Murat II. annektiert.

Die Geschichte der Dynastie der Saruhan (1313–1410), deren Beylik unmittelbar nördlich von Aydin lag, verlief recht ähnlich. Mitunter kämpfte man gegen Genueser und Byzantiner, manchmal trieb man mit ihnen Handel. Die genuesische Enklave von Phocaea (Foça) war vom Gebiet der Saruhan umschlossen. Zwischen Germiyan und Aydin befand sich noch ein weiterer Außenposten unter christlicher Herrschaft: Philadelphia (Alaschehir) und seine Umgebung blieben bis 1390 oder 1391 byzantinisches Territorium. Dies gelang durch geschickte Diplomatie, indem man ein benachbartes Fürstentum gegen das andere ausspielte. Die Byzantiner – oder vielmehr die von ihnen bezahlten Söldner der Großen Katalanischen Kompanie – marschierten im Frühjahr 1304 vom Marmarameer bis nach Philadelphia, wo sie die Philadelphia belagernden Türken vernichtend schlugen. Das Ergebnis war, dass die Stadt in relativem Frieden leben konnte, bis Bayezit I. entschied, alles nichtosmanische Territorium in Westanatolien zu besetzen.

**Die große Kompanie der Katalanen** war eine spanische Truppe europäischer Söldner, die im Jahr 1303 von Andronicus II. angeheuert worden war. Im folgenden Jahr griffen die Katalanen die türkischen Belagerer Philadelphias an, töteten angeblich 18.000 Türken und vertrieben die übrigen. Trotz ihrer Fähigkeit, die Türken zu schlagen, wo auch immer sie auf sie trafen, wurde rasch klar, dass sie dem Kaiser nicht gehorchten.
Die Katalanen plünderten weite Gebiete Antoliens, egal ob byzantinisch oder türkisch, bis der Kaiser sie überredete, sich nach Europa zurückzuziehen. Als ihr Führer, Roger de Flor, von Männern der alanischen Kavallerie ermordet wurde (er hatte sie zuvor beleidigt), verdächtigten die Katalanen den Kaiser und wandten sich gegen ihn. Durch unzufriedene türkische Freibeuter verstärkt, die an den Plünderungen teilhaben wollten, verwüsteten die Katalanen große Teile Thrakiens, bevor sie sich eines der lateinischen Staaten in Griechenland, des Herzogtums Athen, bemächtigten, welches erst rund 70 Jahre später an das Osmanische Sultanat fiel.

Karaman hat viele eindrucksvolle Bauten, z. B. die Hatuniye-Koranschule. Diese theologische Einrichtung in Karaman – auch als Nefise-Hatun- oder Nefise-Sultan-Koranschule bekannt – wurde 1382 erbaut. Zu jener Zeit galt sie als eine der besten Universitäten der islamischen Welt.

KAPITEL VIER

# Vordringen nach Europa

## Vereint gegen einen zersplitterten Balkan

Der Balkan wird häufig nur als Durchgangsregion betrachtet, durch welche die Kreuzfahrer auf ihrem Weg in das Heilige Land zogen und die von Zeit zu Zeit von asiatischen Horden überfallen wurde, um dann plötzlich in die Hand der Osmanen zu geraten. Das Königreich Ungarn beherrschte den nördlichen Teil dieser Region Europas, während die Byzantiner im Süden einen griechischen Staat gründeten. Die Serben errichteten im 14. Jahrhundert ein kurzlebiges, aber ausgedehntes Reich, und die Bulgaren – obschon es ihnen nie gelang, an den Glanz ihres ersten Reiches vom 7.–10. Jahrhundert anzuknüpfen – gründeten einen kulturell hochstehenden Staat. Weitere Rollen auf der verwirrenden Bühne des Balkans spielten Albaner, Kroaten, Bosnier, Mazedonen, Walachen, Moldawier und Siebenbürgen sowie diverse nomadische Stämme meist türkischen Ursprungs.

Eine türkische Festung aus dem 14. Jahrhundert auf einer Insel im Hafen von Kusadasi, südlich von Selçuk (Ephesus) an der türkischen Küste. Kusadasis geschützte Lage zwischen den vor der Küste liegenden Inseln Chios und Samos machte es nach der Eroberung durch die Osmanen zu einer idealen Basis für die türkische Flotte.

Ungarn spielte eine besondere Rolle, da es im Gegensatz zu anderen Balkanländern nicht orthodox, sondern katholisch geprägt war und mit Begeisterung an den späten Kreuzzügen teilnahm. Nach dem Tode des Königs Andreas III. 1301 wurde die Ungarn seit seiner Entstehung regierende Dynastie der Arparden von den italienisch-französischen Anjous ersetzt, die bereits Süditalien und Teile Griechenlands beherrschten.

Karl Robert I. beschnitt die Macht der Barone und sorgte für die Verbreitung französischer und italienischer Kultur sowie eines modernen Militärwesens in Ungarn. Ludwig der Große, der 1342 König wurde, setzte deutsche und italienische Söldner gegen Venedig in Dalmatien, gegen heidnische Litauer und katholische Polen im Norden sowie gegen orthodoxe Serben im Süden ein. Ludwig sah sich als Streiter für die Kirche, doch sein Traum eines Kreuzzuges gegen die Türken wurde durch ständige religiöse Zwistigkeiten zunichte gemacht. Stattdessen sahen sich Ludwigs Nachfolger in einem Kampf, der auf brutale Weise die Unzulänglichkeiten der ungarischen Armee offenbarte, der vollen Stärke der Osmanen gegenüber. Als die Osmanen tief auf den Balkan vorstießen, rief Sigismund von Ungarn (1387–1437) zu einem Kreuzzug auf, doch das schlecht disziplinierte, multinationale Kreuzfahrerheer wurde 1396 bei Nicopolis vernichtet.

Nach einer kurzen Periode der Unabhängigkeit im 11. Jahrhundert vereinte sich Kroatien 1091 formal mit Ungarn. Zwar behielt es einen gewissen Grad an Unabhängigkeit, doch sein *bán* oder Vizekönig hatte Schwierigkeiten, die unruhigen Feudalherren unter Kontrolle zu bringen, die im benachbarten Dalmatien oder Bosnien ihren eigenen Interessen nachgehen wollten.

Bosnien war kulturell, religiös und militärisch wesentlich uneinheitlicher. Im späten 12. Jahrhundert aus Stammesunruhen entstanden, wurde es von regionalen Häuptlingen oder *zupe* regiert, welche die Autorität des regionalen Vizekönigs nur anerkannten, wenn es ihnen gerade passte. Während das nördliche Bosnien aus zwei ungarischen Fürstentümern bestand, die als Bastion gegen die serbische Expansion entstanden waren, bewahrte sich das südliche Bosnien seine anarchische Unabhängigkeit. Militärisch und kulturell hatten die meisten Bosnier mehr mit ihren serbischen als mit ihren kroatischen oder ungarischen Nachbarn gemein. Die bosnische leichte Kavallerie war an ihren typischen Schilden zu erkennen, die sich zum so genannten *scutum bosniensem* entwickelten.

Eine Eigenart dieser Region waren die Bogomilen, Ketzer, die einige Ähnlichkeiten mit den frühmittelalterlichen Paulikianern und den Katharern Südfrankreichs aufwiesen. Die Bogomilen überstanden zwar Verfolgung und Angriffe von Kreuzfahrern, verschwanden jedoch nach der Ankunft der Osmanen von der Bildfläche, da die meisten Anhänger dieser Sekte zum Islam übertraten.

Serbiens kurzfristige Überlegenheit auf dem Balkan kam nach seiner Niederlage auf dem Amselfeld (Kosovo Polje) 1389 zu einem raschen Ende. Weil jedoch trotz des türkischen Sieges Sultan Murat I. wenige Tage später dem Schwert eines Attentäters zum Opfer fiel, wie hier auf einer Illustration aus dem 18.Jahrhundert dargestellt, verzögerte sich das Tempo der Ausbreitung der osmanischen Herrschaft über Serbien.

Bosniens große Zeit kam im 14. Jahrhundert, obwohl es wirkliche Unabhängigkeit erst unter Stephan Tvrtko (1353–91) erlangte. Während seiner Herrschaft eroberte Bosnien Teile Kroatiens und erreichte sogar die Adria. Als sich das Serbische Reich auflöste, schlugen die Bosnier in der Schlacht von Plocnit 1386 die Osmanen, und Bosnien wurde für kurze Zeit zum mächtigsten der zugegebenermaßen schwachen Staaten des südlichen Balkans. Serbien fiel 1459 an die Osmanen, vier Jahre später sollte auch Bosnien erobert werden.

Die Albaner waren während des Mittelalters in diverse Bergstämme aufgesplittert. Der Entwicklung einer nationalen Identität stand zudem die Trennung zwischen katholischen und orthodoxen Albanern entgegen. Nach dem Zusammenbruch der byzantinischen Herrschaft und einer Zeit der Unabhängigkeit unter verschiedenen lokalen Führern wurde die Region kurzzeitig unter einem einzigen *archon* vereint und dann Teil des byzantinischen Despotats von Epirus. Nach einem Angriff des Hauses Anjou von Süditalien her hielt sich ein von dieser Dynastie beherrschtes Königreich an der Küste nur bis zu einer baldigen Revolte der Bevölkerung, wonach eine Zeit der Autonomie folgte. 1304 kehrten die Anjous zurück und gewährten den albanischen Herrschern dieses Mal mehr Freiheiten. Viele der Bergstämme waren noch immer Halbnomaden, was ihnen während des 14. Jahrhunderts, als es eine Reihe von Hungersnöten gab, erlaubte, in großer Zahl in das benachbarte Griechenland zu ziehen. Ein Großteil Albaniens wurde Teil des großen, aber sehr zerbrechlichen Serbischen Reiches unter Stephan Dusan. Den Albanern gelang es, 1378 (eventuell mit osmanischer Hilfe) den Johanniterorden zu schlagen. Die Beziehungen zu den Türken waren jedoch nicht immer so gut, und als der albanische Herrscher Skanderbeg Mitte des 15. Jahrhunderts den Osmanen trotzte, fesselte dies das christliche Europa.

*Die Ermordung Murats I.*; Illustration aus dem späten 15. Jahrhundert eines Geschichtswerks von Ahmedi.

Nach dem Untergang des ersten Reiches 1018 blieb Bulgarien für fast zwei Jahrhunderte Teil von Byzanz. Zudem fand die Sekte der Bogomilen in einigen Teilen des Landes regen Zulauf. Das zweite Bulgarische Reich errang seine Unabhängigkeit unter der Führung einer aus bulgarischen Slawen, walachischen Rumänen und kiptschakischen Türken bestehenden Kriegeraristokratie. Nach dem erfolglosen Versuch, mit jenen Kreuzfahrern, die 1204 Konstantinopel erobert hatten, ein Bündnis zu schmieden, wurde das zweite Reich der Bulgaren zu ihrem erbitterten Feind. Jedoch kam es zu tiefgreifenden sozialen Verwerfungen zwischen dem einfachen Volk, das häufig von den egalitären Ideen der Bogomilen beeinflusst war, und der Führungsschicht, die zunehmend auf den Fron- und Kriegsdienst des Volkes angewiesen war. Gebietsverluste an die Ungarn und an Byzanz schwächten die Macht des Königs. Ein Bauernaufstand zerriss das Land, und schließlich musste Bulgarien die Oberherrschaft der mongolischen Goldenen Horde anerkennen. Obschon sich Bulgarien als Teil des mongolischen „Weltreiches" des Friedens und Wohlstands erfreute, schritt der Prozess seines politischen Zerfalls im gleichen Maße fort, wie die Stärke des benachbarten Serbiens wuchs. Schließlich zerbrach das Land in drei Fürstentümer: Dobrudja im Nordosten, Vidin im Nordwesten und Tarnovo im Süden. Große Teile der Ebenen waren durch Krieg, Überfälle der Nomaden und die Pest entvölkert. Bulgarien war daher kaum in der Lage, den Osmanen zu widerstehen.

Von ihrem ersten Brückenkopf in Europa, der ihnen 1352 von Johannes VI. Kantakuzenos auf der Halbinsel Gallipoli gewährt worden war, stießen die Osmanen bald weiter nach Thrakien vor. Sie eroberten Çorlu, Tekirdag (ehemals Rhaedestum), Lüleburgaz und Malkara, die alle zu Stützpunkten für weitere Überfälle wurden. Auch die umliegenden Dörfer kamen unter osmanische Herrschaft, während zugleich der Brückenkopf auf und um die Halbinsel Gallipoli herum ausgeweitet wurde. Dies war der Ausgangspunkt für die Eroberung des Balkans und großer Teile Zentral- und Osteuropas. Plovdiv (ehemals Philippopolis) fiel 1364, und auch das übrige Bulgarien unterwarf sich bald der osmanischen Herrschaft. Den noch auf den östlichen Ebenen und an der Küste des Schwarzen Meeres verbliebenen Bauern stand eine Zeit des unerwarteten Wohlstands unter ihren neuen türkischen Herren bevor. Ein Teil der alten bulgarischen Aristokratie flüchtete in die westlichen Berge, wo sie sich noch einige Jahrzehnte einer unsicheren Autonomie erfreuten, bis ständige Revolten schließlich 1396 dazu führten, dass auch diese letzten bulgarischen Fürstentümer osmanisch wurden.

Auch das einst mächtige Byzanz war nicht in der Lage, den Widerstand gegen die Osmanen anzuführen. Die Niederschlagung von Bauernaufständen, Revolten und die Plünderungen der Katalanen hatten dazu geführt, dass große Teile Thrakiens und Mazedoniens nur noch dünn besiedelt waren. In dem, was an byzantinischem Territorium noch geblieben war, schien es aller Orten Feindseligkeiten zwischen Zivilisten und Militär, einfachen Leuten und der herrschenden Klasse zu geben. Große Teile der Aristokratie erhofften sich Hilfe aus dem Norden, die einfachen Menschen bevorzugten jedoch die osmanisch-islamische Herrschaft im Vergleich zu jener der katholischen Ungarn, welche die einzige mögliche Alternative zum zerfallenden, gedemütigten Byzantinischen Reich darzustellen schien.

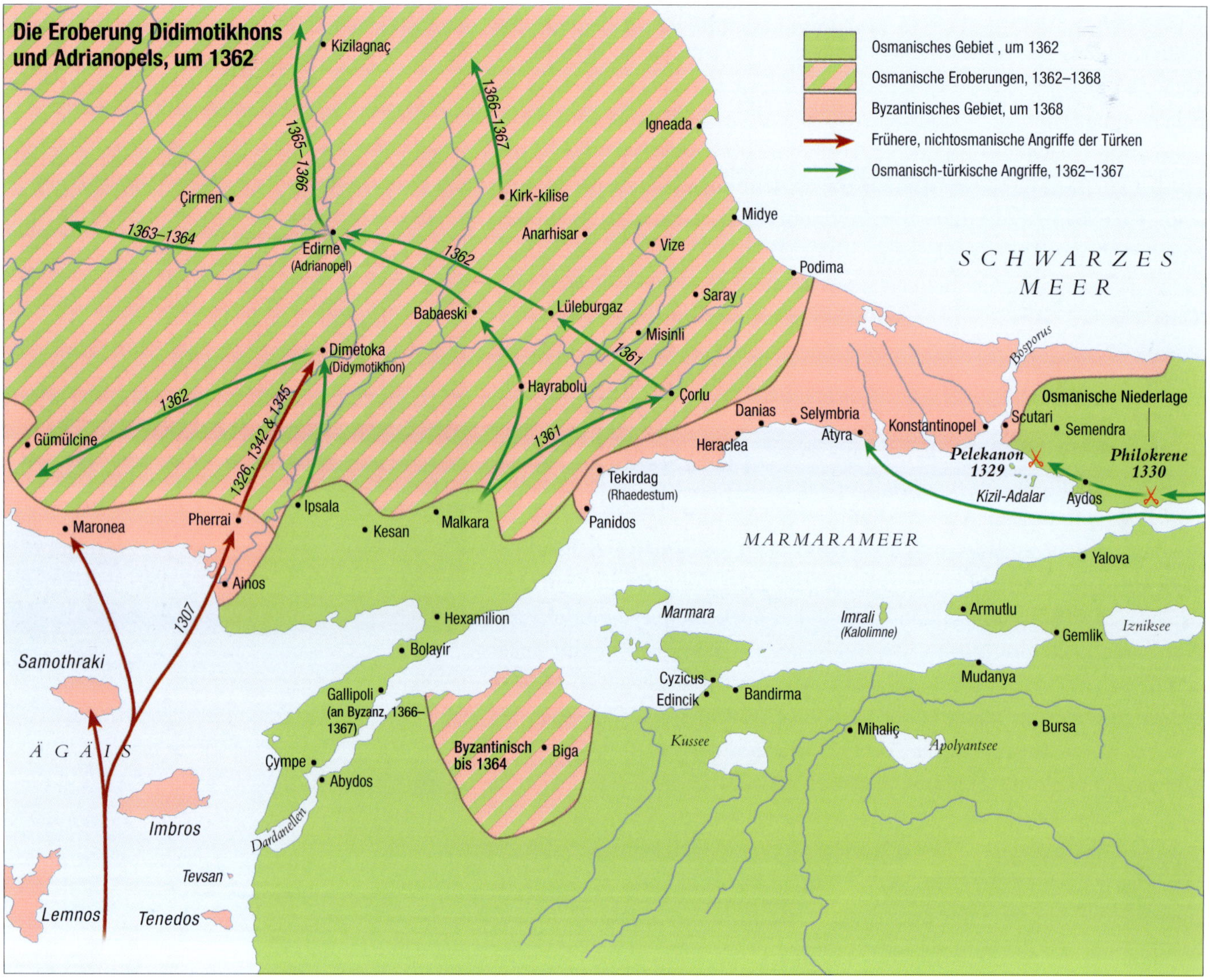


In den letzten Jahrzehnten des 14. Jahrhunderts bestand Byzanz aus wenig mehr als der Stadt selbst und der umliegenden Küste, Südgriechenland (Morea) und einigen ägäischen Inseln. Zu quasi-byzantinischen Gebieten gehörten das Reich von Trapezunt und das Despotat von Epirus. Von den Kreuzfahrerstaaten Griechenlands war ebenfalls wenig übrig geblieben, während sich Bulgarien bereits unter osmanischer Herrschaft befand. Das ausgedehnte, aber zerbrechliche Serbische Reich war bereits zerfallen, bevor die Osmanen das Herz des Balkans erreicht hatten.

In Europa begann man sich der Ernsthaftigkeit der Gefahr, die durch die Osmanen drohte, bewusst zu werden, sodass einige Herrscher und hohe Kleriker von einem neuen Kreuzzug zu reden begannen. Für einige Jahre geschah jedoch nichts. In der Zwischenzeit wurde Orhans ältester Sohn und designierter Nachfolger Süleyman bei einem Unfall getötet. Orhan selbst starb zwei Jahre später im Jahr 1360. Dies hätte eine gefährliche Zeit für das junge Osmanische Reich sein können, aber Orhans zweiter Sohn, Murat, erwies sich als ein noch besserer und ehrgeizigerer Herrscher als sein Vater. Murat war bereits Kommandeur an der europäischen Front oder *uç* gewesen, doch als er Herrscher wurde, konzentrierte er sich zunächst auf die

Nach Jahrzehnten des Krieges und Hungers waren die Ebenen Thrakiens menschenleer und bereit, von den türkischen Neuankömmlingen besiedelt zu werden. Dieses Lager einen Schäfers zwischen Dedéagach (Alexandropoli) und Komotini, nun Ostgriechenland, unterscheidet sich wohl nur wenig von den ersten nomadischen Siedlungen der Osmanen.

Konsolidierung in Zentralanatolien. Eine der wichtigsten Entwicklungen war die Tatsache, dass die praktisch unabhängige religiöse Miliz *(ahi)* und die Stadt Ankara den osmanischen Emir und nicht das Fürstentum Germiyan als ihre Herrscher anerkannten.

Als Nächstes erweiterte Murat das osmanische Herrschaftsgebiet nach Thrakien, Mazedonien, Bulgarien und Serbien hinein, wodurch er zu einem der bemerkenswertesten Eroberer der mittelalterlichen europäischen Geschichte wurde. Zu Beginn dieser Entwicklung war Gallipolis Hafen von lebenswichtiger Bedeutung für die Aufrecherhaltung einer Verbindung über die Meerenge. Die kleine osmanische Flotte wäre nicht in der Lage gewesen, die Kontrolle über die Dardanellen aufrechtzuerhalten, wären die weit mächtigeren christlichen Flotten entschlossen gewesen, die Verbindung zwischen dem alten und neuen Territorium der Türken zu unterbrechen. Dieser Tatsache war man sich in den europäischen Hauptstädten und in Byzanz durchaus bewusst, doch die miteinander konkurrierenden christlichen Mächte schlossen niemals Bündnisse, die lange genug gehalten hätten, um die Dardanellen zu kontrollieren oder um Gallipoli zurückzuerobern. Stattdessen ahmten die Osmanen die byzantinischen Kaiser nach, indem sie zeitweilige Allianzen mit der einen oder anderen christlichen Seemacht schlossen, um so von deren Rivalitäten zu profitieren.

Im Zuge der Eroberung durch Murats Armee wurden die fast menschenleeren Ebenen Thrakiens und die Täler des östlichen Mazedoniens von Menschen aus den anatolischen Provinzen des Osmanischen Reiches besiedelt. Darunter waren auch türkische Nomaden, die zu *yürük*, kriegerischen Hirten, wurden, welche das Hochland einiger Regionen des Balkans für Jahrhunderte beherrschen sollten. Unter den Siedlern waren auch christliche und muslimische Bauern aus Anatolien. Die Rolle der Bektaschi-Derwische, die viele Feldzüge der osmanischen Armeen begleiteten, war wichtiger, als man gemeinhin annimmt, denn sie agierten nicht nur als muslimische Missionare, sondern förderten auch die Besiedelung und Rekultivierung des verödeten Landes, das bereits vor der Ankunft der Osmanen von der Bevölkerung verlassen worden war.

Die aus dem 13.–14. Jahrhundert stammende Festung von Baba Vida bei Vidin an der Donau war einer der letzten Stützpunkte der Bulgaren, der an die Osmanen fiel.

## Serbien: ein Rivale auf dem Balkan

Zur Zeit der ersten osmanischen Eroberungszüge auf dem Balkan war das Serbische Reich in der Tat größer als das Byzantinische. Serbien war aus zwei Fürstentümern entstanden: Zeta im Westen und Raska im Osten. Beide vereinten sich im Jahr 1172 zu einem einzigen Königreich, doch für die nächsten anderthalb Jahrhunderte kämpfte Serbien im Angesicht byzantinischer, ungarischer und bulgarischer Ambitionen um sein Überleben, während im Inneren die Bogomilen verfolgt und das Königreich durch und durch orthodox wurde. Nach 1190 gelang es den Serben jedoch, sich einen kleinen Küstenstreifen an der Adria zu sichern.

Seit seiner Gründung hatte Serbien Byzanz sowohl als Quelle seiner Kultur, aber auch als Raum für Eroberungen begriffen. Unter Stephan Uros II. (1282–1321) kam es zu den ersten Vorstößen, doch erst sein Sohn Stephan Uros III. erreichte einen Durchbruch, als er 1330 die Bulgaren in der Schlacht von Kyustendil besiegte und Serbien zur führenden Macht auf dem Balkan machte. Dieser Sieg warf ein interessantes Licht auf einige Unterschiede zwischen dem unter starkem östlichen Einfluss stehenden Bulgarien und einem bereits von Westeuropa beeinflussten Serbien. So wurden die Bulgaren von zahlreichen mongolischen und walachischen berittenen Bogenschützen unterstützt, während die Serben rund 1.000 spanische Söldner einsetzten, viele von ihnen wohl katalanische Veteranen, die bereits für Byzanz gekämpft und es dann an den Rand der Zerstörung gebracht hatten.

Wandgemälde in einer Kirche in Péc, 1350–1375. Wie die Byzantiner waren auch die Serben orthodoxe Christen.

Trotz seines Erfolges wurde Stephan Uros III. vom serbischen Adel gestürzt, da man ihn für zu vorsichtig und zu friedfertig hielt. Stattdessen machte man seinen Sohn Stephan Dusan (1331–1355) zum König, der zum größten Eroberer der serbischen Geschichte und berühmtesten Herrscher der Nemanja-Dynastie werden sollte. Handel und Bergbau hatten Serbien reich gemacht. Dusan nutzte diesen Reichtum zur Anwerbung einer großen, hauptsächlich aus Deutschen bestehenden Söldnerarmee. Während er an Serbiens Nordgrenze um Frieden bemüht war, überrannte Dusan Teile des byzantinischen Territoriums im Süden und Provinzen seiner westlichen Nachbarn. Schließlich erklärte Stephan sich zum Kaiser der Serben und Griechen, zu denen er 1346 noch die Albaner und die Bulgaren hinzufügte. Scheinbar beabsichtigte er, das schwache Byzanz durch sein neues, starkes Reich orthodoxen Glaubens zu ersetzen. Während der Vorbereitungen eines Angriffs auf Konstantinopel 1355 starb er jedoch unerwartet – kaum drei Jahre, nachdem die Osmanen die Kontrolle über Tzympe auf der Halbinsel Gallipoli übernommen hatten.

Unter Stephan Dusan war der unruhige serbische Adel gezwungen gewesen, die königliche Macht anzuerkennen, und es entstand eine sich selbst verwaltende serbisch-orthodoxe Kirche mit eigenem Patriarchat in Péc im heutigen Kosovo. Zum Zeitpunkt seines Todes umfasste Dusans Reich nicht nur Serbien, sondern auch das südliche Bosnien und Teile der Herzegowina, dazu Mazedonien, Epirus und Thessalien in Nordgriechenland sowie, zumindest nominell, einen Großteil Albaniens. Er verlegte gar die Hauptstadt südwärts nach Üskup, heute Skopje in der Republik Mazedonien.

Die Nachfolger Stephan Dusans waren nicht fähig, dessen ehrgeizige Pläne weiter zu verfolgen, doch einige von ihnen gingen aufgrund ihres heldenhaften Wider-

standes gegen die osmanische Eroberung in die Geschichte ein. Allerdings bestand ihre Macht mitunter nur auf dem Papier, und Dusans Reich löste sich in miteinander rivalisierende Fürstentümer auf, von denen einige unter ungarische Oberhoheit gerieten. Währenddessen zerfiel das benachbarte Bulgarien in drei Fürstentümer. Als die osmanische Bedrohung ernst wurde, gab es auf dem Balkan mehr als 20 meist kleine oder sogar winzige souveräne Staaten, von denen viele miteinander konkurrierten und zudem keiner in der Lage war, den herannahenden osmanischen Armeen effektiven Widerstand zu leisten. Byzanz stand kurz vor dem Untergang, zu Grunde gerichtet von einem Bürgerkrieg, der den Osmanen verlockende Gelegenheiten zur Einmischung bot. Die strategisch wichtige Insel Chios war an die Genuesen, auf dem Festland Thessalien und Epirus an die Serben verloren worden, was Byzanz nur Teile Thrakiens, einige Inseln der nördlichen Ägäis und Morea im südlichen Griechenland ließ. Diese mangelnde geografische Einheit verschaffte den Osmanen eine goldene Gelegenheit.

Bei ihrem Vormarsch auf dem Balkan sorgten die Osmamen auch für die Annehmlichkeiten, die sie für selbstverständlich hielten. Öffentliche Bäder, wie dieses Hamam aus dem späten 14. Jahrhundert in Bolu, schossen in Thrakien, Serbien und Bulgarien quasi aus dem Boden.

## Eine neue Macht in Europa

Bursa am Fuße der Berge Nordwestanatoliens war die erste wirkliche Hauptstadt der Osmanen gewesen. Nun, nachdem sie eventuell Didimotikon (türk.: Dimetoka) als ihre erste oder nur zeitweilige europäische Regionalhauptstadt genutzt hatten, entschieden sich die Osmanen für Adrianopel, das in Edirne umbenannt wurde, als Basis für ihre weiteren Eroberungen. Diese Eroberungen wurden sorgfältig und mit großer Hingabe geplant. Es war jedoch nicht einfach, eine Armee zu kontrollieren, die auch mächtig genug war, den Balkan zu erobern. Die meisten Kämpfe wurden von Armeen ausgetragen, die auf drei Grenzmarken aufgeteilt waren. Der erste Vorstoß nach Nordosten durch Thrakien wurde gemeinhin vom osmanischen Herrscher befehligt. Der zweite, nach Nordwesten und Bulgarien gerichtete Vorstoß, wurde von Kara Timürtasch geleitet. Gazi Evrenos *(siehe Seite 38-39)* war der berühmteste Heerführer und kommandierte die dritte der Grenzmarken sowie den Vorstoß nach Westen, hinein nach Mazedonien und Griechenland.

Die offizielle Einstellung der Osmanen gegenüber ihren christlichen und jüdischen Untertanen war fast so verständnisvoll und entgegenkommend wie jene der unorthodoxen Bektaschi-Derwische, welche die Armee begleiteten. Zuvor verfolgte Minderheiten wie die Bogomilen konvertierten bald in großer Zahl zum Islam, während in anderen Gegenden des Balkans die orthodoxen Christen die Osmanen oft als Befreier vom katholischen Joch begrüßten und die einfachen Bauern die im Allgemeinen weniger harte türkische Herrschaft schätzten. Die Osmanen verlangten weniger Steuern als die vorherigen byzantinischen, bulgarischen, serbischen oder anderen Herrscher. Der höhere Adel jedoch wurde in den meisten Fällen getötet, floh oder musste einen geringen Rang als zuvor hinnehmen. Der Klerus beklagte den Herrschaftswechsel ebenfalls, nicht allein weil scheinbar der Islam über das Christentum triumphierte, sondern auch, weil er viel zu verlieren hatte.

Der Hauptteil der bestehenden byzantinischen, griechischen, bulgarischen, serbischen und anderen militärischen Eliten des Balkan trat, so sie sich mit den Osmanen arrangiert hatten, nach ein paar Generationen zum Islam über. In den neu eroberten

Balkanprovinzen, bei den Osmanen Rumelien (Rum Ili oder die Römischen Länder) genannt, wurden viele der alten feudalen *pronoai*-Lehnsgüter zu osmanischen *timar*-Lehnsgütern, von denen einige an türkische Krieger, andere an christliche Soldaten, die nun für die neuen Heere kämpften, verliehen wurden.

Selbst noch während des 14. Jahrhunderts scheint die Mehrzahl der osmanischen Armee aus einer großen turkomanischen Kavallerie unterstützt von einigen Fußsoldaten bestanden zu haben, doch dies änderte sich nach und nach. Als die Osmanen erstmals auf der Halbinsel Gallipoli Fuß fassten, besaßen sie eine stehende Armee, die in der Lage war, sowohl defensive als auch offensive Operationen durchzuführen. Dazu gehörte auch die Übernahme byzantinischer und klassischer islamischer Elemente in die Schlachtordnung. Der byzantinische Einfluss machte sich besonders in der Belagerungstechnik bemerkbar. Obschon ihre Gegner häufig die Größe der osmanischen Armee übertrieben darstellten, war sie Mitte des 14. Jahrhunderts im Verhältnis zum osmanischen Staat in der Tat groß. Viele Vasallen und Freiwillige folgten den pferdeschweifartigen Standarten der osmanischen Emire. Turkomanische Nomaden, die für einen Feldzug dienten und über Beute entlohnt wurden, nannte

man *akincis*, bildeten sie Stammeseinheiten, waren sie als *yürüks* bekannt. Diese berittenen Bogenschützen besaßen selten mehr als einen Lederharnisch und benutzten noch immer das zentralasiatische Lasso als Waffe. Truppen aus solchen Turkomanen waren kaum in der Lage, erobertes Gebiet auch zu halten, und es war fast unmöglich, sie zu steuern, weshalb Emir Orhan sie meist als Plünderer an den Grenzen eingesetzt hatte. Die Mehrzahl der freiwilligen Gazis kämpfte im traditionellen Stil des Mittleren Ostens und Irans als gemischte Truppe aus Kavallerie und Infanterie. Sie waren wesentlich besser zu disziplinieren als die Turkomanen, obschon ihre religiöse Motivation sie mitunter problematisch machte. Ihr Verhaltenskodex, *futuwa* genannt, diente ihnen als Leitfaden für ein tugendhaftes Leben. Dieser Kodex schuf zudem eine Kameradschaft, die durch gemeinsame Ideale erzeugt wurde. Seit dem späten 13. Jahrhundert sollen die anatolischen Gazis hohe rote oder weiße Filzkappen getragen haben, ähnlich denen, die später von einigen osmanischen Eliteeinheiten verwendet wurden.

Hrvoje Vukcić, ein Vizekönig (bán) Kroatiens und – dank Stephan Tvrtkos Protektion – Großherzog von Bosnien, war der mächtigste der drei großen Herrscher des mittelalterlichen Bosniens. Während eines langen Kampfes gegen ungarische Ansprüche verbündete sich Vukcić mal mit den Osmanen, mal bekämpfte er sie, bis das geschwächte Bosnien kurz nach seinem Tod schließlich in die Hand der Türken fiel.

## Eine professionelle Armee

Trotzdem er über höchst motivierte Soldaten verfügte, verspürte Emir Orhan (1326–1362), so heißt es, die Notwendigkeit einer disziplinierten und einfacher zu kontrollierenden professionellen Armee. Doch sind Legenden und Fakten hierbei derart miteinander verwoben, dass die Wahrheit kaum zu erkennen ist. Es scheint, dass Orhans Wesir Alla'al-Din eine regelmäßig besoldete Truppe aus Reitern und Fußsoldaten aufstellte, die sowohl aus Muslimen als auch aus Christen bestand. Die Reiter waren als *müsellems* (von der Steuer befreit) bekannt und standen unter dem Kommando von *sancak beys*. Je 100 Reiter bildeten Einheiten, die von *subaschis* befehligt wurden. Zehn dieser Einheiten (1.000 Reiter) wurden von *binbaschis* kommandiert. Auch die als *yaya* bekannten und mit einem Bogen bewaffneten Fußsoldaten waren in ähnlichen Einheiten zu 10, 100 und 1.000 aufgeteilt. Müsellems und Yaya wurden zunächst besoldet, doch zu Zeiten Murats I. erhielten sie normalerweise Lehn für ihre Dienste. Die Yaya trugen zusätzlich die Verantwortung für den Schutz von Straßen und Brücken. Als freie Landbesitzer oder Bauern erwiesen sich auch die Yaya als überaus schwer zu kontrollieren, und ihre Loyalität galt oft nur ihren unmittelbaren Vorgesetzten. Daher wurden Müsellems und Yaya ab dem späten 14. Jahrhundert zunehmend für zweitrangige Aufgaben verwendet. Ende des 16. Jahrhunderts waren sie vollständig aufgelöst oder keine militärischen Einheiten mehr.

In einem weiteren Versuch, eine verlässliche und loyale Armee zu schaffen, griffen die osmanischen Herrscher auf die alte islamische Tradition zurück, Soldaten aus den Reihen von Sklaven zu rekrutieren. Das Ergebnis waren die berühmten Kapikulu, was „Sklaven des Tores [des Palastes]" bedeutet. Auch hier liegen die historischen Fakten tief unter frommen und heroischen Legenden verborgen. Einem Mythos zufolge wurde das Kapikulu-Korps von Kara Halil Çandarli, dem Schwager des Sheikh Edebali, dessen Tochter Malkhatun angeblich mit Osman verheiratet war, gegründet. Eine weitere, ein wenig realistischere Geschichte behauptet, die Yeniçeri-

Ein turkomanischer Krieger auf der Jagd, Illustration aus einer turko-iranischen Handschrift um 1380.

Infanterie (oder Janitscharen, „neue Truppen") des Kapikulu-Korps sei im Jahr 1326 gegründet worden, wobei die ersten Rekruten von Hadschi Bektasch gesegnet wurden. Dessen Name bedeutet „Der auf der Hadsch gewesene Bektasch"(Hadsch-Pilgerfahrt nach Mekka). 1326 wäre er jedoch bereits längst tot gewesen, sollte es ihn überhaupt gegeben haben. Hadschis breiter Ärmel habe, so heißt es, über dem Rücken eines Rekruten gehangen, als dieser gesegnet wurde, woraus die lange, weiße, nach hinten überhängende Filzkappe der Janitscharen entstanden sei.

Tatsächlich scheinen die ersten Janitscharen Kriegsgefangene gewesen zu sein, vielleicht aus den eroberten Garnisonen der thrakischen Städte, jedoch mindestens eine Generation später als 1326. Zu den Kapikulu zählte auch eine kleinere Anzahl von Kavallerieeinheiten. Sie waren vor den Janitscharen entstanden, trugen eine aufrechte, nicht überhängende Version der Janitscharen-Kappe und erfreuten sich höheren Ansehens. Mitunter werden diese Elitereiter mit der aus Lehnsnehmern aus den osmanischen Provinzen bestehenden Kavallerie verwechselt, da beide als *sipahis* bezeichnet wurden. Unter der genaueren Bezeichnung *süvarileri* oder *bölük halki* (Regimentsmänner) bestanden sie aus sechs Einheiten. Die ältesten waren die linken und rechten *ulufeciyan* (die regelmäßig bezahlten Männer), die im 14. Jahrhundert von Kara Timürtasch Pascha und Murat I. gegründet worden waren, welche dazu ihren besten Männer aussuchten. Die linke und rechte *gureba* (arme Fremde) hatte eine beinahe ebenso lange Geschichte und waren aus freiwilligen Gazis rekrutiert worden, während die *silahtars* (Waffenträger) eine frühe Leibgarde waren, die man an ihren hohen roten Filzkappen erkennen konnte. Sie wurden zu Beginn des 15. Jahrhunderts dann durch eine neue Leibgarde, die *sipahi oglan* (Sipahi-Kinder), ersetzt. Später zählten zum Kapikulu-Korps auch Artillerie- und Pioniereinheiten.

Die Taktik der Osmanen war zunächst diejenige der Turkomanenstämme gewesen, die ihre Feinde mit berittenen Bogenschützen aus der Distanz angriffen und erst näher kamen, wenn der Gegner so verwirrt war, dass der Sieg sicher schien. Um eine befestigte Stadt einzunehmen, setzten die Osmanen auf die traditionelle Taktik, zunächst die Umgebung zu verwüsten, um die Verteidiger einzuschüchtern und ihnen den Nachschub durch eine Blockade abzuschneiden. Wenn nötig, errichteten sie auch kleine Festungen, um die Blockade zu unterstützen. Befand sich die Stadt einmal in ihrem Besitz, so verwendeten die Osmanen große Mühe darauf, den Handel wiederzubeleben und die Zahl der Einwohner durch neue Siedler zu erhöhen. Ihre frühesten Erfolge, auch noch auf dem Balkan, errangen sie gegen isolierte Garnisonen, selten gegen eine große gegnerische Armee. Ihre Landgewinne erzielten sie entweder, indem sie lokale byzantinische Adlige besiegten, Burgen von denen kauften, die sie nicht mehr verteidigen konnten, Landbesitzer in ihre Gesellschaft integrierten oder mitunter durch Heirat.

Die Schnurrbärte mögen falsch sein, die Stimmung ist es nicht. Türkische Soldaten stellen 2004 den historischen Marsch der Janitscharen entlang der alten Mauern Konstaninopels anlässlich Istanbuls Feier der Eroberung der byzantinischen Hauptstadt nach.

## Der Sieg über die Kreuzfahrer bei Nicopolis

Ende des 14. Jahrhunderts entschied Emir Bayezit I., dass seine Stellung auf dem Balkan noch nicht ausreichend gesichert war. Er rief daher seine christlichen Vasallen 1393/94 zu einer Konferenz zusammen, auf der sie ihm Gefolgschaft schworen. Als Bayezit I. Prinz Stephan Lazarevic von Serbien als seinen vertrauenswürdigsten Gefolgsmann auswählte, um den Balkan zu sichern, wusste der Kaiser – zu jener Zeit Manuel II. Palaeologus –, dass Byzanz dem Untergang geweiht war, wenn er den Westen nicht um massive militärische Hilfe bat. Sigismund von Ungarn hatte auf die Ereignisse bereits reagiert und seine europäischen Mitregenten zu einem Kreuzzug gegen die Türken aufgefordert. Der Papst bekundete wie gewöhnlich seine Sympathie, unternahm aber sonst kaum etwas.

Karl VI. von Frankreich litt an einem seiner berühmten Anfälle von Wahnsinn, als Sigismunds Botschafter in Paris eintraf. Doch sein energischer Onkel, der Herzog von Burgund, begann unmittelbar damit, Gelder für einen Kreuzzug zu sammeln. Er versammelte eine große Armee aus französischen, englischen, schottischen, deutschen und italienischen Truppen, die von Flotten der Venezianer, Genuesen und Johanniter unterstützt wurden. 1396 vereinten diese sich bei Buda mit Sigismunds Armee. Bayezit war gezwungen, die schon Monate andauernde Belagerung Konstantinopels aufzugeben, um der Gefahr zu begegnen.

**Rechts:** Bayezit I. im *Buch der Sultane*, das im späten 16. Jahrhundert für Murat III. angefertigt wurde. Obschon ein wichtiger Förderer öffentlicher Bauten (und ohne Zweifel Liebhaber duftender Blumen), war Bayezit zugleich ein mächtiger und rücksichtsloser Feldherr. Seine Belagerung Konstantinopels zwang Kaiser Manuel II. Palaeologus – hier den Erzengel Michael anflehend – in die Knie, obwohl er den Westen gebeten hatte, zur Rettung des Kaiserreiches einen Kreuzzug zu unternehmen.

Sigismund, der einen osmanischen Angriff erwartete, bevorzugte eine defensive Strategie, doch der westeuropäische Adel verachtete eine solch unritterliche Einstellung. Sie überredeten den zögerlichen ungarischen König, an einer großen Offensive entlang der Donau teilzunehmen, die sie angeblich über den Balkan und Anatolien nach Syrien und schließlich nach Jerusalem selbst führen würde. Begleitet von einer Versorgungsflotte folgte die Armee dem Fluss hinein nach Bulgarien, das bereits die

## Der Nicopolis-Feldzug, 1396

osmanische Oberhoheit anerkannte. Sie vernichteten die osmanische Garnison in Vidin und massakrierten praktisch die gesamte Bevölkerung Rahovas, einschließlich der orthodoxen Christen. Nur wenige Kilometer weiter flussabwärts bei Nicopolis erlitten die Kreuzfahrer ihren ersten Rückschlag. Die Stadt war stark befestigt, doch weder der Herzog noch Sigismund führten entsprechende Belagerungsmaschinen mit. Die großen, unhandlichen Waffen befanden sich an Bord einer Kreuzfahrerflotte, die sich aus der Ägäis auf den Weg gemacht hatte. So musste man mit der Belagerung warten, während die Disziplin und Gesundheit unter den christlichen Truppen schwanden und das „Lagerfieber" Einzug hielt.

Titelseite von *Schiltbergers Reisen.* Von den Türken nach der Niederlage der Kreuzfahrer bei Nicopolis 1396 gefangen genommen, reiste Schiltberger 22 Jahre lang durch Asien. Bei seiner Rückkehr nach Hause im Jahr 1421 war er ein anerkannter Experte auf dem Gebiet der osmanischen Kriegsführung und des Militärs.

Bayezit hingegen war nicht untätig gewesen. Nachdem er die Belagerung Konstantinopels abgebrochen hatte, versammelte er seine Palasttruppen in Edirne, während er die Vasallen aus Anatolien und Rumelien, inklusive der Serben, zusammenrief. Nach einigen anfänglichen Scharmützeln fand die eigentliche Schlacht am 25. September 1396 bei Nicopolis statt. Sie endete mit einem umfassenden osmanischen Sieg, obschon auch Bayezit schwere Verluste erlitten hatte. Viele der Gefangenen der Türken wurden hingeschlachtet. Höhere Ränge wurden gefangen genommen, um sie gegen Lösegeld freizulassen, während andere als Sklaven oder an „Lösegeldmakler" verkauft wurden, die eine Eigenart der Kriege jener Zeit darstellten.

Die Niederlage bei Nicopolis hatte tiefgreifende Auswirkungen auf Ungarn. Sie untergrub Sigismunds ohnehin schwache Autorität noch weiter, führte aber auch zu einer langen Periode militärischer Reformen. Sie löste zudem den Beginn einer Mischung aus Angst und Respekt vor den Osmanen in Ungarn aus, und Chronisten zeigten sich den Türken gegenüber weniger verachtend. Nach der Schlacht drangen

Ein osmanisches Hamam aus dem späten 14., frühen 15. Jahrhundert neben der Moschee von Sinan Pascha in Prizren, Kosovo.

plündernde osmanische Banden bis in die Steiermark im südlichen Österreich vor, was sogar in Deutschland und Italien Furcht auslöste. Es war ein Vorzeichen dessen, was noch folgen sollte, doch bevor sie eine Großoffensive gegen Zentraleuropa beginnen konnten, hatten die Osmanen zunächst eigene Probleme zu lösen.

## Das osmanische Edirne

1367 machte Murat I. Adrianopel zur Verwaltungshauptstadt seiner rumelischen bzw. balkanesischen Provinzen. Diese byzantinische Stadt war seit dem historisch bedeutsamen Sieg über eine vereinte byzantinisch-bulgarische Armee ein Jahr zuvor irgendwo zwischen Babaeski und Pinarhisar in türkischer Hand. Die Türken nannten sie schlicht Edirne und machten sie, wie bereits vorher in diesem Kapitel erwähnt, zur Basis von Vorstößen in vier Richtungen: entlang der ägäischen Küste durch Thrakien nach Mazedonien, nordwestwärts in das Herz Bulgariens hinein, nordwärts an das östliche Ende des Balkan und den Unterlauf der Donau sowie ostwärts durch das östliche Thrakien nach Konstantinopel.

Die Hauptstadt der Osmanen seit ihrer Eroberung vor 1366 bis zum Fall Konstantinopels 1453 war Adrianopel (in Edirne umbenannt), das von einem verschwenderischen Bauprogramm profitierte, wie hier am Beispiel der Minarette der Üç Serefli Cami zu sehen.

Der osmanische Erfolg zog sowohl Gelehrte als auch Soldaten an, und an Bayezits I. neuem Hof in Edirne versammelten sich einige berühmte Männer, sogar bereits vor seinem Sieg über das Kreuzfahrerheer. Darunter befand sich auch der Historiker Ibn al-Jazari, der sein Epos *Geschichte des Propheten und der Kalifen* drei Tage nach der Schlacht von Nicoplis vollendete, während er im Lager der osmanischen Armee weilte. Vor diesem bemerkenswerten Sieg trugen die Herrscher der Osmanen den Titel Emir, doch danach überzeugte Bayezit den Abbasiden-Kalifen in Kairo, ihm und seinen Nachfolgern den höheren Titel eines Sultans zu gewähren. Die Tatsache, dass der Mameluken-Sultan in Kairo als Herrscher des größten islamischen Reiches jener Zeit dies zuließ, könnte davon zeugen, dass die kurzsichtigen Mameluken die Osmanen noch nicht als gefährliche Rivalen sahen. Bayezits neuer Titel lockte noch mehr Gelehrte an seinen zunehmend wohlhabenden und kultivierten Hof. Es überrascht daher nicht, dass Edirne bald mit prächtigen neuen islamischen Gebäuden übersät wurde. Die Eski Cami oder Alte Moschee stammt vom Anfang des 15. Jahrhunderts, zeigt jedoch noch eine traditionelle Bauweise, was auch für die Moschee Murats II. gilt, die nicht vor 1435/36 fertig gestellt war.

Die herrliche Üç Serefli Cami oder „Moschee der drei Balkone“ wurde ebenfalls für Murat II. errichtet. Doch obwohl sie nur wenige Jahre später vollendet wurde, betrachten Architekturhistoriker sie als erstes bedeutendes Beispiel eines neuen, wahrhaft osmanischen Baustils. Die gewaltige Kuppel hat einen Durchmesser von beinahe 25 Metern und sollte erst übertroffen werden, als Sultan Mehmet der Eroberer eine Generation später seine Siegesmoschee in Istanbul baute. Jedes der vier Minarette der Üç-Serefli-Moschee ist unterschiedlich geschmückt: Eines zeigt ein erstaunliches

mehrfaches Spiralmuster in Rot und Weiß, während das größte Minarett über drei Balkone verfügt, was der Moschee ihren Namen gab.

**Oben:** Edirnes Bayezit-II.-Moschee und -Krankenhaus, erbaut 1484 und, **unten**, Innenraum der Eski Cami, erbaut 1413–1414.

Hohe militärische Kommandeure zahlten für den Bau weltlicher Gebäude, dazu gehörten die Brücke von Gazi Mihail aus dem Jahr 1420, einem ehemaligen Christen, der zum Islam konvertiert war, und die *Orta Imaret* oder Suppenküche. Leider ist keiner der aus dem 15. Jahrhundert stammenden großartigen Paläste Edirnes erhalten, jedoch existiert noch ein großer *bedestan* oder überdachter Bazar.

Die Verlegung der osmanischen Hauptstadt nach Konstantinopel nach dessen Einnahme 1453 hatte wenig Einfluss auf die Bedeutung Edirnes, das sowohl die Verwaltungshauptstadt der rumelischen oder europäischen Provinzen als auch der Lieblingslandsitz der Sultane bis in das 19. Jahrhundert hinein blieb. Die Stadt diente weiterhin als strategische Basis für die Eroberung Südosteuropas und – viel später – für die Verteidigung dessen, was von diesen Besitzungen noch übrig war. Edirnes wunderbare Bauwerke litten sehr unter der russischen Invasion von 1829 und 1878. Noch Schlimmeres wurde dann während der bulgarischen Belagerung von 1913 angerichtet. Heute beschreiben die meisten Reiseführer Edirne als eine ruhige, altmodische Stadt, die – in einer Biegung des Flusses Tunca gelegen – Meisterwerke der osmanischen Architektur verbirgt. Man könnte auch sagen, Edirne ist die einzige wirklich osmanische Stadt Europas.

# KAPITEL FÜNF

# Fortbestand und Ausdehnung

## Timur-i-Lenk, Bürgerkrieg und die Kreuzzüge

Nicopolis war für Bayezit und die osmanische Armee ein überwältigender Sieg, der jedoch bald von größeren und weit gefährlicheren Ereignissen überschattet werden sollte. Unmittelbar nach seinem Sieg an der Donau entschied Bayezit, nicht weiter nach Europa vorzudringen, sandte jedoch kleinere Einheiten mit der Aufgabe zu plündern tief nach Ungarn hinein. Stattdessen entschloss sich der Sultan dazu, seine Macht in jenen Teilen des Balkans zu festigen, die bereits in osmanischer Hand waren. Das kleine bulgarische Fürstentum Vidin, zuvor ein Vasall, wurde nun direkt durch die Osmanen kontrolliert, und das gesamte Südufer der unteren Donau wurde zur Grenzzone (uç). Des Weiteren wurde die Ansiedlung loyaler Untertanen gefördert, daher war bald ein Großteil der Bevölkerung der Grenzgebiete muslimisch. Gleichzeitig überfielen Bayezits Truppen Griechenland, und die Belagerung Konstantinopels wurde wieder aufgenommen.

Timur-i-Lenk reitend. Zum Schutz vor der Sonne dient ihm ein Schirm. Aus einer persischen Handschrift, Shiraz, um 1434.

Wie schon im letzten Kapitel erwähnt, hatte der Hof Bayezits bereits einige Gelehrte angezogen, doch nach Nicopolis wurde daraus ein wahrer Strom hochgebildeter Verwaltungsfachleute, religiös motivierter Krieger, geschickter Handwerker und berühmter Gelehrter. Viele von ihnen suchten jedoch eher Schutz vor den mongolischen Eroberern unter Timur-i-Lenk, welche die östliche islamische Welt an den Rand des Chaos gebracht hatten.

Timur-i-Lenk (Timur der Lahme) war eigentlich Türke, behauptete jedoch, ein Mongole zu sein. Aufgrund einer früheren Kriegsverletzung teilweise gelähmt, war Timur nun bereits im fortgeschrittenen Alter, und viele dachten, er würde sich nun zur Ruhe setzen, um die Früchte seiner Eroberungen zu genießen. Von 1396, dem Jahr des Sieges Bayezits über die Kreuzfahrer bei Nicopolis, bis 1398 weilte Timur-i-Lenk in seiner Lieblingsstadt Samarkand, weit entfernt in Zentralasien, wo er sich dem Feiern von Festen und der Überwachung des Baus jener architektonischen Monumente hingab, deren Schönheit im scharfen Kontrast zum Blutdurst dessen steht, für den sie erbaut wurden. Doch diese ruhigen Jahre sollten vergehen, und Timur hatte sich keinesfalls vom Schlachtfeld verabschiedet. Von 1398–1399 führte Timur-i-Lenk seine hervorragend ausgerüstete und disziplinierte Armee nach Nordindien, wo sie eine Spur von Tod, Zerstörung und Plünderung hinterließ.

Im folgenden Winter griff er das christliche Georgien zum dritten Mal an, und im August 1400 rückte er gegen Sivas im Herzen Anatoliens vor, das erst kurz zuvor Teil des osmanischen Sultanats geworden war. Gefangene wurden dazu eingesetzt, Mauern zu untergraben und Erdrampen aufzuschütten, von denen aus Timurs Belagerungsmaschinen Steine und Feuertöpfe in die Stadt schleudern konnten. Die Verteidiger, größtenteils christlich-armenische Sipahi-Kavallerie, kämpften zwar beherzt, mussten jedoch schließlich kapitulieren und wurden lebendig vor der Stadtmauer begraben, die muslimischen Einwohner wurden hingegen verschont. Timur-i-Lenk behandelte die Christen Ostanatoliens besonders grausam, was wohl zur Loyalität beitrug, die diese Gemeinden gegenüber den Osmanen und deren milder Herrschaft entwickelten. Gefangene Türken, wie jene der kriegerischen Qara Qoyunlu, wurden nach Osten verbracht, um für die geplante Invasion Chinas eingesetzt zu werden. Der zweite große Stamm jener Region, die Aq Qoyunlu, einigte sich mit Timur und stellte sogar Truppen zum Kampf gegen die Osmanen. Zunächst musste Timur sich jedoch um die Mameluken Syriens und Ägyptens kümmern, die sowohl ein Bündnisangebot der Osmanen als auch Timurs Vasallen zu werden abgelehnt hatten. Timurs Angriff traf auf erbitterten Widerstand, der jedoch vergebens war. Aleppo wurde erstürmt, und das übliche Massaker folgte. Eine Palastrevolte in Kairo führte zum plötzlichen Rückzug der mamelukischen Hauptarmee, was Damaskus ohne Verteidigung zurückließ, dessen Einwohner daraufhin unglaubliche Grausamkeiten erdulden mussten.

Eine Illustration aus einer Handschrift aus dem späten 14. oder frühen 15. Jahrhundert zeigt zwei Kavalleristen und zwei Infanteristen im Kampf – entweder Mongolen oder eher Aq Qoyunlu – in Aserbaidschan oder dem Westiran.

## Gefangen bei Ankara – das Ende des ersten osmanischen Sultans

Timur-i-Lenk wandte sich dann seinem mächtigsten Feind zu. Sowohl Bayezit als auch Timur waren erfolgreiche Eroberer, und die Armee der Osmanen war ebenso erfolgreich wie Timurs. Daher ist es keine Überraschung, dass die beiden Herrscher voreinander auf der Hut waren und zunächst nur in eigenartig blumiger Sprache verfasste Drohungen austauschen. Im Winter 1401/02 versuchte Timur vergeblich, lokale christliche Herrscher für ein Bündnis gegen die Osmanen zu gewinnen. Der Krieg sollte an Land stattfinden, denn obwohl der Kaiser von Trapezunt bereits ein Vasall Timurs war, verfügte er nicht über die von jenem geforderte Anzahl Galeeren.

Timur eroberte zunächst Erzinjan, wo er die armenische Kathedrale des heiligen Sergius zerstörte. Danach kehrte seine Armee nach Sivas zurück, wo Timur eine große, vielbeachtete Parade abhielt, um zu zeigen, wie modern und fortschrittlich seine Truppen und deren Ausrüstung waren. Timur gelang es dann, Bayezit komplett auszumanövrieren, trotz dessen herausragenden militärischen Rufes. Während Timurs Armee noch immer eine höchst mobile türkisch-mongolische Truppe war, gab es in der Armee der Osmanen bereits große Infanterieeinheiten, die nicht mehr nur als Belagerungs- oder Scharmützeltruppen dienten, sondern eine zentrale militärische Rolle spielten. Bayezits Männer mussten daher weite Märsche auf sich nehmen, während Timur Ankara belagerte.

Am 20. Juli 1402 wurden die erschöpften und durstigen Osmanen in eine lange und harte Schlacht geworfen, in der sich besonders ihre serbischen Vasallen durch ihr Geschick und ihre Entschlossenheit auszeichneten. Doch Timur obsiegte schließlich, und Bayezit wurde sein Gefangener. Spätere Quellen behaupten, dass er in einem eisernen Käfig gefangen gehalten wurde, doch dies ist wohl nur eine Legende, die auf

Ahmad Arabshahs poetischer Beschreibung beruht, wie Bayezit „dem Jäger in die Falle ging und wie ein Vogel in einen Käfig gesperrt wurde." Bayezit scheint einen Fluchtversuch unternommen und danach nachts angekettet worden zu sein. Tagsüber reiste er in einem Wagen, der mit einem kräftigen Gitter versehen war. Der britische Dramatiker und Rivale Shakespeares, Christopher Marlowe, führte die Geschichte in *Tamburlaine the Great* noch ein Stück weiter, indem er Bayezit ebenjenes Gitter benutzen lässt, um dem Elend seiner Niederlage ein Ende zu bereiten:

*Nun Bajazeth, verkürze deine unheilvollen Tage,*
*Und schlag dein Hirn dir aus dem besiegten Kopf,*
*Da andere Mittel mir verboten sind,*
*Sei das der Helfer meines Untergangs.*

Die zerschlagene und großteils führerlose osmanische Armee floh nach Westen, wo viele der Überlebenden in venezianischen und genuesischen Schiffen über die

Dardanellen nach Europa gebracht wurden. Während Genua die Zeit nun für ein Bündnis mit Timur reif hielt, war Venedig auf Abstand zum Eroberer bedacht. Timur wütete weiter bis zur Ägäis und nutzte die große Zitadelle von Kütahya als seine Basis.

Ein architektonisches Monument, dessen Schönheit in scharfem Kontrast zum Blutdurst dessen steht, für den es erbaut wurde: die Kuppel des Mausoleums von Timur-i-Lenk in Samarkand.

An der Küste war Smyrna seit 1344 in der Hand der Kreuzfahrer gewesen, die jedoch nie auch die Umgebung kontrolliert hatten. Viele Kräfte hatten zum Erhalt dieses außergewöhnlichen christlichen Außenpostens beigetragen, vor allem jedoch die Johanniter. Die Besatzung bestand nun aus 200 Rittern und ihrem Gefolge unter dem Spanier Inigo d'Alfaro. Timur verlangte die Übergabe der Stadt, doch d'Alfaro weigerte sich, und am 2. Dezember 1402 begann die Belagerung. Smyrnas Hafen wurde durch in die Bucht hineingebaute Dämme teilweise blockiert, während Timurs Pioniere große, mobile Belagerungstürme aus Holz, mit bis zu 200 Soldaten besetzt, bauten und die Mauern unterminierten. Nach weniger als 15 Tagen fiel die Stadt. Als das übliche Massaker an der Bevölkerung begann, flohen die Überlebenden nach Chios. Von da an wurde aus Smyrna das türkische Izmir.

Es scheint, als seien auch die beiden Söhne Bayezits, Musa und Mustafa, von Timur gefangen genommen und später freigelassen worden. Bayezit starb im März 1403 bei Akschehir. Danach kehrte Timur nach Zentralasien zurück, um die Invasion Chinas vorzubereiten. Timur ließ Anatolien in einer Lage zurück, die jener glich, bevor Bayezit Ende des 14. Jahrhunderts zahlreiche Beyliks erobert hatte. Der größte der unabhängigen Staaten war erneut Karaman, von dem Timur hoffte, es könne als Puffer und Vasall zwischen ihm und dem Rest des Osmanischen Sultanats dienen. Den Chinesen blieb eine Invasion erspart, denn der blutbefleckte Eroberer starb 1404, als er seine Armee zur chinesischen Grenze führte.

Die Niederlage und der anschließende Tod Bayezits hatten die Osmanen in Aufruhr versetzt, doch ihr Reich war bereits ebenso ein balkanesisch-europäisches wie ein anatolisch-asiatisches. Das Reich bestand also nicht nur weiter, es sammelte auch so viel Kraft, um die heutige Türkei, den halben Mittleren Osten, Nordafrika und Europa bis vor die Tore Wiens zu erobern.

Kurzfristig stärkte Timur-i-Lenks Invasion das nomadisch-turkomanische Element gegenüber den sesshaften Bauern und der Stadtbevölkerung in Anatolien, was der Wiederbelebung der Osmanen half. Doch zunächst waren die Osmanen in einen blutigen Bürgerkrieg um die Nachfolge zwischen Bayezits vier Söhnen verstrickt.

Die Türme der Festung Kütahya ragen wie Zahnstümpfe aus dem Wald.

## Bürgerkrieg und Wiederaufstieg

Die Loyalität gegenüber den Nachfahren Osmans blieb stark, und es gab kaum Versuche, die osmanische Herrschaft abzuschütteln. Die Gazis drangen bei ihren Überfällen noch immer tief nach Europa vor, auch während die Armeen der vier Brüder einander bekämpften. Einmal sah es so aus, als ob Bayezits ältester Sohn Süleyman die Oberhand gewinnen könnte, er war der fähigste Kommandeur auf dem Schlachtfeld. Er kontrollierte Edirne sowie einen Großteil der europäischen Provinzen und wurde von mächtigen christlichen Vasallen unterstützt. Isa hielt Bursa, jedoch nicht alle weiteren anatolischen Provinzen. Stattdessen beherrschte ein weiterer Bruder, Çelebi Mehmet, Amasya, während der vierte Bruder, Musa, praktisch ein Gefangener des Fürstentums Germiyan in Kütahya war. Bereits 1403 marschierte Mehmet westwärts, um Isa zu besiegen und Nordwestanatolien zu überrennen. Im folgenden Jahr kehrte Isa von der europäischen Seite der Meerenge zurück, wobei Mehmet ihn erneut schlug. Währenddessen gab es in und um Izmir eine Revolte, von wo aus der Abenteurer Cüneyt Bey die Herrschaft über das Fürstentum Aydin übernommen hatte.

Oberschenkel-, Knie- und Schienbeinschutz sowie ein Helm. Osmanisch oder Aq Qoyunlu, 15. Jahrhundert.

Cüneyt sorgte in den folgenden Jahren für einigen Ärger, wurde jedoch von den Osmanen mild behandelt. Dies dankte er unter anderem damit, dass er einen Hochstapler unterstützte, den „falschen Mustafa“, der sich des Thrones bemächtigen wollte, aber erfolglos blieb. Nachdem er dem falschen Mustafa seine Unterstützung entzogen hatte, errichtete Cüneyt eine autonome Provinz rund um Izmir, nur um 1426 von den neuen Verbündeten des Sultans, den Genuesen, besiegt und hingerichtet zu werden.

Nach seiner Niederlage gegen Mehmet 1404 unternahm Isa einen letzten Versuch und ging ein Bündnis mit den Beyliks Aydin, Saruhan, Mentesche und Teke ein. Er wurde jedoch trotzdem erneut besiegt und verschwand aus der Geschichte. Süleyman überfiel 1406 die Territorien seiner Brüder und der mit ihnen verbündeten Beyliks in Anatolien. Obschon dieser Feldzug erfolgreich war, schmiedete Mehmet eine Allianz mit Karaman und schickte seinen Bruder Musa in die Walachei, von wo aus dieser wiederum in Rumelien einfiel. Süleyman musste sich über die Meerenge zurückziehen, um nun Musa in Thrakien zu besiegen.

Mehmet kontrollierte Anatolien, und Süleyman herrschte bis 1410 in Rumelien, als Musa erneut die europäischen Provinzen überfiel, Süleyman bei Edirne besiegte und tötete. Nun drang Mehmet nach Rumelien vor, wurde aber von Musa geschlagen und musste sich nach Asien zurückziehen. Der Höhepunkt kam 1413, als Mehmet ein Bündnis mit Konstantinopel und Serbien im Westen und dem Fürstentum Dulkadir im Osten schloss. Mit einer beachtlichen Armee besiegte er Musa nahe Samokov und ließ ihn später töten. Die Macht der Osmanen in Anatolien und auf dem Balkan war jedoch bis zu Mehmets I. Tod 1420 noch nicht vollständig wiederhergestellt. Sein Nachfolger wurde sein Sohn Murat II., der die Verwaltungs- und Militärstrukturen verbesserte und das Sultanat seinem Sohn, Mehmet II. dem Eroberer, hinterließ.

- Osmanisches Territorium, 1413
- Nach 1402 verlorenes osman. Territorium
- Von Timur-i-Lenk 1402 wiederhergestellte Beyliks (darunter einige 1413 von den Osmanen zurückeroberte Gebiete)
- Andere islamische Gebiete, 1413
- Byzantinisches Reich, 1413 (inkl. eroberter osmanischer Gebiete)
- Venezianisches Territorium, 1413
- Genuesisches Territorium, 1413
- Andere christliche Gebiete, 1413

## Die Rückeroberung Anatoliens

Nachdem Timur-i-Lenk die Osmanen 1402 bei Ankara besiegt hatte, erlaubte er – ermutigte sogar – das Wiedererstehen der unabhängigen türkischen Fürstentümer. Allerdings erreichten diese niemals wieder ihre alte Stärke und überlebten nur so lange, wie die Osmanen durch einen Bürgerkrieg entzweit waren. Nach seinem Sieg in Europa nutzte Mehmet I. rasch seine europäischen Provinzen als Sprungbrett, um im Osten verlorenes Territorium zurückzugewinnen. Dennoch benötigten Bayezits Nachfolger viele Jahre, um wieder dessen ehemalige östliche Grenzen zu erreichen.

Zunächst schien es sogar möglich, dass die Osmanen völlig aus Asien vertrieben würden. Die unmittelbarste Gefahr stellte Isfandiyar Mubariz al-Din dar, der die Kontrolle über das Fürstentum Candar erlangt hatte und dessen Namen die Dynastie von Candar danach annahm. Er hatte seine Macht zuvor bereits von der Heimat seiner Familie in Sinop (das antike Sinope) auf Kastamonou, Safranbolu und Samsun ausgedehnt und formte nun eine Allianz mit der wiedereingesetzten Herrscherfamilie des Beyliks Karaman im südlichen Teil Zentralanatoliens. Mehmet I. besiegte

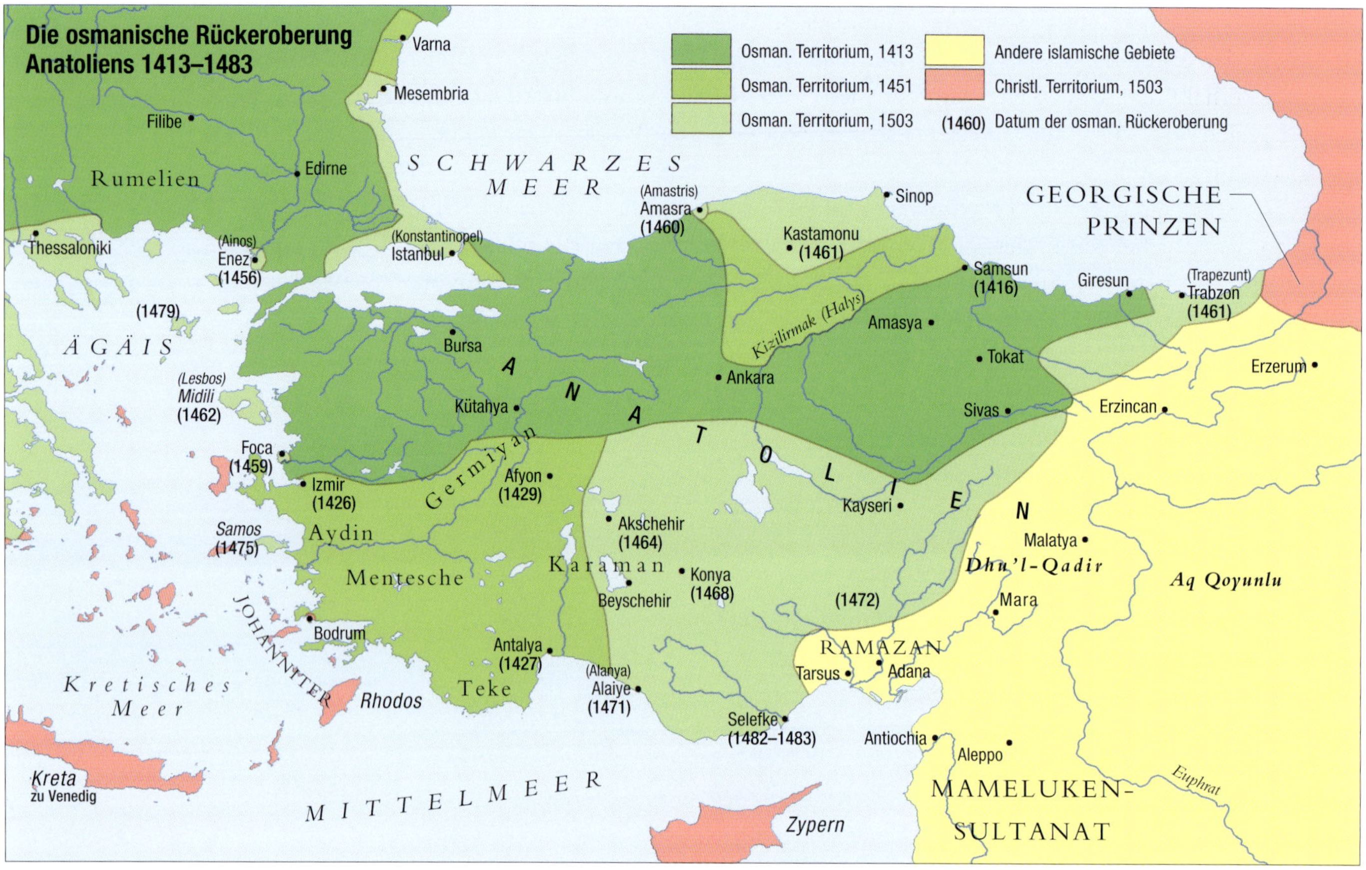


Isfandiyar, und dessen Krieger wurden zum großen Teil in das osmanische Bulgarien, und zwar in die Nähe von Filibe (bulgarisch Plovdiv, das antike Philippopolis) zwangsumgesiedelt. Die sich dort entwicklende Stadt wurde als Tatar Pazarcik, „der Markt der Tataren" (heute Pazardzhik), bekannt. Da sich dieses Vorgehen als Erfolg herausstellte, wurden solche Umsiedlungen zur allgemeinen osmanischen Politik. Auf diese Art gelang es, widerspenstige Stämme aus Anatolien zu gewöhnlich verlässlichen Garnisonen in Rumelien zu machen. Die Candar- oder Isfandiyar- Dynastie verlor zwar 1462 ihr Land an Mehmet II., blieb aber noch für viele Generationen eine dominierende lokale Familie.

Auch für Mehmets I. Sohn und Erben, Murat II., stellte Anatolien eine Quelle von Problemen dar. Sein erstes Problem war der ehrgeizige Abenteurer Cüneyt Bey in Aydin. Als dieser jedoch mit der Hilfe Genuas abgesetzt war, drangen die Osmanen nach Süden vor, um Mentesche und Teke zurückzugewinnen. Dies brachte die gesamte anatolische Ägäisküste wieder in die Hand des Sultans und erlaubte den Osmanen, wieder zur Seemacht zu werden. Währenddessen gewährte Murat den Genuesen für ihre Unterstützung die Erlaubnis, entlang der Küste des Schwarzen Meeres wieder Handelsniederlassungen zu errichten. Er versuchte ebenso, das mächtige Karaman zu schwächen, indem er unter der Herrscherfamilie Zwietracht säte. Dies war zum Teil erfolgreich, denn der neue Herrscher Karamans, Ibrahim Bey, wurde ein Verbündeter der Osmanen und nicht der Mameluken. Diese hatten ihren Einfluss ebenfalls ausgedehnt, insbesondere im strategisch wichtigen und fruchtbaren Kilikien. Germiyan war das nächste Fürstentum, das von den Osmanen übernommen wurde. Sein letzter Herrscher, Ya'qup (Yakub) II. , vermachte sein Land bei seinem

Tod 1428 dem Sultan. Dies brachte das gesamte West- und Zentralanatolien unter die Herrschaft der Osmanen oder ihrer Vasallen. Das östliche Anatolien blieb in weiten Teilen außerhalb der Reichweite der Osmanen. Der Norden wurde vom Byzantinischen Reich von Trapezunt und der Südosten von kleineren Vasallen der Mameluken dominiert.

Trotz der Versprechen von Freundschaft und Unterstützung war Karaman der am wenigsten verlässliche Verbündete der Osmanen. So wurde seine Dynastie schließlich 1475 von den Osmanen gestürzt. Das benachbarte Beylik Ramazan in Kilikien, zuvor eher den Mameluken-Sultanen verbunden, wurde 1516 zum Vasallen der Osmanen. Fünf Jahre später begab sich auch die Dulkadir-Dynastie, die Marasch und Malatya beherrschte, in den osmanischen Einflussbereich.

## Die ungarischen Kreuzzüge

Der Bürgerkrieg von 1403–1413 hatte es Serbien, Bosnien und der Walachei erlaubt, die osmanische Oberhoheit abzuschütteln, doch während der ersten seiner zwei Amtszeiten von 1421–1444 unterwarf Murat II. diese Staaten erneut und dehnte die osmanische Herrschaft im Westen bis Epirus in Griechenland aus. Murats jüngerer Sohn Mehmet erwies sich als geschickter und begeisterter Soldat, was ihn in den Grenzregionen und bei den Kapikulu-Elitetruppen sehr beliebt machte. Diese drängten den Sultan, Mehmet zu seinem Erben zu erklären, doch Murat hatte drängendere Probleme, denn 1443 begann ein neuer Kreuzzug, angeführt von Ladislaus V. (1443–1457), König von Polen und Ungarn.

Janos Hunyadis massive Burg in Hunedoara – heute Rumänien – stand einst in Ungarn und trug den Namen Vajdahunyad. Ende des 19. Jahrhunderts diente sie als Vorbild für eine Kopie in Budapest.

Die Osmanen hatten zudem in der Walachei eine Reihe schmerzhafter Rückschläge erlitten, die ihnen von Janos Hunyadi beigebracht worden waren, einem der größten Helden in der ungarischen und rumänischen Geschichte. Seine Herkunft ist unklar, denn obwohl er im größtenteils rumänischsprachigen Siebenbürgen (Transsylvanien) geboren wurde, war Janos Hunyadi ein Mitglied des ungarischen Adels. Nachdem der neue ungarische König ihn zum Wojwoden (Gouverneur) Siebenbürgens gemacht hatte, wehrte er diverse osmanische Überfälle ab, weshalb er zum militärischen Kommandeur des ungarischen Kreuzzuges wurde.

Die erste Phase des Feldzuges war ein großer Erfolg. Man drang tief in das osmanisch beherrschte Serbien vor und eroberte Nis. Dann rückten die Kreuzfahrer über die Berge in das osmanisch beherrschte Bulgarien ein, wo sie Sofia einnahmen. Murat führte zu jener Zeit einen Feldzug in Anatolien, und die örtlichen osmanischen Truppen konnten den Eindringlingen wenig mehr als Nadelstiche versetzen. Mehmet eilte mit einer relativ kleinen Armee von Kapikulu-Elitetregimentern nach Europa, ordnete seine zerstreuten Einheiten neu und versuchte, Hunyadis größere Armee am Bergpass Trajanstor abzufangen. Die Osmanen wurde dort zwar besiegt, hatten jedoch Glück, denn als der brutale Balkanwinter einsetzte, musste Hunyadi den

Feldzug abbrechen und kehrte, nachdem er Tausende von muslimischen Gefangenen hatte töten lassen, nach Ungarn zurück. Dennoch bleib die Lage der Osmanen ausgesprochen prekär, sodass der Sultan im Juli 1444 eine Waffenruhe vereinbarte. Im folgenden Monat dankte der alte Sultan Murat zu Gunsten Mehmets II. ab und zog sich nach Bursa zurück, wo er den Rest seiner Tage mit Gebeten und Studien verbringen wollte.

Der junge Mehmet II. erfreute sich breitgefächerter Unterstützung, und man hielt ihn für fähig, jeden zukünftigen Angriff der Kreuzfahrer zurückzuschlagen. Leider führte Mehmets Thronfolge zu wachsenden Spannungen zwischen den Kapikulu und der alteingesessenen türkischen Aristokratie, die durch die Çandarli-Familie geleitet wurde. Deren führendes Mitglied Çandarli Halil war zugleich Wesir (oberster Minister) des Herrschers. Um die Dinge noch schlimmer zu machen, flammte in den rumelischen Provinzen eine Reihe von Rebellionen auf, während sich in Albanien der Widerstand versteifte. Dann erklärte der Papst gegenüber Ungläubigen gemachte Schwüre zur Erreichung einer Waffenruhe für nicht bindend, woraufhin ein neuer ungarischer Kreuzzug ausgerufen wurde, dem sich Soldaten aus ganz Europa anschlossen. Der wiederum von Ladislaus V. geführte Zug marschierte von Segedin in

Steinmetzarbeit an einem Haus in der dalmatischen Stadt Sibenik, die einen örtlichen Milizionär zeigt. Venedig annektierte den Adriahafen 1412 und verteigte ihn gegen die Osmanen, die ihn trotz mehrfacher Versuche nicht erobern konnten.

Ungarn am 1. September 1444 los und vereinigte sich bei Orsova mit Janos Hunyadi und dessen eigenen, höchst erfahrenen Truppen. Hunyadi hatte gezögert, sein Friedensversprechen zu brechen, fühlte sich jedoch auch durch seine Ehre verpflichtet, seinem König zu folgen.

Georg Brankovic, der Fürst Serbiens, weigerte sich, sich dem erneuten Angriff anzuschließen und warnte Mehmet vor dem heraufziehenden Sturm. Die örtlichen rumelischen Kommandeure entschieden, dass Mehmet zu jung war, um mit einer solchen Krise fertig zu werden. Daher bat Çandarli Halil Murat zurückzukehren, was dieser auch tat und die Genuesen überredete, seine anatolischen Streitkräfte über die Meerenge nach Europa zu bringen. Währenddessen erreichten die Kreuzfahrer Varna am Schwarzen Meer. Die dortige Schlacht am 10. November 1444 schien die osmanische Armee zunächst zu verlieren, doch dann gelang es Murat II., seine Truppen erneut zu motivieren, und die Eliteeinheit der Janitscharen widerstand der ungarischen Kavallerie. Als die Kämpfe endeten, waren die Angreifer zurückgeschlagen und Ladislaus getötet worden.

Türke in byzantinischen Diensten von Pisanello (**oben**) und ein Janitschare von Gentile Bellini.

Erneut brachte den Osmanen ein Sieg über die größte und beste Armee, welche die Christen gegen sie aufbringen konnten, hohes Ansehen ein. Es war zugleich ein Zeichen für ein erneutes osmanisches Vordringen auf dem Balkan, das zum Teil auch als Strafaktion gegen die wortbrüchigen Christen diente. In den meisten Regionen wurde der Widerstand gebrochen oder zur Seite gefegt, doch in Albanien trafen die Osmanen auf einen außergewöhnlichen Guerillaführer, George Castriota, besser bekannt unter seinem osmanischen Namen Skanderbeg (Iskander [Alexander] Bey). Er und seine Anhänger nutzten ihre überaus raue und bergige Heimat, um dem Sultan von 1443 bis 1468 Paroli zu bieten, und selbst dann fanden es die Osmanen angebracht, den albanischen Stämmen einen bemerkenswerten Grad an Autonomie zu gewähren. Schließlich konvertierte die Mehrzahl der Albaner zum Islam und wurden zu den grimmigsten Verteidigern des Sultanats.

Vier Jahre später begann ein erneuter Kreuzzug, wiederum geführt von Janos Hunyadi. Und wiederum weigerte sich der serbische Herrscher George Brankovic, sich gegen seine osmanischen Nachbarn zu wenden, aber Skanderbeg aus Albanien schickte Soldaten, ebenso der Herrscher der Walachei. Murat stellte die Angreifer im Kosovo und schlug sie in der zweiten Kosovoschlacht vom 18.–20. Oktober 1448 auf fast dem selben Schlachtfeld, auf dem die Serben ein Jahrhundert zuvor besiegt worden waren. Unter den Ersten, die danach den Zorn der Osmanen spüren sollten, waren die Walachen, wo eine der seltsamsten Figuren der europäischen Geschichte die Bühne betrat. Vlad Tepes, genannt Vlad der Pfähler, wurde um 1430 in Sighischoara geboren, wo sein Vater, Vlad II. Dracul, einen Grenzposten der ungarischen Krone befehligte. Dracul wurde 1432 Wojwode des ungarischen Königs, musste sich den Titel jedoch vier Jahre später mit Gewalt an der Spitze einer abtrünnigen Gruppe von walachischen Boyaren (Adligen) zurückholen. Dann wechselte er die Seiten, unterstützte die Osmanen und nahm an zwei Überfällen auf das ungarisch regierte Siebenbürgen teil. Nachdem er die Seiten erneut gewechselt hatte, unterstützte Vlad II. Dracul 1443 den ungarischen Kreuzzug.

Rund 25 km südwestlich von Brasov in den Karpaten liegt Bran, das Rumäniens spektakulärste Burg zu bieten hat. Angeblich nutzte Vlad III. Tepes („Der Pfähler") die Burg als seinen Sitz während seines Kampfes gegen die Türken. Im 19. Jahrhundert inspirierten die Burg und Vlads Geschichte Bram Stoker, als er seinen berühmten Roman „Dracula" schrieb.

Der junge Vlad, der zukünftige Tepes oder „Pfähler", wuchs mit mehreren Brüdern im Palast seines Vaters in Tirgoviste auf, doch das unstete Schicksal seiner Familie zwang ihn, ab dem Alter von ungefähr 13 Jahren ein nomadisches Leben unter teils erschreckenden Umständen zu führen, worin sicher ein Grund für sein späteres grausames und bizarres Verhalten liegt. Ab 1444 waren Vlad Tepes und sein Bruder Radu Geiseln am osmanischen Hof, um das Wohlverhalten seines Vaters sicherzustellen. 1447 wurden Vlad II. Dracul und sein ältester Sohn Mircea von abtrünnigen walachischen Boyaren getötet und Ladislaus II., der sich gegenüber ungarischen Wünschen gefügiger zeigte, an seiner Stelle Wojwode. Der Sultan befreite Vlad Tepes, verlieh ihm den Rang eines osmanischen Offiziers und gab ihm einige Männer, bevor er ihn über die Donau in die Walachei schickte. Vlad eroberte 1448 für kurze Zeit Tirgoviste, wurde jedoch bald erneut ins Exil getrieben.

Die nächsten acht Jahre schlug er sich auf dem Gebiet der Osmanen, in Siebenbürgen und in Moldawien durchs Leben, manchmal als geduldete Figur im Spiel der Macht, manchmal als Flüchtling. Schließlich gelang es ihm mit der Unterstützung Janos Hunyadis im September 1456, sich den Weg auf den blutbefleckten Thron der Walachei zu erkämpfen, wo er sowohl dem ungarischen König als auch dem Sultan einen Treueeid schwor. Dass Vlad Tepes sich als einer von wenigen recht erfolgreich der osmanischen Herrschaft entgegenstellte, wird durch die schreckliche Grausamkeit überschattet, mit der er eine große Zahl von Feinden und für unzuverlässig gehaltene Landsleute hinschlachtete. Die berühmtesten Überbleibsel Vlads sind sein Beiname „der Pfähler" und dass Bram Stoker in ihm ein Vorbild für seinen Vampir Dracula sah.

Der Bau der am europäischen Bosporusufer gelegenen Festung Rumeli Hisari begann im April 1451, in dem Jahr, in dem Mehmet seinem Vater auf den Thron folgte. Gebaut, um Konstantinopel von seinen nördlichen Territorien am Schwarzen Meer abzuscheiden, markiert Rumeli Hisari (Plan unten) den Beginn der letzten Phase des Byzantinischen Reiches.

## Die Vasallen des Sultans

Das letzte halbe Jahrhundert des Byzantinischen Reiches war eine Zeit der aufkeimenden und zerstobenen Hoffnungen, der Erniedrigung, verzweifelter Versuche, Hilfe zu erlangen, und schließlich eines beinahe epischen Zusammenbruchs. Insbesondere nach der verlorenen Schlacht von Nicopolis 1396, die für Manuel II. einen schweren Schlag darstellte, versuchte man, das Reich durch Verhandlungen mit den Osmanen vor dem Untergang zu bewahren. Manuel II. schrieb an seinen ehemaligen Premierminister und Gelehrten Cydones: „Für kluge Männer ist das Leben nicht mehr lebenswert nach diesem Unheil, dieser Überflutung der ganzen Welt, doch noch schlimmer als jene [die biblische Sintflut ], da diese nun weit bessere Männer als damals hinforttrug." Die Osmanen verstärkten ihre Belagerung Konstantinopels, und Bayezit verlangte, dass Manuel II. die Stadt seinem pro-osmanischen Neffen Johannes VII. übergab. Viele der Einwohner stimmten dem zu, während der Sultan und seine Männer so siegesgewiss waren, dass sie, auf einem Hügel die Stadt überblickend, bereits diskutierten, wer von ihnen welchen Palast erhalten sollte. Doch die massiven Befestigungen der Stadt widerstanden den Angriffen, und Bayezit musste den Belagerungsring lockern.

Die Versöhnung zwischen den rivalisierenden Kaisern Manuel und Johannes beruhigte die Situation zwar zunächst, doch Manuels ausgedehnte Reise nach Westeuropa (1399–1403) erbrachte nicht die ersehnte Hilfe. Als Manuel 1407 die Grabrede für seinen verstorbenen Bruder, den Despoten von Morea, hielt, bleiben ihm die Namen der besiegten Kreuzfahrer im Halse stecken: „Die große Armee, welche bei Nicopolis unterging – ich meine jene, die aus Pannoniern, Kelten und den westlichen Galatern bestand, bei all diesen Namen erschauere ich ob der barbarischen Tat."

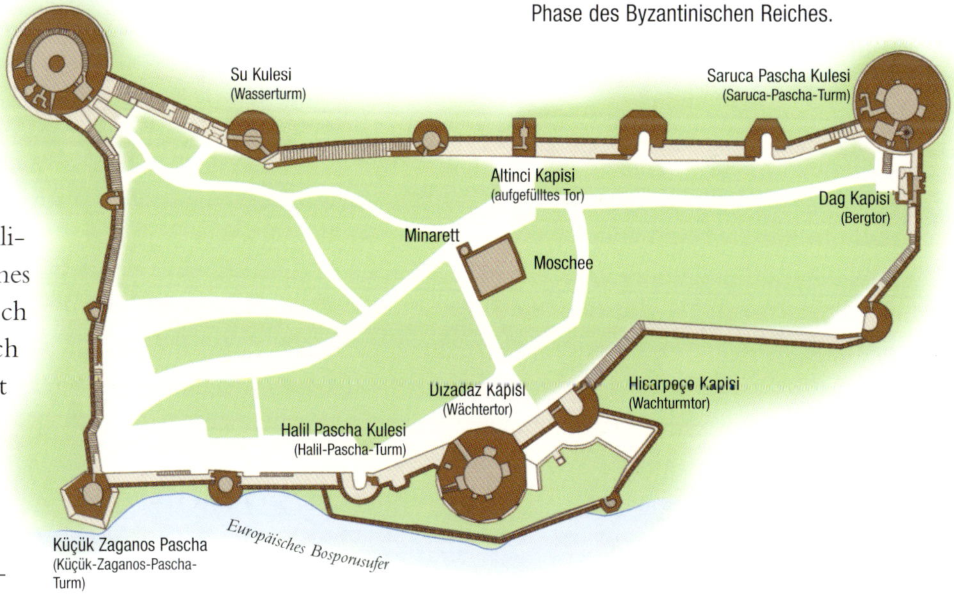


Doch die Katastrophe von Ankara 1402 gewährte den Byzantinern weitere fünf Jahrzehnte. Während einige christliche Staaten auf dem Balkan versuchten, von den osmanischen Bürgerkriegen zu profitieren und daher später bestraft wurden, war Byzanz vorsichtiger oder klüger. Dem Reich, praktisch auf die Stadt und die unmittelbare Umgebung zusammengeschmolzen, gelangen bedeutende Gebietsgewinne. Manuel II. unterstützte zunächst Süleyman und erhielt dafür die südwestliche Küste des Schwarzen Meeres, vielleicht sogar inklusive des wichtigen Hafens Varna, die Chalkidiki, Thessaloniki und eventuell einen kleinen Streifen Landes südwestlich der Stadt sowie im Inland die befestigte Stadt Vize (griechisch Bizya). Das Meiste, wenn nicht alles, ging jedoch nach Süleymans Niederlage wieder verloren. Manuel unterstützte dann allerdings Mehmet gegen Musa, transportierte dessen Truppen über den Bosporus und erlaubte ihm, Konstantinopel als Basis zu nutzen. Nachdem Mehmet Musa besiegt hatte, belohnte er Manuel durch die Rückgabe des von Süleyman abgetretenen Territoriums, dieses Mal mit Sicherheit unter Einschluss Varnas. Doch die Bedrohung blieb, weshalb Johannes VIII. (1425–1448) 1437 mit einer verzweifelten Bitte um Hilfe nach Italien reiste.

Das einzige byzantinische Territorium mit wirklichem, wenn auch beschränktem militärischem Potenzial war das Despotat von Morea im Süden Griechenlands. Die militärische Elite dort bestand aus Griechen, Albanern, Slawen und Nachfahren von Venezianern sowie anderen italienischen oder französischen Rittern aus den praktisch nicht mehr existenten Kreuzfahrerstaaten. Die griechischen Gelehrten Plethon und Bessarion, die später eine wichtige Rolle in der italienischen Renaissance spielten, interessierten sich sehr für militärische Dinge. Plethon vertrat, basierend auf seiner Interpretation des Wehrwesens des antiken Sparta, die Idee einer gut ausgebildeten Bürgerarmee aus Berufssoldaten. Plethons Schüler Bessarion ging sogar noch weiter, indem er verlangte, Gefangene nicht mehr als Zwangsarbeiter einzusetzen, sondern ihnen die Bürgerrechte anzubieten, inklusive der militärischen Pflichten. Zudem sollte eine neue befestigte Hauptstadt auf dem Isthmus von Korinth erbaut werden, um die Peloponnes vor Angriffen aus dem Norden zu schützen.

Ob diese Ideen tatsächlich praktisch umgesetzt wurden, ist unbekannt, doch wurde mehr als einmal eine Mauer quer über den Isthmus errichtet. Leider war der Hexamilion-Wall, obwohl mit 153 Türmen sowie Kastellen versehen, nicht sehr stark. In nur 25 Tagen erbaut, versagt er völlig, als die Osmanen angriffen.

Johannes VIII. Palaeologus als einer der heiligen drei Könige (**oben**), gemalt von Gozzoli während der ergebnislosen Reise des Kaisers nach Italien.

## Konstantinopel – die letzten Tage

Kurz nachdem Sultan Mehmet II. 1451 auf den Thron zurückgekehrt war, versuchte der byzantinische Kaiser Konstantin XI., ihm Zugeständnisse abzuringen, indem er drohte, einen weiteren Anwärter auf den Thron des Osmanischen Reiches, Prinz Orhan, freizulassen. Diese Drohung überzeugte Mehmet jedoch lediglich, dass es nun Zeit war, Konstantinopel ein für alle Mal zu zerstören. Selbst der vorsichtige alte Wesir Çandarli Halil verlor die Geduld und blaffte die byzantinischen Gesandten an: „Ihr dummen Griechen! Ich kenne eure verschlagene Art nun lange genug. Der verstorbene Sultan [Murat] war euch ein toleranter und gewissenhafter Freund. Der jetzige Sultan Mehmet ist nicht von dieser Art. Falls Konstantinopel seinem kühnen und ungestümen Griff entgeht, dann nur, weil Gott eure bösartigen und verschlagenen Pläne übersieht."

Auf seinem Weg zurück von Anatolien nach Edirne blockierten christliche Kriegsschiffe Mehmets Weg über die Dardanellen, weshalb er den Bosporus überquerte. Angeblich entschied er während dieser Reise, dort am europäischen Ufer eine große Festung bauen zu lassen, Rumeli Hisari. Die kleine und ältere Anadolu Hisari war bereits im 14. Jahrhundert von Bayezit am asiatischen Ufer errichtet worden.

Eine Illustration von Jean Mielot aus dem Jahr 1455 zeigt das Lager der türkischen Armee vor Konstantinopel. Obschon Zeitgenosse, war Mielot – ein holländischer Illustrator – nie wirklich Zeuge der dargestellten Ereignisse gewesen.

Gemeinsam konnten beiden Festungen die Meerenge blockieren oder zumindest gegnerische Schiffe beidseitig mit Geschützfeuer eindecken. Die Kanonen Rumeli Hisaris eröffneten am 10. November 1452 erstmals das Feuer, und zwar auf ein paar venezianische Schiffe, die sich geweigert hatten, zu stoppen. Die Italiener erreichten sicher Konstantinopel, doch die Artilleristen lernten dazu und versenkten am 25. November ein venezianisches Schiff. Als Mehmet dies hörte, befahl er, ein Geschütz anzufertigen, das ein 450 kg schweres Geschoss abfeuern konnte. Diese Waffe wurde in Edirne getestet und schoss eine massive Kanonenkugel über 1,6 km weit.

Angesichts der offenkundigen militärischen Vorbereitungen ließ Konstantin Nahrungsmittel und Wein sowie die Bevölkerung der umgebenden Dörfer in die Stadt bringen. Während des Winters 1452/53 sandte er Schiffe in die Ägäis, um Nahrung und militärisches Gerät zu kaufen. Die Verteidigung der Stadt wurde verstärkt, und Silber aus Kirchen und Klöstern dazu verwendet, Truppen zu bezahlen. Viele behaupteten jedoch, dass nun nur noch Gott und die Jungfrau Maria in der Lage wären, die Stadt zu retten. Es wäre töricht vom Kaiser, sich mit den spalterischen Katholiken Westeuropas einzulassen. Tatsächlich waren aus dem Westen bisher aber nur wenig mehr als aufmunternde Worte gekommen. Zudem war das byzantinische Trapezunt mit seinen eigenen Problemen beschäftigt, während sich das Despotat Morea im Oktober 1452 einem großen osmanischen Angriff gegenübersah. Zwar hatten Truppen des Despotats einen hohen osmanischen Kommandeur, Ahmet Bey, gefangen, doch war aus diesen Regionen nur wenig Hilfe zu erwarten.

Gleiches galt für den Balkan, wo Georg Brankovic in Serbien seine osmanischen Lehnsherren unterstütze. Laut dem byzantinischen Chronisten Georg Sphrantzes verlangte der ungarische Feldherr Janos Hunyadi Mesembria oder Selymbria als Gegenleistung für Hilfe. Sphrantzes behauptet auch, dass die Ägäisinsel Lemnos an König Alfonso V. von Aragon abgetreten werden sollte, damit er sie als Marinebasis und zur Unterstützung Konstantinopels nutzen konnte. Doch aus beiden Vorschlägen wurde nichts, und die unabhängigen türkischen Fürsten in Anatolien waren den Osmanen entweder freundlich gesonnen oder zu ängstlich, sich ihnen zu widersetzen.

Im Januar 1453 wurde in und um Edirne, zusätzlich zu den Truppen aus Rumelien und anderen Provinzen sowie den Kapikulu-Einheiten, eine große Zahl von Freiwilligen zusammengerufen. In den nächsten Monaten fand sich zudem ein serbisches Vasallenkontingent von 1.500 Reitern mit Hilfstruppen ein, während die hochangesehenen und wichtigen serbischen Mineure später folgten. Unterdessen sandte Beylerbeyi Karaca Bey, oberster Gouverneur Rumeliens, 50 Zimmermänner und 200 Hilfskräfte aus, um die altertümlichen Brücken auf dem Weg von Edirne nach Konstantinopel auszubessern – denn diese waren nicht dafür gebaut, das Gewicht der schweren osmanischen Kanonen zu tragen. Im Februar übernahmen Karaca Beys Truppen die Kontrolle über die verbliebenen byzantinischen Städte an der Küste des Marmara- und des Schwarzen Meeres, sodass die Artillerie der Türken bis direkt vor die Wälle Konstantinopels gebracht werden konnte. Die Größte der Kanonen musste von 60 Ochsen gezogen werden. Nun konnte die endgültige Belagerung beginnen.

Mehmet und der Hauptteil seiner Armee verließen am 23. März 1453 Edirne und sammelten sich einige Kilometer außerhalb Konstantinopels. Seine schwere Artillerie war bereits in Stellung. Sie bestand aus 14 oder 15 Batterien, neben oder zwischen denen kleinere Geschütze aufgestellt waren. Der erste osmanische Infanterieangriff begann wahrscheinlich am 7. April, als irreguläre Einheiten und Freiwillige, unterstützt von Bogen- und Handrohrschützen, vorrückten. Sie wurden jedoch schon am äußeren Verteidigungsring mit Leichtigkeit zurückgeschlagen. Im Lauf der Belagerung ließ Mehmet die meisten seiner Schiffgeschütze an Land bringen, um gegnerische Schiffe zu beschießen, die eine Sperre verteidigten, welche den Eingang zum Goldenen Horn blockierte. Dabei wird Mehmet die Erfindung einer neuen oder verbesserten Form von Steilfeuerwaffe oder Mörser zugeschrieben.

Am 22. April waren die Arbeiten an einer hölzernen Helling vom Bosporus zum Goldenen Horn beendet. Gedeckt von massivem Artilleriefeuer wurden so 72 kleinere osmanische Kriegsschiffe auf Rollen über die Hügel gezogen, bevor man sie in das Wasser des Goldenen Horns gleiten ließ und dort die Kontrolle übernahm. Auch die Nordmauern Konstantinopels waren nun bedroht, sodass byzantinische und italienische Verteidiger von anderen Stellen abgezogen werden mussten, um diesen Bereich zu bemannen.

Am 26. Mai hielt Mehmet Kriegsrat. Am folgenden Tag

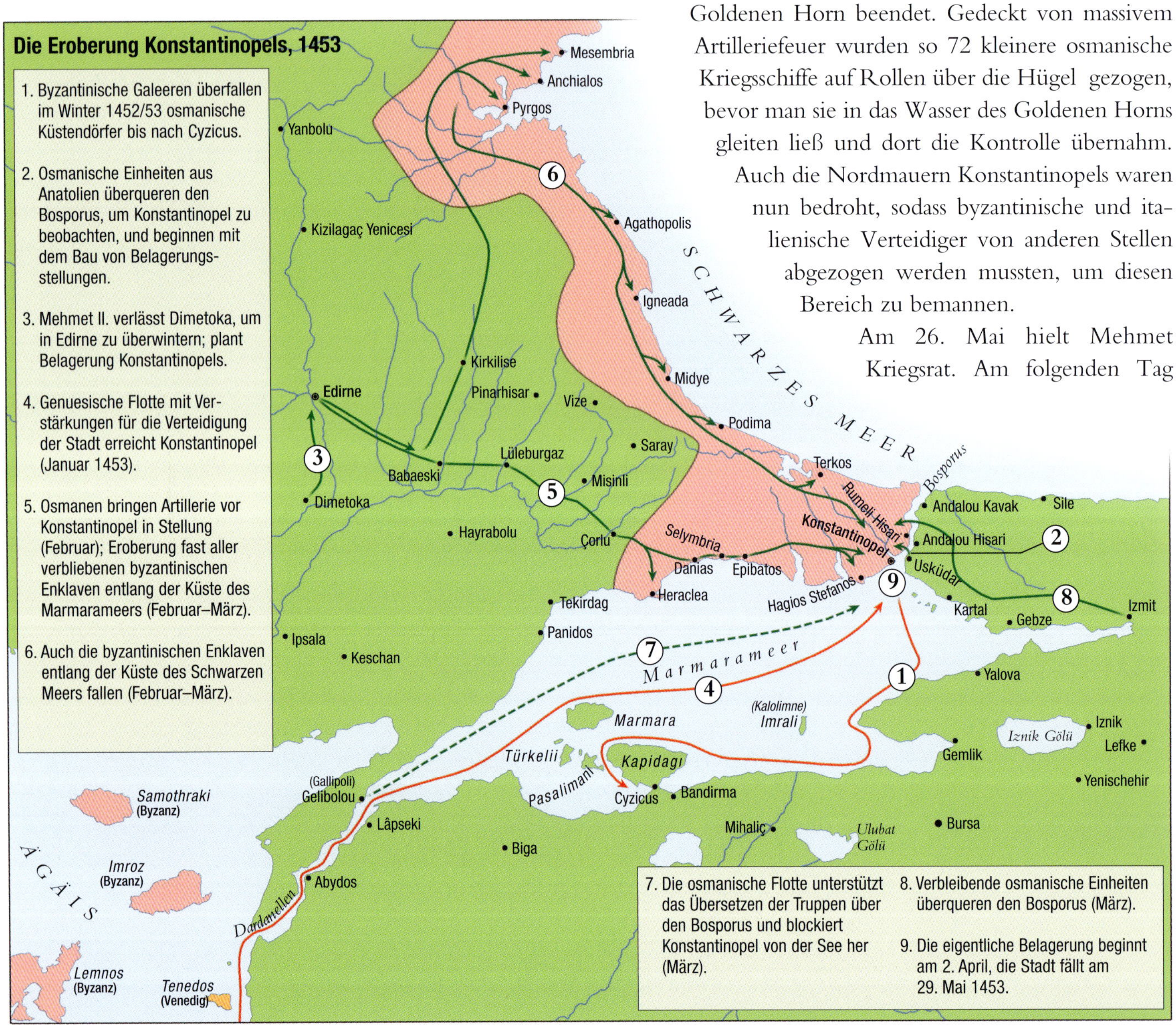

besuchte er seine Truppen, und Herolde verkündeten, dass der endgültige Sturm auf die Stadt am 29. Mai stattfinden würde, woraufhin Freudenfeuer entzündet und im osmanischen Lager gefeiert wurde. Die Verteidiger Konstantinopels sahen so viele Fackeln, dass sie annahmen, die Türken würden ihre Zelte verbrennen und die Belagerung abbrechen. Doch am Morgen des 29. Mai, drei Stunden vor der Dämmerung, begann die osmanische Artillerie zu schießen, und türkische Freischärler stürmten vor. Ihre Angriffe konzentrierten sich auf die angeschlagenen Befestigungen nahe dem St.-Romanus-Tor. Trotz schrecklicher Verluste zogen sich nur wenige von ihnen zurück, bis Mehmet ihnen nach zwei Stunden des Kampfes den Rückzug befahl. Osmanische Schiffe versuchten Ähnliches auf der Seeseite, um Leitern an die Wälle anlegen zu können.

Nach weiterem Artilleriebeschuss was es dann an den Truppen aus Anatolien und Rumelien anzugreifen, doch wurden sie von der Enge der Breschen in den Mauern Konstantinopels behindert. Disziplinierter als die Freischärler zogen sie sich gelegentlich zurück, um ihrer Artillerie das Feuern zu erlauben. Während einer dieser Beschießungen fiel ein Teil der improvisierten gegnerischen Stellungen, dennoch scheiterte dieser zweite Angriff.

Die einzig noch verfügbaren frischen Truppen waren nun Mehmets eigene Kapikulu-Regimenter, darunter die Eliteinfanterie der Janitscharen. Alle Quellen stimmen darin überein, dass diese Soldaten mit furchterregender Disziplin vorrückten, langsam und weder von Geschrei noch von Musik begleitet. Diese dritte Phase des Sturmes dauerte eine Stunde, bevor einige Janitscharen bemerkten, dass eines der Nebentore nach dem letzten byzantinischen Gegenangriff nicht wieder ordentlich verschlossen worden war. Rund 50 Soldaten stürmten hinein, erklommen die Mauerkrone und hissten dort ihr Banner. Zwar hatte dies enorme Wirkung auf die Moral der Osmanen, doch waren die Eindringlinge bald in der Gefahr, aufgerieben zu werden. Nun war das Glück den Osmanen erneut hold. Giovanni Giustiniani Longo, ein berühmter genuesischer Soldat, der die am meisten gefährdeten Teile der Befestigungen Konstantinopels befehligte, wurde tödlich verwundet. Panik breitete sich unter den Verteidigern aus, und die Janitscharen nahmen den inneren Wall. Zudem hieß es, dass die Osmanen über das Goldene Horn eingedrungen waren und Konstantin XI. gefallen sei. Die Verteidigung brach zusammen.

Um die Mittagszeit des gleichen Tages, dem 29. Mai 1453, ritt Sultan Mehmet II. Fatih – Mehmet der Eroberer , wie er von nun an hieß – durch die eroberte Stadt zur Kirche der Heiligen Sophia. Dort betete er; ein Zeichen, dass sie in eine Moschee umgewandelt werden würde: die Hagia Sophia. Dies blieb sie bis 1935, als daraus ein Museum wurde. Für den Westen hatte der Fall Konstantinopels eine enorme Bedeutung, für die Osmanen war es wenig mehr als die Erledigung einer besonders ärgerlichen Angelegenheit.

Ein dem Venezianer Gentile Bellini (1429–1507) zugeschriebenes Porträt Sultans Mehmet II. (des Eroberers).

KAPITEL SECHS

# Die Osmanen im Osten

## Von Istanbul nach Ägypten, Persien und Arabien

Unmittelbar nachdem Konstantinopel oder Istanbul, wie es unter den Türken und anderen Muslimen bereits hieß, erobert worden war, begann Mehmet II. mit dem Wiederaufbau seiner neuen Hauptstadt. Er ließ die während der Belagerung beschädigten Befestigungen reparieren und sorgte für die Auffrischung der reduzierten Bevölkerung *(siehe gegenüberliegende Seite)* mit christlichen Griechen, muslimischen Türken und anderen, denn jene, die wohlhabend genug waren, hatten die Stadt direkt nach der Einnahme verlassen. Steuervorteile lockten zwar einige der neuen Bewohner, doch viele wurden schlicht gezwungen, sich in der Stadt anzusiedeln. Dieses rasche Wachstum führte zu einer Lebensmittelknappheit, da das Umland in den letzten Jahren des byzantinischen Niedergangs ebenfalls unter Bevölkerungsschwund und Vernachlässigung gelitten hatte – ein Problem, dessen Lösung im Griff nach den getreideproduzierenden Regionen jenseits des Schwarzen Meeres liegen würde.

Diskutierende Mathematiker und Astronomen. Ausschnitt aus einer osmanischen Handschrift aus dem 16. Jahrhundert.

Eines der ehrgeizigsten Ziele Mehmets des Eroberers war es, Istanbul zu einem Zentrum für alle Religionen des heiligen Buches zu machen, ob Muslime, Christen oder Juden, um einen intellektuellen Knotenpunkt zu schaffen, an dem sich die Kulturen des Ostens und Westens, Europas und Asiens treffen und vermischen könnten. Des Weiteren erklärte sich Mehmet zum neuen *qaysar* oder Caesar und damit zum legitimen Nachfolger der römischen und byzantinischen Kaiser mit dem Anspruch auf Gebiete weit jenseits der damaligen osmanischen Grenzen. Dieser Anspruch traf auf weitgehende Zustimmung, nicht nur unter den muslimischen Untertanen des Sultans, sondern auch unter griechischen Gelehrten wie Georg von Trapezunt, der 1466 an Mehmet schrieb: „Niemand bezweifelt, dass du der Kaiser der Römer bist. Wer auch immer rechtmäßiger Herrscher über die Hauptstadt ist, ist der Kaiser, und Konstantinopel ist die Hauptstadt des Römischen Reiches."

Selten lässt sich die lockere Einstellung der Osmanen gegenüber der nichtislamischen Bevölkerung besser erkennen als in Athos in Nordgriechenland. Seit den frühen Tagen der Christenheit war auf dem Berg Athos eine erstaunliche Anzahl von Klöstern erbaut worden. Bereits unter byzantinischer Herrschaft war Athos zu einem der Hauptzentren der christlich-orthodoxen Kultur in Griechenland, Serbien und anderswo geworden.

Wann genau der Berg Athos und der Rest der Chalkidiki unter osmanische Herrschaft gerieten, ist unklar, doch geschah dies wohl zur selben Zeit wie im nahe gelegenen Thessaloniki (1430). Der „heilige Berg" Athos allerdings scheint mit dem

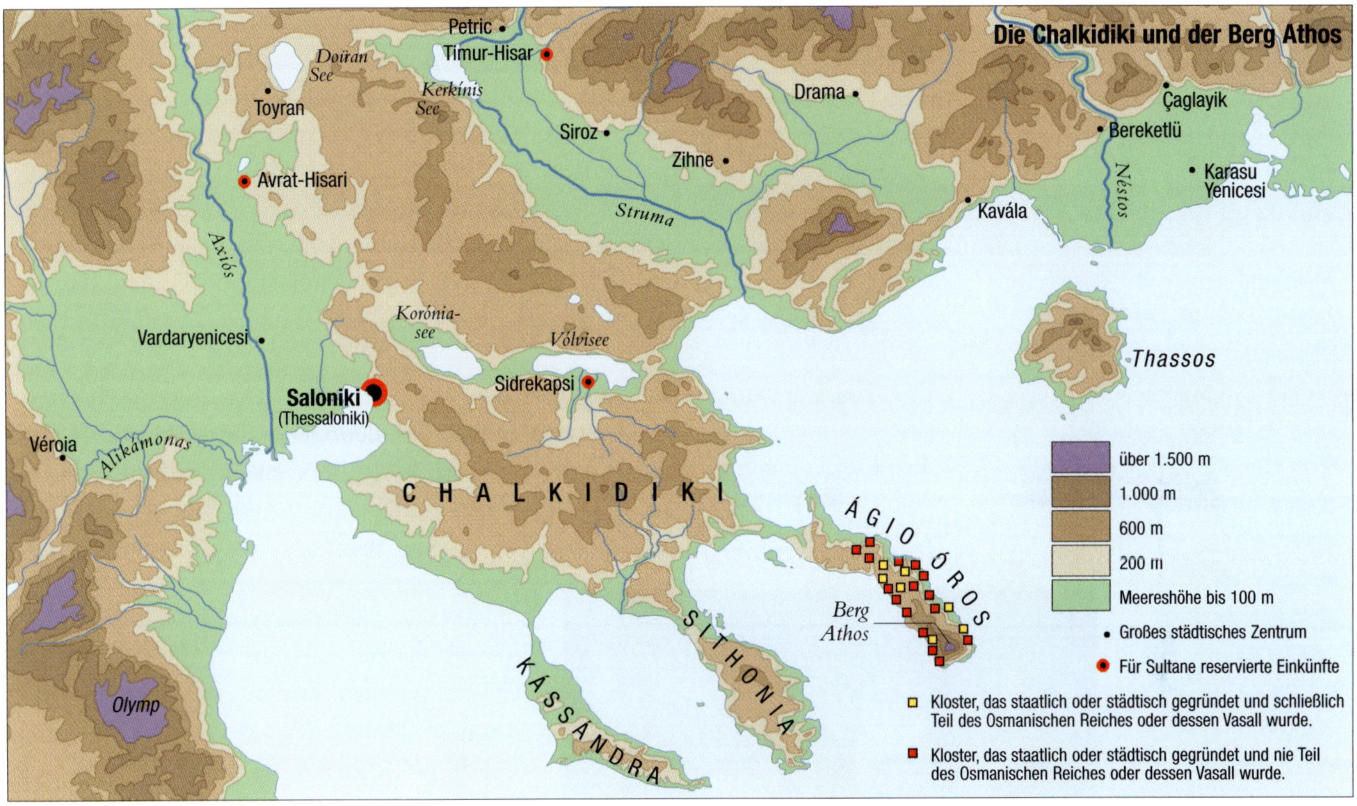


Segen eines Sultans, der möglichst gute Beziehungen zur orthodoxen Kirche anstrebte, sowohl Türken als auch Frauen den Zutritt verboten zu haben. Mehmet II. hatte die Privilegien von Athos und seiner zahlreichen Klöster eindeutig bestätigt, bevor er Konstantinopel angriff. Dies und spätere Bestätigungsdokumente sollten die Basis der Beziehungen zwischen den Klöstern und den osmanischen Behörden bleiben. Der Berg Athos, bzw. Aynaroz, wie er auf Türkisch hieß, sei „das Land, in dem der Name Gottes Tag und Nacht verehrt werde" und „eine Zuflucht für die, die in Not sind, und für Reisende". Auch das Eyâlet-Provinzialregierungssystem des 17. Jahrhunderts bestätigte noch einmal, zusätzlich auch für das Kloster der heiligen Katharina auf der Sinai-Halbinsel und verschiedene Gemeinden in Griechenland, Serbien, Mazedonien und Albanien den besonderen Status von Athos.

Nach Jahrhunderten des Krieges und der Plünderungen blühte Athos unter der Herrschaft der Osmanen auf und tat dies auch noch während des 16. Jahrhunderts, als ein neues Kloster gegründet wurde. Stavronikita wurde auf einer Landzunge zwischen den wesentlich älteren Klöstern Iveron und Pantokrator, vielleicht auf den Mauern eines verlassenen alten Klosters, errichtet. 1533 wurden diese Ruinen vom Kloster Philotheou an Gregorios Giromereiatis, den Abt des Klosters Giromerios in Westgriechenland, verkauft. Drei Jahre später wurden der Verkauf und auch Stavronikitas Status als eigenständiges Kloster durch den orthodoxen Patriarchen in Istanbul bestätigt, bzw. wiederhergestellt.

Innerhalb kurzer Zeit ließ sich Gregorios Giromereiatis in Stavronikita nieder. Unter seiner Aufsicht wurde das verlassene Kloster wiederaufgebaut, vergrößert und mit beeindruckenden Befestigungsanlagen versehen, darunter mit einem großen Turm und einem Aquädukt, das Frischwasser an den Ort brachte. Das Kloster wurde zu einem der wohlhabendsten auf dem Berg Athos, nicht zuletzt, weil es

**Das byzantinische Konstantinopel – ein Schatten seiner selbst:**
In den Jahren ihres Niedergangs hatte die einst so bevölkerungsreiche Stadt Einwohner verloren, und mit den wirtschaftlichen Problemen hatte der Hunger Einzug gehalten. Unterernährte Einwohner waren anfällig für Erkrankungen, was ihre Zahl weiter verringerte. Die Kirchen waren oftmals nur noch leere Hüllen, und selbst die kaiserlichen Paläste waren baufällig. Im Jahr 1453 lebten weniger als 50.000 Menschen in der Stadt, ein Bruchteil der Bevölkerung früherer, glorreicher Zeiten, und kaum genug, um die Stadt ausreichend zu verteidigen.

reiche und mächtige Gönner in der osmanischen Hauptstadt besaß. Dennoch wurden Klöster, auch auf Athos, hoch besteuert, und viele ihrer Ländereien jenseits des Berges gingen verloren. Doch die wirtschaftlichen Probleme wurden überwunden, und die Klöster wurden, besonders vom 18. Jahrhundert an, autarker. Sie erhielten auch beträchtliche finanzielle und politische Unterstützung von außerhalb, so z. B. von den russischen Zaren oder Gouverneuren autonomer Provinzen wie der Walachei oder Moldawien, was eine umfangreiche und mitunter recht prächtige Restaurierung ermöglichte. Im Gegenzug erhielten die Hauptspender heilige Reliquien, darunter viele angebliche Splitter des Wahren Kreuzes.

## Die Eroberung Griechenlands

Wie schon erwähnt, floh ein großer Teil der alten byzantinischen Oberschicht nach dem Fall Konstantinopels, unter anderem auch in das quasi-byzantinische Fürstentum von Theodor Mangoup in den Bergen der südlichen Krim. Andere gingen in das byzantinische Trapezunt oder das Despotat Morea in Südgriechenland. Letzteres war Teil des Reiches gewesen, wurde nun aber von inneren Zwistigkeiten sowie Aufständen für oder gegen die Co-Despoten Demetrios und Thomas zerrissen. Zudem gab es eine erbitterte Rivalität zwischen Griechen und Albanern innerhalb des Despotats, besonders in der Armee. Im Oktober 1454 sandte Mehmet II. Turahan Bey aus, um Demetrios und Thomas, die bereits seine Vasallen waren, zu helfen, die Kontrolle über Südgriechenland zurückzugewinnen. Doch kaum war Turahan wieder gegangen, brach der Bürgerkrieg erneut aus. 1460 verlor der Sultan die Geduld und machte das Despotat zum Teil des Reiches. Die Hauptstadt Mistra wurde am 29. Mai von osmanischen Truppen erobert, genau sieben Jahre nach dem Fall Konstantinopels, was kein Zufall gewesen sein kann.

**Wandgemälde betender Mönche im Kloster Lavra, 16. Jahrhundert.** Während des 17. und 18. Jahrhunderts entwickelte sich Athos zu einem der großen Zentren der christlichen griechischen Kultur. Viele griechische Nationalisten behaupten sogar, der heilige Berg Athos habe in den Zeiten der türkischen Herrschaft „das versklavte griechische Volk erleuchtet". Viele der Mönche dienten der orthodoxen Kirche als Patriarchen, Bischöfe, Lehrer und Prediger. Der Mönch Kosmas betrieb im Kloster Lavra eine Druckerei, die noch bis kurz vor Ausbruch des griechischen Unabhängigkeitskrieges in Betrieb war. Während dieses Krieges im Jahr 1821 berieten die Klöster die Aufständischen, und viele Mönche verließen sogar Athos, um sich dem Kampf anzuschließen. Dass solche Aktionen das seit Jahrhunderten aufgebaute Vertrauen zwischen den Mönchen und dem osmanischen Sultan zerstörten, kann nicht weiter verwundern.

Auch die übrigen Lateinischen Staaten, die Überreste des Vierten Kreuzzuges von 1204, fielen. Es ist faszinierend, dass Mehmet dem frisch eroberten Athen spezielle Privilegien zubilligte, da er sehr an der Zivilisation des antiken Griechenlands interessiert war. Einige der genuesischen Außenposten in der Ägäis überdauerten noch eine Weile länger. Der Hafen Ainos (türkisch Enez) an der Mündung des Flusses Maritsa an der thrakischen Küste verblieb unter der Herrschaft des Genuesen Gattilusi, obgleich unter osmanischer Oberhoheit. Palamedes Gattilusi erhielt auch die Insel Imroz, die zuvor unter der direkten Kontrolle des byzantinischen Kaisers gestanden hatte. Die ebenfalls ehemals byzantinische Insel Lemnos wurde Dorino I. Gattilusi, dem Herrn von Mytilini auf Lesbos, zugewiesen. Beide regierten als Vasallen des Sultans und zahlten einen jährlichen Tribut. Ainos wurde 1460 an Demetrios, den abgesetzten Despoten von Morea, übergeben. Die Gattilusi-Familie

Die Ruinen von Mistra auf der südlichen Peloponnes, Byzanz' vorletzte Enklave, die sieben Jahre nach Konstantinopel von den Osmanen erobert wurde. Im darauf folgenden Jahr verlor auch das Byzantinische Reich von Trapezunt seine zweifelhafte Unabhängigkeit an die Türken.

behielt Lesbos unter osmanischer Oberhoheit bis 1462, während eine genuesische *mahona* oder Händlergemeinschaft Chios bis 1566 behauptete. Dann übergaben die Osmanen die Insel dem jüdischen Herzog Joseph Nasi von Naxos.

Nun waren nur noch die venezianischen Enklaven übrig, die gut befestigt, ausreichend bemannt und mit Vorräten versehen waren sowie von See her von der Flotte Venedigs versorgt werden konnten. Die Venezianer waren noch immer die stärkste Seemacht der Region, was diese Enklaven dem Zugriff der Osmanen entzog, bis sie stark genug waren, Venedig zur See herauszufordern. Die osmanische Eroberung Konstantinopels und Griechenlands war für die kulturelle Elite des Westens, die zunehmend von der Renaissance und der Bewunderung für die antike griechische Kultur beeinflusst war, ein Schock gewesen. Die Humanisten, welche die Idee vertraten, dass die klassische Zivilisation Griechenlands und Roms die Quelle der europäischen Kunst und Kultur sein sollte, waren von der Vorstellung, dass Griechenland von den Türken beherrscht werden sollte, entsetzt. Wie der berühmte Gelehrte Aeneas Sylvius Piccolomini, der zukünftige Papst Pius II., schrieb: „Dies ist der zweite Tod für Homer und auch für Platon … Nun herrscht Mohammed unter uns. Nun schweben die Türken über unseren eigenen Köpfen."

Obgleich andere Autoren betonten, die Osmanen seien gute und ehrliche Menschen, führte Propaganda bald zum Bild des „teuflischen Türken". Osmanische Siege über Europäer wurden als irgendwie unnatürlich betrachtet, genauso wie der angebliche blinde Gehorsam der Türken gegenüber ihren Offizieren. Trotzdem fühlten sich die meisten Europäer hinter dem mächtigen katholischen Königreich Ungarn sicher, während das Schicksal der orthodoxen Christen als Strafe Gottes für deren Schwäche und Sünden gesehen wurde.

## Die Osmanen als Seemacht

Die Venezianer – wie Kletten an vielen ägäischen Besitzungen hängend – wiesen auf die große Schwäche der türkischen Streitkräfte hin und dass Konstantinopel ohne eine osmanische Marine viel länger in byzantinischer Hand hätte bleiben können. Trotz ihres großen Erfolges an Land schufen die Osmanen erst Mitte des 15. Jahrhunderts eine umfangreiche Flotte. In den ersten Jahrzehnten ihrer Geschichte waren die Osmanen ohne Zugang zum Meer gewesen. Die angebliche Einnahme der Insel Kalolimne 1308 scheint daher unmöglich, denn zu jener Zeit besaßen sie gar keine Küste. Der kleine, aber sich ständig vergrößernde Staat erreichte um 1333 die Küste des Marmarameeres, als Gemlik (griech.: Kios) fiel, doch gibt es praktisch keine Anzeichen dafür, dass die Osmanen einen der Häfen dort nutzten, um weiter vorzustoßen. Das Marmarameer lag direkt bei Konstantinopel und war zudem eine der großen Seehandelsrouten, die von den mächtigen Flotten Genuas und Venedigs beherrscht wurden.

Die 1346 abgeschlossene Eroberung des benachbarten Beyliks Karasi brachte die Osmanen in den Besitz einer weit ausgedehnteren Küstenlinie, einiger Häfen und einer kleinen Flotte. Dies war ein Wendepunkt in der osmanischen Geschichte, nicht nur weil vom Gebiet Karasis aus die erste Invasion Europas stattfand, sondern auch, weil sich der osmanische Staat von da an zur Seemacht entwickelte. Zunächst waren die maritimen Ambitionen noch sehr bescheiden. Der europäische Einfluss auf die Entwicklung der Flotte war wichtig und von Beginn an offenkundig. Osmanische Schiffsbauer, Seeleute, Navigatoren und Taktiker schöpften aber auch aus den Seefahrertraditionen des islamischen Mittleren Ostens und des Byzantinischen Reiches. Allerdings waren im östlichen Mittelmeer, in der Ägäis sowie im Schwarzen Meer die islamischen und byzantinischen Traditionen seit Jahrhunderten fast identisch mit jenen des westlichen Mittelmeers. Erst durch die Einführung nordeuropäischer und atlantischer Seefahrertraditionen und -techniken im späten 14. Jahrhundert sollte sich dies ändern. Die kleine Flotte Karasis war von Griechen gebaut und größtenteils von Gazis und ehemals byzantinischen Seeleuten bemannt worden. Viele dieser Männer waren Abenteurer – ihre Feinde hätten wohl eher gesagt: Piraten.

Diese Illustration eines französischen Stundenbuches aus dem späten 15. Jahrhundert zeigt einen Zusammenstoß zwischen Johannitern und Türken.

Erst in der ersten Hälfte des 15. Jahrhunderts stellten sich türkische Schiffe den Venezianern entgegen, deren Besitzungen noch immer das östliche Mittelmeer überzogen. Während dieser ersten Jahre standen die meisten osmanischen Unternehmungen zur See aber unter dem Motto „zuschlagen und verschwinden". Die früheste Version des *Düsturname Destan* wurde 1465 von dem türkischen Dichter Enveri verfasst. Er beschreibt in Versform die Geschichte früherer Dynastien. Einer der interessantesten Abschnitte handelt von den Abenteuern Umur Beys, dem Herrscher des Fürstentums Aydin (1334–1348). Allerdings wird der Seekrieg so beschrieben, wie er Mitte des 15. Jahrhunderts aussah.

In den Versen lässt Umur eine große *Qadirga*-Kriegsgaleere bauen, die er *Gazi* nennt. Ansonsten verfügt er meist über kleinere *qayiqs*, Dies waren Kriegsschiffe, die 30–40 Mann trugen und mit einer Enterbrücke bewaffnet waren (teils als Rammsporn fehlübersetzt). Obschon die Bewaffnung auch Schusswaffen enthielt, verließ sich die osmanische Flotte in der Mitte des 15. Jahrhunderts, wie die Flotten der Beyliks zuvor, zum großen Teil auf Bögen, Armbrüste und Nahkampfwaffen zum Entern. Trompeten und Hörner wurden zur Befehlsübermittlung und zur Aufrechterhaltung der Moral im Kampf eingesetzt. Während einer der Unternehmungen im *Düsturname* entdeckte Umurs kleine Flotte fünf feindliche *köke* oder Koggen bei der Insel Bozcaada (Tenedos).

*Qadirga* oder Galeere, die einst als persönliches Schiff des osmanischen Sultans diente, ausgestellt im Marinemuseum Istanbul; **oben:** Detail des Achterschiffes.

Die Kogge war ein nordeuropäischer Schiffstyp und erreichte das Mittelmeer in der zweiten Hälfte des 14. Jahrhunderts, wo sie bald von Spaniern, Franzosen, Italienern und anderen eingesetzt wurde. Zunächst studierte Umur den Feind:

*Ihre Toppsegel ragten auf wie Festungen,*
*Die Koggen trugen Feinde ohne Zahl.*
*Ihre Toppsegel, stark wie Festungen, waren voller Steine,*
*Große und kleine Armbrüste waren zahllos.*

Die osmanische Flotte, dargestellt in einer osmanischen Handschrift, ca. 1540. Man sieht eine Mischung aus Segelschiffen und Galeeren mit Lateinsegeln.

Umur griff an, und Enveris Beschreibung basiert sicherlich auf dem, was er von osmanischen Seeleute seiner Tage gehört hatte:

*Sie schossen auf die Ruderer und schrien „O Mohammed!"...*
*Einige trugen Speere in ihrer Hand, andere hatten Schwerter,*
*Ohne Pause auf die Rüstungen der Feinde aus blauem Eisen einschlagend.*
*Andere schwangen Entermesser, Krach! Krach!...*
*Die Türken schützten sich vor den Steinen hinter hölzernen Planken,*
*Die Koggen wurden in Stücke gebrochen ...*
*Die Koggen wurden in Stücke gehackt.*

Bei einer anderen Gelegenheit werden Umurs Schiffe und ihre Bewaffnung dann im Detail beschrieben, doch handelt es sich wohl eher um die osmanische Flotte des 15. Jahrhunderts als um die Flotte Aydins aus dem 14. Jahrhundert:

*Er hatte achtundzwanzig Schiffe gebaut,*
*Alle waren geschmiert und mit Pech bestrichen.*
*Er hatte dort sieben qadirgas, sieben igribar [kleinere Galeonen]*
*Und vierzehn qayiqs, der Bau ging rasch vonstatten.*
*Sie bewaffneten die Schiffe mit Armbrüsten, Pfeilen und tüfeks*
*Sie setzten die Segel, sie holten die Planken ein ...*

**Die osmanische Flotte**

Bis Ende des 15. Jahrhunderts war die osmanische Marine massiv angewachsen, Verwaltung und Finanzen des Sultanats waren durchaus in der Lage, diese riesige, aber junge Flotte zu unterhalten. Das Geld kam aus den an den Küsten gelegenen Provinzen von Al-Cezayir *(siehe auch Seiten 116–117)*, die aus den Ägäischen Inseln und Gallipoli, Galata, Izmit und später aus Algier in Nordafrika bestanden.

Die Seeleute und Marineinfanteristen, *levents* genannt, wurden in türkischen Küstenstädten sowie Griechenland, Albanien und später Dalmatien sowie Nordafrika rekrutiert. Zu den Ruderen zählten Kriminelle, Kriegsgefangene und einige Freiwillige. Seeleute, die sich auf Segelschiffe spezialisiert hatten, wurden zunächst *aylakçiler* genannt. Als jedoch später die neue Bauart westeuropäischer Kriegsschiffe übernommen wurde, hießen sie *kürekçiler* oder Galeonenmänner.

Diverse Janitschareneinheiten *(Orta)* waren entweder auf den Dienst als Marineinfanterie spezialisiert oder hatten historisch enge Verbindungen zur Flotte. Die 88. Orta etwa besaß einen Anker als Abzeichen, den die Männer oft als Tätowierung auf Hand oder Arm trugen, z. B. das 8. und 31. Bölük-Regiment. Das 25. und das 37. Bölük verwendeten einen Fisch, während das 56. eine Galeone hatte.

*Auf jedem Schiff hissten sie ihre Banner,*
*Die Trommeln klangen düster und durchdringend,*
*Die Hörner, die zurnas [Bassklarinetten] und die Flöten spielten.*

Die Erwähnung der *tüfek*, einer frühen Handfeuerwaffe, Arkebuse oder Muskete, in der Hand türkischer Marinesoldaten zu diesem frühen Zeitpunkt ist besonders interessant, da diese Waffen sogar an Bord westeuropäischer Schiffe noch neu waren.

Eine Generation, bevor Enveri sein Epos *Düsturname* schrieb, hatte Murat II. eine umfangreiche Flotte bauen lassen, die 1430 osmanischen Landtruppen dabei half, das venezianische Thessaloniki zu erobern. 1456 verfügte die Flotte der Osmanen über rund 60, von *azap* (Marineinfanterie) sowie christlichen Ruderern und Armbrustschützen bemannte Schiffe. In jenem Jahr eroberte die Flotte das genuesisch kontrollierte Ainos und andere Inseln der nördlichen Ägäis. Bis 1470 war die Flotte auf 92 Galeeren angewachsen, was dem Sultanat die Kontrolle des Schwarzen Meeres und die Herausforderung der Italiener in der Ägäis erlaubte. Die Expansion der osmanischen Marine während der nächsten Jahrzehnte war erstaunlich – westliche Beobachter behaupteten bald, die gesamte Flotte zähle mit Kampf- und Transportschiffen um die 500 Fahrzeuge. Während des Krieges gegen Venedig 1499–1502 bauten osmanischen Werften zwei große Schiffe von jeweils 1.800 *tonilato* (entspricht ungefähr unseren BRT) – die größten bis dahin gesehenen.

Während des ersten Jahrhunderts ihrer Existenz war die Hauptaufgabe der osmanischen Flotte der Transport von Heereseinheiten und – nach der Einführung von Kanonen – Küstenbeschießungen zu deren Unterstützung. Als das Sultanat sich noch weiter ausdehnte, versuchte die Flotte, seine außergewöhnlich langen und zerklüftete Küsten zu kontrollieren oder zumindest zu überwachen. Die Kontrolle der zahlreichen Inseln mag einfacher gewesen sein, dennoch blieben viele von diesen Zufluchtsstätten für christliche Piraten.

## Das Schwarze Meer wird osmanisch

Größeres Zutrauen in die Fähigkeiten ihrer Marine ermöglichte es den Osmanen, ihre Einflusssphäre auf das Schwarze Meer auszudehnen. Dort hatte sich die politische, strategische und ökonomische Situation nach dem Fall Konstantinopels sowie der Beseitigung der Überreste des Byzantinischen Reiches dramatisch verändert.

Das rasche Anwachsen der Bevölkerung nach der Eroberung Istanbuls führte zu Lebensmittelknappheit, sodass die Osmanen begannen, die fruchtbaren Ebenen nördlich des Schwarzen Meeres als mögliche Quelle für Getreide und Brot zu betrachten. Der Fall Konstantinopels hatte zudem den italienischen Handel durch die Dardanellen und den Bosporus mit der Krim unterbrochen. Die veränderte politische und militärische Situation führte bald zu einer Wanderungsbewegung weg von den genuesischen Handelsniederlassungen rund um das Schwarze Meer, nicht nur auf der Krim. Viele armenische Familien, die in diesen Kolonien seit Jahrhunderten unter genuesischer oder byzantinischer Herrschaft gelebt hatten, zogen nun in die Ukraine oder nach Polen. Nach rund 20 Jahren waren alle genuesischen Besitzungen jenseits des Bosporus an die Osmanen gefallen. Osmanische Feldzüge sicherten zudem die Herrschaft über weite Teile des Balkans, obschon es auch Rückschläge gab. Die Walachei unterwarf sich der osmanischen Oberhoheit und sollte dort weitere vier Jahrhunderte verbleiben. Selbst Moldawien war dem Sultan seit 1456 theoretisch

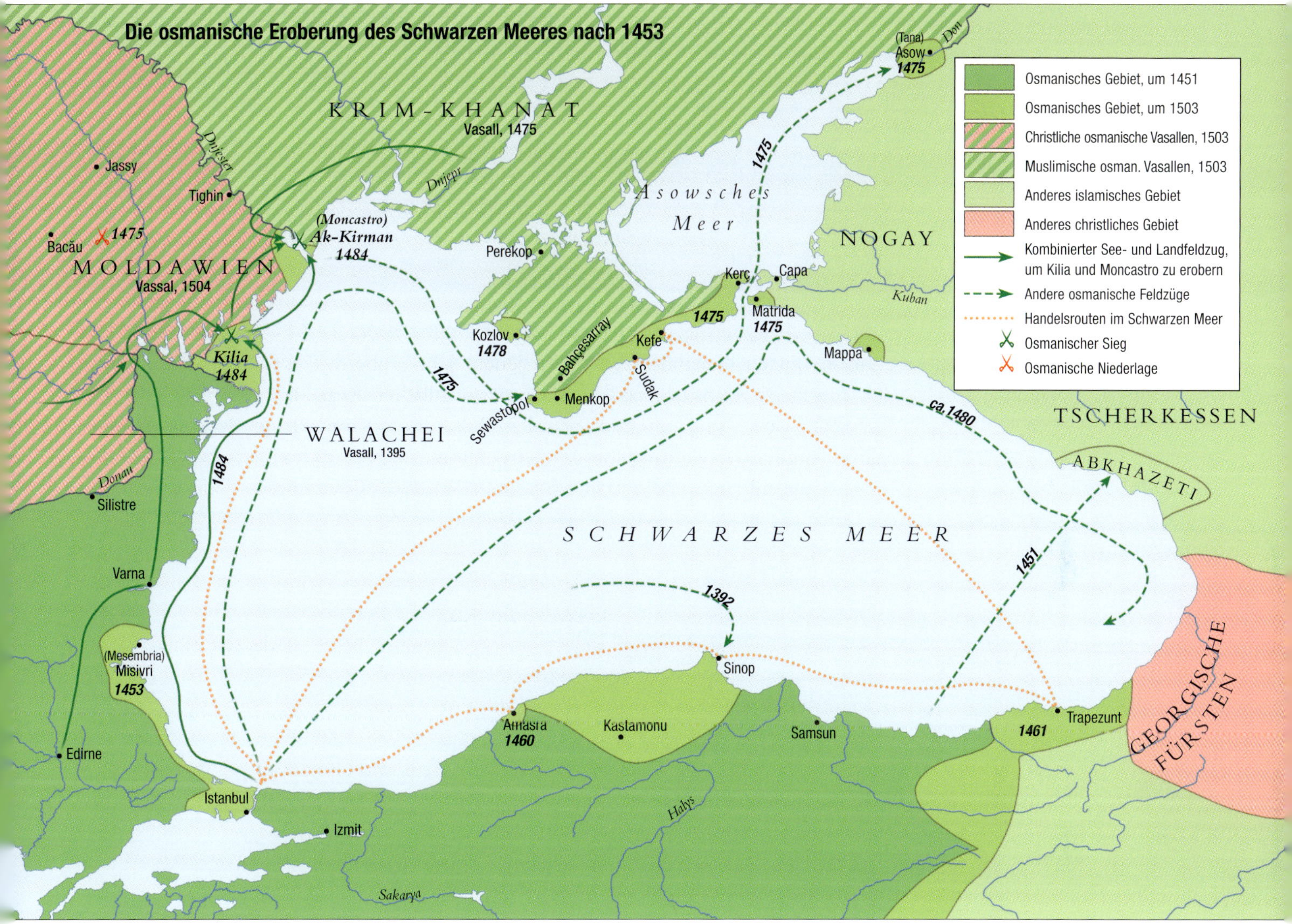


tributpflichtig, doch Stefan III. Cel Mare, Stefan der Große, bestieg ein Jahr später den Thron, schüttelte die Herrschaft der Osmanen ab und brachte einen großen Teil seiner 47-jährigen Regierungszeit damit zu, mit dem Sultan um die Beherrschung der benachbarten und ebenfalls rumänischsprachigen Walachei zu konkurrieren. Obwohl beinahe Zeitgenossen, waren Stefan III. und Vlad Tepes ganz verschiedene Charaktere. Stefan war ein tiefreligiöser Förderer der Künste, aber auch ein fähiger Feldherr und nimmermüder Diplomat. Der Fall Konstantinopels und dann Trapezunts 1461 waren eine Katastrophe für den moldawischen Handel. Da es nun zudem praktisch von Feinden umgeben war, musste sich das Fürstentum der Osmanen, Polen, Mongolen, Litauer und Ungarn erwehren. Schließlich wurde es doch dem Sultanat tributpflichtig. Als Stefan *hospodar* oder Fürst wurde, verweigerte er prompt weitere Zahlungen. Allerdings musste auch er nach einer Reihe erbitterter Feldzüge schließlich einlenken.

Währenddessen hatte Stefan seine Tochter mit dem Sohn des Großfürsten Ivan von Moskowien verheiratet, um ein Bündnis gegen das riesige Reich von Polen-Litauen an der moldawischen Nordgrenze zu festigen. Was seine Tochter davon hielt, ist nicht überliefert, allerdings schlug eine vereinte moldawisch-moskowitische

Der letzte byzantinische Staat, Trapezunt, überstand den Fall Konstantinopels und blieb bis 1461 ein wohlhabender christlicher Handelshafen. Dieser Ausschnitt eines florentinischen Gemäldes zeigt den unvermeidbaren türkischen Angriff und die Niederlage der griechisch-armenischen Verteidiger.

Armee die polnisch-litauischen Streitkräfte 1497 im Wald von Kozmin. Diese blutigen Händel nutzten den Völkern Rumäniens jedoch wenig, und Moldawien wie auch die Walachei wurden schließlich osmanische Vasallenstaaten. Sie behielten jedoch ihre Autonomie, bis sie schließlich im 19. Jahrhundert unabhängig wurden. Bis dahin hatten die Fürstentümer dem Sultanat umfangreichen Tribut in Form von Nahrungsmitteln, Geld und bewaffneten Männern zu entrichten.

Die Festigung der osmanischen Herrschaft am Schwarzen Meer wirkte sich bis in den weit entfernten Mittleren Osten aus, da die meist über die Genuesen laufende Seeverbindung zwischen den Mameluken Ägyptens und Syriens sowie dem mongolischen Khanat der Goldenen Horde nördlich des Kaspischen und Schwarzen Meeres unterbrochen wurde. Diese strategische Partnerschaft hatte bereits seit einigen Jahrhunderten existiert und den drei Beteiligten nicht nur Wohlstand, sondern den Mameluken auch Sklaven als Rekruten für ihre Armee gebracht. Ohne diese schwand das System der Mameluken langsam dahin, da der Nachschub an Sklaven nicht nur die Reihen ihrer Armee auffüllte, sondern auch die Grundlage der herrschenden Klasse bildete. Für Genua waren die Auswirkungen vor allem finanzieller Art, aber nicht lebensbedrohend. Die Goldene Horde war bereits das ganze 15. Jahrhundert hindurch im Niedergang begriffen gewesen, ihre Niederlage und teilweise Absorption durch das rivalisierende Krim-Khanat 1502 war daher nur zum Teil auf die Ereignisse im Schwarzen Meer zurückzuführen.

Die aus dem 14. Jahrhundert stammende Burg von Lutsk. Die Lage der Stadt erweckte Begehrlichkeiten sowohl in Polen, Litauen, Moskowien als auch im Krim-Khanat.

### Das tatarische Krim-Khanat

Über 300 Jahre lang beherrschte die Giray-Dynastie – Mongolen, die von Dschingis Khans Sohn Jochi abstammten – das tatarische Krim-Khanat. Nachdem es zunächst Vasall der viel größeren Goldenen Horde war, wurde es im frühen 15. Jahrhundert unabhängig und beherrschte bald weite Gebiete in der heutigen östlichen Ukraine und dem südlichen Teil des europäischen Russlands. Das Khanat und das Sultanat betrachteten sich als natürliche Alliierte, zunächst gegen die Goldene Horde und die ähnlich riesige Polnisch-Litauische Konföderation, später gegen das aufstrebende Moskowien im Norden. Die „Krimtataren" unterstützten die Osmanen auch im Kampf gegen die Dynastie der Habsburger in Zentraleuropa.

Es war jedoch ein ungleiches Verhältnis. Die mächtigeren und reicheren osmanischen Sultane behandelten die Khane der Krim als Vasallen und übten die Herrschaft über die ehemals byzantinischen und schließlich genuesischen Enklaven an der Küste aus. Gleiches galt für das kaum bekannte byzantinische Fürstentum Theodor Mangoup (türk.: Menkup), das von einem Abkömmling der kaiserlich-byzantinischen Dynastie der Komneniden des 11. und 12. Jahrhunderts regiert wurde.

Die Giray-Khane betrachteten sich als Nachfolger der Goldenen Horde, die einst fast ganz Russland beherrscht hatte. Für einen Teil des 16. Jahrhunderts weiteten sie ihre Macht bis Kazan, zur oberen Wolga und bis an den Fuß des Uralgebirges aus, was für das russische Fürstentum Moskowien eine Herausforderung darstellte, da es selbst dabei war, seine Macht über die anderen russischen Staaten auszudehnen. Die wichtigsten von den Krimtataren und ihren Lehnsnehmern genutzten Weiden lagen weit näher an Moskau, als jene der Goldenen Horde gelegen hatten. Vor allem von diesem unmittelbar nördlich der Krim gelegenen Grasland brachen die Krimtataren zu Raubzügen tief in russisches und polnisch-litauisches Gebiet auf. Erst im 18. Jahrhundert verschob sich das militärische Gleichgewicht wieder so zu Gunsten der Russen, dass diese den Überfällen ein Ende machen konnten.

Für die Osmanen eröffnete eine Allianz mit bzw. eine theoretische Oberhoheit über das Krim-Khanat wichtige strategische Möglichkeiten. Doch blieb vieles davon selbst für die mächtigen Osmanen jenseits ihrer ökonomischen und militärischen Möglichkeiten, z. B. der 1569 vorgeschlagene Kanal zwischen Don und Wolga an einer Stelle, wo die beiden Flüsse nur ca. 60 km auseinander liegen. Nur wenige Jahre zuvor waren moskowitische Truppen die Flüsse hinuntergekommen und hatten die jahrhundertelange türkische, mongolische und nun muslimische Herrschaft über die westlichen Steppen bedroht. Wäre der Vorschlag umgesetzt worden, hätten osmanische Kriegs- und Handelsschiffe aus dem Schwarzen Meer, das ohnehin praktisch ein osmanischer See war, in das Kaspische Meer segeln können, wo keiner der Anrainerstaaten bisher versucht hatte, die Seeherrschaft zu erringen.

## Eine maritime europäische Bedrohung durch die Hintertür

Die Ansicht, die Türken seien von Gott geschickt worden, um den Islam vor der Zerstörung durch die Mongolen, Kreuzfahrer und anderen zu retten, war in der mittelalterlichen muslimischen Welt weit verbreitet. Auch die Bewunderung gegenüber den türkischen Soldaten und Herrschern beschränkte sich nicht auf türkische, oder gar türkisch beherrschte Gebiete. Hauptnutznießer der Bewunderung waren allerdings die Mameluken. Sie hatten die Kreuzfahrer endgültig aus dem Mittleren Osten vertrieben und die mongolischen Horden gestoppt. Dies ermöglichte den Sultanen in Kairo, sich selbst nicht nur zu den Verteidigern des Islams, sondern auch zu den Beschützern der heiligen Stätten zu erklären, da sie als Herrscher Ägyptens auch die Oberhoheit über Mekka und Medina besaßen. Während des 15. Jahrhunderts wuchsen jedoch sowohl das Ansehen als auch die Macht der Osmanen. Sie trugen den Krieg tief in die Länder der Christen hinein und kehrten die Welle der

Der große portugiesische Seefahrer Vasco da Gama war der erste Europäer, der den Indischen Ozean befuhr, nachdem seine kleine Flotte Weihnachten 1497 das Kap der Guten Hoffnung umrundet hatte. Vom Sultan von Malindi, einem Hafen nördlich Mombasas an der Küste Ostafrikas, unterstützt, war er auch der erste Europäer, der Indien mit seinen eigenen Schiffen auf dem Seeweg erreichte. Seine Entdeckungsfahrt öffnete den Indischen Ozean den aggressiven portugiesischen Handelsinteressen und führte zu Konflikten mit den muslimischen Staaten Afrikas und des Mittleren Ostens.

Aggression, die sich vom 10. bis 13. Jahrhundert gegen den Islam gerichtet hatte, um. Die Osmanen hatten Konstantinopel erobert, weshalb nun ihr Sultan den Titel „Verteidiger des Islams" mit größerem Recht beanspruchen konnte.

Unvermeidlich suchten anatolische Herrscher, welche die Osmanen fürchteten, den Beistand der Mameluken, darunter die Fürsten von Karaman und Dulkadir. Den Mameluken war besonders daran gelegen, Dulkadir als Pufferstaat zwischen sich und den Osmanen zu erhalten. Andererseits hatte sich die internationale Situation Anfang des 16. Jahrhunderts verändert, und es gab mittlerweile gute Gründe für eine Zusammenarbeit. Beide wurden von sunnitischen Herrschern regiert, während das expandierende safawidische Persien schiitisch war. Des Weiteren war mit den christlichen Portugiesen eine völlig neue Bedrohung im Indischen Ozean aufgetaucht.

Zunächst versuchten die Mameluken, den Portugiesen allein oder im Bündnis mit den islamischen Herrschern Indiens Einhalt zu gebieten, doch außer hohen Kosten durch die Unterbrechung des Handels sowie Ausgaben für Armee- und Marineaktionen erbrachte dies wenig. Die Portugiesen und andere Europäer, die ihnen folgten, beseitigten die arabische Dominanz des Handels im Indischen Ozean prak-

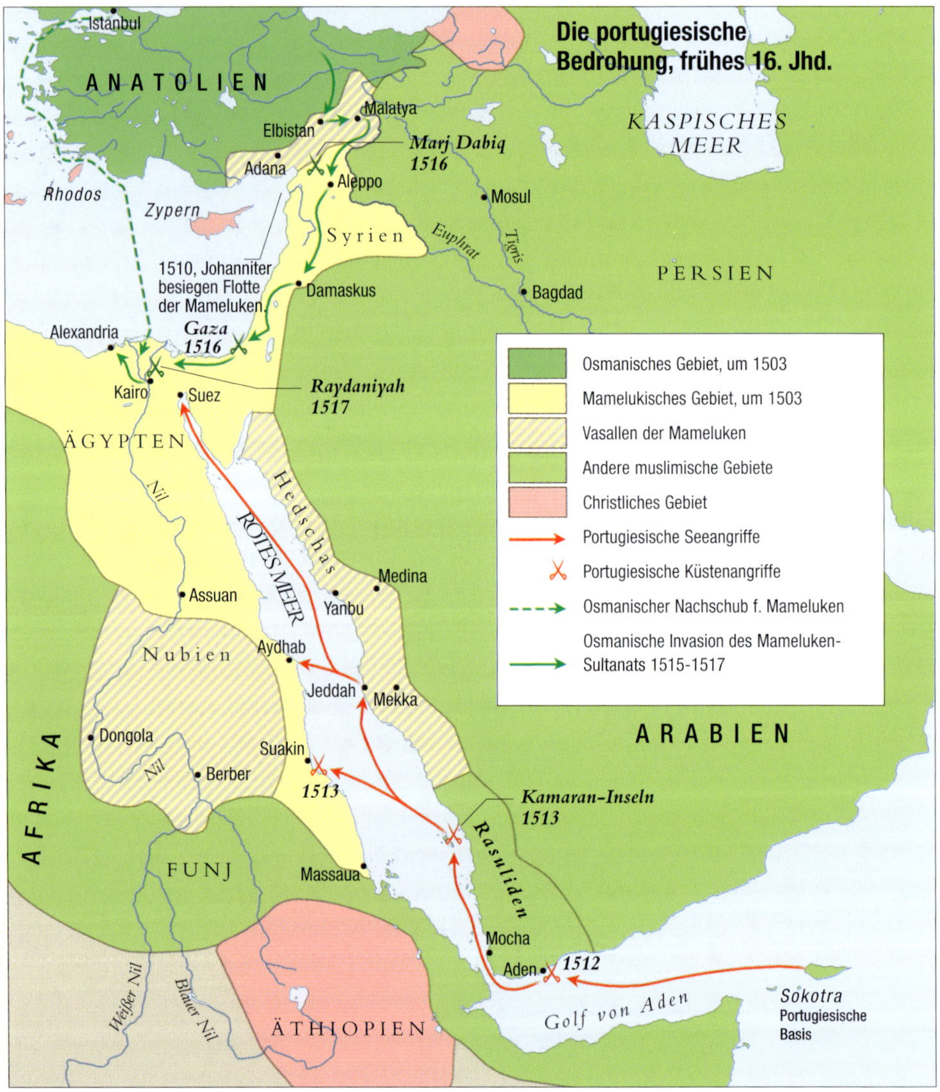

tisch völlig. Das Versagen der Mameluken im Roten Meer und im Indischen Ozean entblößte die heiligen Stätten, setzte diese der Gefahr der Überfälle christlicher Freibeuter aus und unterminierte den mamelukischen Anspruch, ihre Verteidiger zu sein. Anfänglich war der osmanische Sultan bereit zu helfen, nicht nur aus Solidarität bei der Verteidigung Mekkas und Medinas, sondern auch, weil er ein Bündnis zwischen den aufstrebenden Safawiden in Persien und den Christen sowohl im Indischen Ozean als auch in Europa fürchtete. Dieser strategische Alptraum sollte der osmanischen Politik für Jahrhunderte erhalten bleiben und eine verlockende Möglichkeit für die Höfe Europas darstellen.

Die europäische Bedrohung der muslimischen Kontrolle des Handels im Indischen Ozean kam mehr als unerwartet. 1498 hatte eine kleine Flotte portugiesischer Schiffe unter dem Kommando Vasco da Gamas (1460–1524) die Südspitze Afrikas umrundet. Knapp zwei Jahre später übernahm Pedro Álvarez Cabral (1467–1520) das Kommando der portugiesischen Kräfte im Indischen Ozean, eroberte die Insel Sokotra (heute Jemen) am Horn von Afrika und richtete an der indischen Küste eine Basis ein. Cabral und seine Flotte unternahmen den erstaunlich ehrgeizigen Versuch, die Eingänge zum Persischen Golf und zum Roten Meer zu blockieren. Wären sie erfolgreich gewesen, hätte dies den über den Indischen Ozean abgewickelten Handel mit Europa in die Hände der Portugiesen gebracht – eine tödliche Bedrohung des Wohlstandes Mesopotamiens, Syriens und Ägyptens.

Pedro Álvarez Cabral, der nach Indien geschickt wurde, um Portugals erste dauerhafte Siedlung (bei Cochin) zu gründen, nutzte diese, um den muslimischen Handel im Indischen Ozean und im Arabischen Meer zu blockieren.

## Der Anfang vom Ende der Mameluken

Die Mameluken reagierten mit aller ihnen zur Verfügung stehenden Macht. Trotz ihrer angeblichen Abneigung vor Seeschlachten schickten sie am 5. November 1505 eine beachtliche Flotte unter Amir Husayn aus, der es jedoch nicht gelang, 20 portugiesische Schiffe am Eindringen in das Rote Meer zu hindern, wo diese zahlreiche islamische Handelschiffe erobern konnten und die Seewege unterbrachen. Bald war das Ergebnis dessen auf den Märkten Kairos spürbar, da indische Waren praktisch nicht mehr erhältlich waren. Noch schlimmer war, dass die Zolleinnahmen aus dem Handel indischer Waren mit Europa quasi wegfielen. Die Mameluken bewegten sich am Rande des Bankrotts.

Von See her durch die Portugiesen, von Nordosten durch die Safawiden und von Nordwesten durch die Osmanen bedroht, schienen die Mameluken nicht zu wissen, was sie tun sollten. Mamelukische Soldaten meuterten und verlangten Bezahlung, während die Botschafter diverser muslimischer Herrscher Indiens, die Kairo erreichten, um Hilfe gegen die Portugiesen baten. Da man Holz zum Schiffsbau benötigte, segelte eine ägyptische Flotte 1510 nach Kilikien, wo sie auch Segeltuch, Seile und andere Schiffsausrüstung luden. Doch kaum auf dem Heimweg, wurde diese von Schiffen der Johanniter attackiert und versenkt. Ob aus islamischer Solidarität oder weil der iranische Schah Ismail Ibn Haydar (1501–1524) versuchte, eine Allianz mit europäischen Mächten zu schmieden, schickte Bayezit II. (1481–1512) den Mameluken eine große Menge Material, darunter Holz, Eisen, 300 Arkebusen, Schießpulver und weitere militärische Ausrüstung, das im Januar 1511 Kairo erreichte.

Mamelukische Kanonen des späten 15. oder frühen 16. Jahrhunderts, die von den Osmanen während der Feldzüge in Syrien und Ägypten erbeutet wurden.

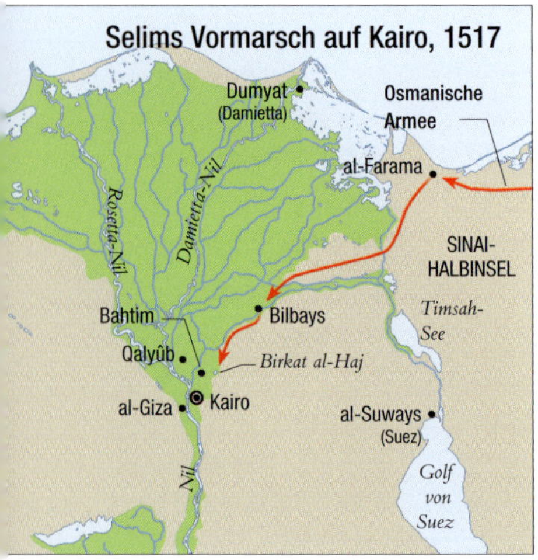


Währenddessen befanden sich Husayn und seine Flotte im Indischen Ozean, wo man ein Bündnis mit dem Herrscher von Gujarat geschlossen und eine portugiesische Flottille besiegt hatte. Doch wurden er und seine Bündnisgenossen 1508 von der Insel Diu vertrieben. Husayn setzte den Kampf so gut es ging fort und kehrte schließlich im Dezember 1512 nach Kairo zurück. Im folgenden Jahr tauchten die Portugiesen erneut im Roten Meer auf, besetzten mehrere Inseln und griffen islamische Häfen an. Die Regierung der Mameluken war zunehmend durch die Macht und den Ehrgeiz des neuen osmanischen Sultans Selim, genannt Yavuz (der Gestrenge, 1512–1520), besorgt. Der mamelukische Sultan Qansawh al-Ghawri (1500–1516) hingegen war alt, schwach und beinahe blind. Nachdem Selim Schah Ismail 1514 in der Schlacht von Tschaldiran besiegt hatte, änderte er sein Ziel. Die Mameluken hatten versucht, den Pufferstaat Dulkadir zu unterstützen, und zogen Berichten zufolge in Nordsyrien Truppen zusammen. Indem er vorgab, ein Prinz Dulkadirs sei durch den gegenwärtigen dortigen Herrscher Ala al-Dawlah misshandelt worden, führte Selim seine Truppen dorthin, löschte die Armee Dulkadirs aus, tötete Ala al-Dawlah und annektierte dessen Gebiet. Da der Getötete ein Vasall der Mameluken war, schien ein Krieg zwischen ihnen und den Osmanen nun unvermeidlich. Trotzdem verließ die zum Kampf gegen die Portugiesen im Roten Meer gebaute mamelukische Flotte am 21. August 1516 Suez.

Anfang 1516 wurden 200 zusätzliche Geschütze nach Alexandria gesandt, um einen erwarteten osmanischen Angriff von See her abzuwehren, und am 14. Mai führte Qansawh die mamelukische Armee nach Syrien. Selim hatte Malatya erobert und dirigierte seine Truppen nun nach Süden. Die Armeen trafen bei Marj Dabiq, nördlich von Aleppo, aufeinander. In der folgenden Schlacht vom 24. August 1516 wurden die Mameluken geschlagen. Der alte und schwache Qansawh al-Ghawri starb auf dem Höhepunkt des Kampfes an einem Schlaganfall, woraufhin seine Armee zusammenbrach und zurück nach Ägypten floh. Selim besetzte daraufhin das heutige Syrien, den Libanon, Jordanien, Palästina und Israel.

Osmanische Kanone aus der Zeit Selims I. Die überlegene Feuerkraft der Türken war ein wichtiger Grund für den Sieg über die Mameluken.

Die Mameluken versuchten zu spät, die Strukturen und Bewaffnung der Osmanen zu kopieren. 1517 wurden auf Befehl des letzten mamelukischen Sultans Al-Malik al-Ashraf Tuman Bey II. (1516–1517) rund hundert ochsengezogene Wagen gebaut, die von mit Handfeuerwaffen ausgerüsteter Infanterie bemannt wurden. Die Armee besaß nun auch auf Kamelen reitende Scharfschützen, eine Art der berittenen Infanterie, für welche die Araber bis nach Indien hin bekannt werden sollten. Zusätzlich war praktisch jede verfügbare Kanone aus ägyptischen Befestigungen abgezogen worden, um sie im Feld einzusetzen.

## Die Schlacht von Raydaniyah

Nachdem Selim die Besetzung Syriens abgeschlossen hatte, führte er seine Armee auf einem gut organisierten und raschen Marsch durch die Wüste der nördlichen Sinai-Halbinsel, um die Stadt Bilbays im Nildelta einzunehmen. Als sich die Osmanen näherten, ließen die Mameluken – vielleicht noch von ihren vorherigen Nie-

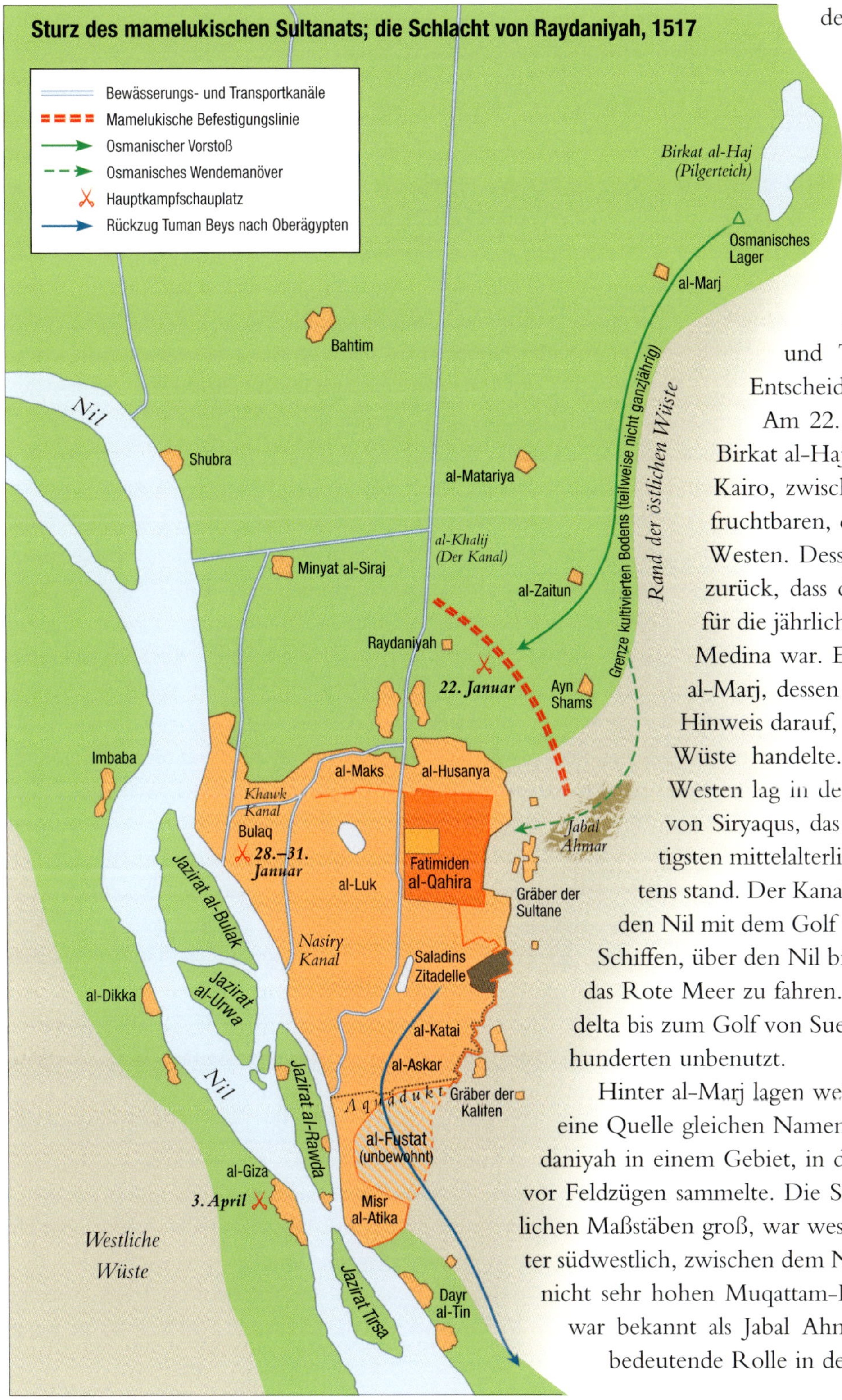


**Sturz des mamelukischen Sultanats; die Schlacht von Raydaniyah, 1517**

derlagen demoralisiert – von ihrer üblichen offensiven Strategie ab, da sie meinten, gegen einen von einem langen Marsch erschöpften und durch überdehnte Nachschubwege geschwächten Feind besser defensiv vorzugehen. Bedenkt man die Verteilung der Kräfte und die von den Mameluken erst kurz zuvor eingeführten neuen Waffen und Taktiken, war dies eine umsichtige Entscheidung.

Am 22. Januar 1517 erreichte Selims Armee Birkat al-Haj, einen kleinen See nordwestlich von Kairo, zwischen der Wüste im Osten und einem fruchtbaren, durch den Nil bewässerten Gebiet im Westen. Dessen Name („Pilgerteich") geht darauf zurück, dass der See eine der Hauptsammelstellen für die jährlichen Pilgerkarawanen nach Mekka und Medina war. Ein wenig weiter südlich lag das Dorf al-Marj, dessen Name „Wiese" bedeutet, erneut ein Hinweis darauf, dass es sich hier nicht um ausgedörrte Wüste handelte. Die nächste größere Siedlung im Westen lag in der Umgebung des koptischen Klosters von Siryaqus, das wiederum nahe an einem der wichtigsten mittelalterlichen Bewässerungskanäle Unterägyptens stand. Der Kanal war mehrfach erweitert worden, um den Nil mit dem Golf von Suez zu verbinden. Er erlaubte es Schiffen, über den Nil bis Kairo und dann durch den Kanal in das Rote Meer zu fahren. Das Teilstück vom bewässerten Nildelta bis zum Golf von Suez war jedoch versandet und seit Jahrhunderten unbenutzt.

Hinter al-Marj lagen weitere Dörfer, Ayn Shams etwa umgab eine Quelle gleichen Namens. Westlich von Ayn Shams lag Raydaniyah in einem Gebiet, in dem sich die Armee Ägyptens oftmals vor Feldzügen sammelte. Die Stadt Kairo, obschon nach mittelalterlichen Maßstäben groß, war wesentlich kleiner als heute und lag weiter südwestlich, zwischen dem Nil und den steilen und schroffen, aber nicht sehr hohen Muqattam-Hügeln. Eine der nördlichen Spitzen war bekannt als Jabal Ahmar, der Rote Berg, und sollte eine bedeutende Rolle in der kommenden Schlacht spielen.

In der Dämmerung des 22. Januar besetzte die Armee der Mameluken ihre vorbereiteten Verteidigungsstellungen. Doch Selim war entweder über die Pläne der Mameluken informiert oder hatte ihre Absichten aufgrund der Berichte seiner Späher erraten. Tuman Bey II. hatte eine stark befestigte Verteidigungsstellung bauen lassen, deren linke Flanke der Kanal und deren rechte Flanke der Jabal Ahmar bildeten. Anstatt jedoch gegen diese Stellungen vorzurücken, führte Selim einige seiner Truppen über den Berg oder eventuell sogar um ihn herum. Nachdem ihre Stellung umgangen worden war und ihr Tross sowie ihr Lager angegriffen wurden, blieb den Mameluken wenig anderes übrig, als auf ihre traditionelle Taktik zurückzugreifen. Zu Pferde angreifend, waren sie mit Lanzen, Schwertern sowie Wurfspeeren bewaffnet und erlitten durch das Feuer der Janitscharen erschreckende Verluste. Beide Sultane sollen am Kampf teilgenommen haben, wobei Tuman Bey einen der engsten Berater Selims tötete, den er für den osmanischen Führer hielt.

Schließlich obsiegte die Feuerkraft, und die geschlagenen Mameluken mussten fliehen. In Kairo versuchten sie noch einmal, sich neu zu formieren. Vom 28. bis 31. Januar kam es zu erbitterten Gefechten im Hafengebiet von Bulaq, eventuell weil die Führer der Mameluken versuchten, per Schiff nach Oberägypten zu entkommen, um den Kampf fortzusetzen. Obgleich es im April noch eine Schlacht bei Giza auf der Westseite des Nils gab, war das Regime der Mameluken zerschlagen. Tuman Bey floh, wurde jedoch gefangen genommen und hingerichtet. Ägypten sollte die nächsten 400 Jahre eine osmanische Provinz bleiben.

Vor ihrer Niederlage trugen die Mameluken den prestigeträchtigen Titel des Beschützers der heiligen Stätten, wozu auch Mekka und Medina gehörten. Jerusalem, die drittheiligste Stadt des sunnitischen Islams, befand sich ebenfalls auf ihrem Territorium. Diese wichtige Rolle fiel nun den Osmanen zu. Dazu gehörte es, die Pilgerrouten der Hadsch (türk.: *hac*) passierbar zu halten und den Pilgern oder Hadschis selbst Schutz zu bieten. Zu jener Zeit befand sich die Arabische Halbinsel in einem ähnlich zersplitterten Zustand, wie es seit dem Fall des Abbasiden-Kalifats im 10. Jahrhundert immer wieder der Fall gewesen war. Sie war praktisch von einem Ring aus kleinen Staaten an der Küste umgeben, von denen einige unabhängig, andere die Vasallen größerer islamischer Mächte waren. Die Wüste im Inneren wurde von Beduinenstämmen beherrscht, deren Geschichte im Dunkeln liegt.

Ein aufwändiges Dekor aus farbigen Kacheln schmückt das Minarett der Sheikh-Omar-Moschee in Bagdad.

Im Süden befand sich der Jemen, ein fruchtbares und wohlhabendes, jedoch rückständiges Land mit blühenden Städten und wachsendem Handel. Der Jemen beherrschte auch den Eingang zum Roten Meer; eine Tatsache, die besonders nach dem Auftauchen der Portugiesen und anderer Europäer im Indischen Ozean an Bedeutung gewann. Die Osmanen eroberten den Jemen in den ersten Jahren nach 1540 und blieben dort bis 1636. Auf der anderen Seite des Roten Meers besetzten die Osmanen Suakin in Eritrea und Zayla an der somalischen Küste. Auch die arabische Hafenstadt Dschidda befand sich unter der Kontrolle des Gouverneurs von Ägypten. Zayla ging 1540 verloren, doch die Osmanen beherrschten weiterhin das Rote Meer und seine Küsten, trotz diverser Versuche der Portugiesen, sie sowohl auf See als auch an Land zu besiegen. In der Zwischenzeit errichteten die Osmanen an der Küste der Arabischen Halbinsel Forts und verbesserten die Straßen. Im Landesinneren, auch an den heiligen Stätten, führten *Sharifs* ähnliche Verbesserungen durch.

## Osmanen, Safawiden und die Kizilbasch

Weit unbefriedigender war die Situation im Hinblick auf einen weiteren großen islamischen Staat: Persien. Ismail Ibn Haydar, erster Schah der Safawiden-Dynastie, war 1501 an die Macht gekommen. Seine Herkunft liegt im Dunkeln, doch war er wohl eher turkomanischer als persischer Abstammung. Wichtig war die Tatsache, dass die Safawiden Schiiten waren. Der Name ihrer Dynastie spiegelt ihre Herkunft als erbliche Führer eines unorthodoxen, jedoch nicht schiitischen Sufi- oder Derwischordens aus Ardabil in der Region Aserbaidschan im Nordwesten Persiens wider. Ihr Aufstieg zur Macht begann Mitte des 15. Jahrhunderts, als Sheikh Junayd, Kopf des Safaviyya-Ordens, auch weltliche Macht auszuüben begann. Zu der Zeit, als Ismail Schah Persiens wurde, waren die Safawiden begeisterte Schiiten geworden und hatten einen grundlegend theokratischen Staat errichtet.

Zwischen den Osmanen und den ersten Safawiden lag eine Reihe von kleineren Mächten, die von Stammesführern beherrscht wurden. Die stärkste von diesen waren die Aq Qoyunlu. 1501 besiegte Ismail die Aq Qoyunlu und eroberte Aserbaidschan,

Freiwillige Auswanderung und Deportationen

**1** 7.000 Üstaclü-Familien in den Iran, 1500
**2** Sultan Bayezit II. deportiert Schiiten nach Südgriechenland, 1502
**3** 5.000 Dhu'l-Qadar-Stammesangehörige in den Iran, 1507
**4** Deportation von Schiiten nach Südgriechenland, ab 1512
**5** Sultan Selim I. deportiert Schiiten in die europäischen Provinzen, 1514
**6** Schiitische Kizilbasch-Rebellen („Rotkappen"), ab 1578 Deportation nach Zypern

Schiitische und alevitische Aufstände
**A** Shah Kuli, in Teke, 1509–1512
**B** Celali, in Bozk Sançak, 1520
**C** Dhu'l-Qadar, 1526
**D** Kalenderoglu, in Karaman, 1526–1527
**E** Der „falsche Ismail", in Elbistan, 1578
**F** Seyh Hayder, in Amasya, 1585
**G** Kalenderoglu, in Bursa, 1607

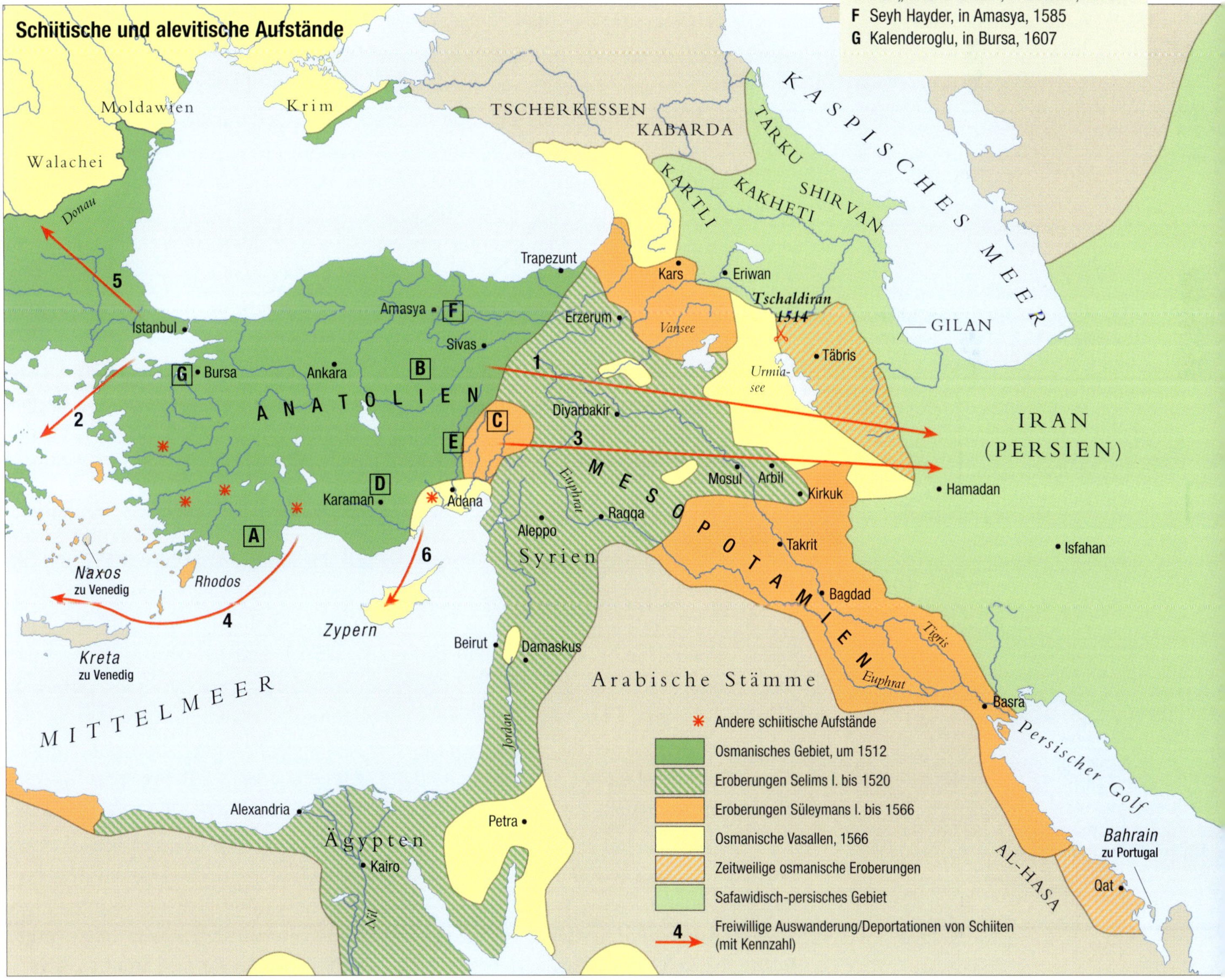

Eine herrlich verzierte persische Kanone, die im 16. oder 17. Jahrhundert von den Osmanen erbeutet wurde.

nach weiteren zehn Jahren kontrollierte er den größten Teil des Irans. Ein mächtiger und expandierender schiitischer Staat an ihrer Ostgrenze beunruhigte die Osmanen zwar, viel schlimmer war jedoch, dass Schah Ismail für seine Anhänger in der extremistischen schiitischen *ghulat*-Tradition einen beinahe göttlichen Status genoss. Daher waren diese, besonders die Turkomanen, deren rote Kopfbedeckung ihnen den Beinamen Kizilbasch (Rotköpfe oder Rotkappen) eintrug, oftmals fanatisch in ihrer Hingabe. Immer häufiger kam es zwischen den schiitischen Safawiden und den zunehmend orthodoxeren sunnitischen Osmanen, die sich gelegentlich mit den ebenfalls sunnitischen Usbeken Zentralasiens verbündeten, zu Kriegen.

Sultan Selims I. Sieg über Schah Ismail in der Schlacht von Tschaldiran 1514 wurde als Triumph der osmanischen Logistik und Feuerkraft über die traditionelle Kavallerie und den Glauben der Safawiden an göttliche Unbesiegbarkeit beschrieben. Die Osmanen setzten eine große Zahl von Geschützen, einige davon als mobile Feldartillerie oder gar Panzer auf Wagen montiert, und ihre disziplinierte Janitschareninfanterie mit Handfeuerwaffen ein.

Nach dieser Schlacht besetzten die Osmanen Kurdistan und versuchten, Aserbaidschan einzunehmen, konnten es jedoch nie länger als ein paar Jahre halten. So wurden große Gebiete innerhalb des osmanischen Sultanats schiitisch. Am problematischsten waren die turkomanischen Stämme Ostanatoliens, wo die Sympathien für die Kizilbasch stark und die Ablehnung zentraler Regierungsgewalt traditionell waren. Dies führte häufig zu Aufständen, die aber niedergeschlagen wurden. Teile der beteiligten Bevölkerung wurden daraufhin in andere Teile des Reiches deportiert. Im frühen 17. Jahrhundert kam es zu mehreren großen Aufständen, nicht nur im südöstlichen, sondern auch im zentralen und westlichen Anatolien. Danach folgten Probleme mit syrischen Drusen (ursprünglich eine extreme schiitische Sekte, die mit dem Islam brach) und dem mächtigen Gouverneur Erzerums im nordöstlichen Anatolien sowie mit einer Reihe von Revolten der Janitscharen in der Hauptstadt.

In dieser beinahe anarchischen Atmosphäre eroberte der Safawiden-Schah Abbas (1587–1629) Aserbaidschan zurück und bemächtigte sich eines Großteils des Kaukasus, wo der Iran bis zur russischen Eroberung im 18. und 19. Jahrhundert die dominierende Macht bleiben sollte. 1623 eroberte Abbas sogar Bagdad. Doch das Schicksal war den Osmanen nach der Thronbesteigung des neuen Sultans Murat IV. im Jahr 1632 bald wieder wohlgesonnen. Er zerschlug Revolten und Invasionsabsichten mit gnadenloser Grausamkeit. Bagdad wurde 1638 zurückerobert, und im folgenden Jahr wurde im Vertrag von Kasr-i Shirin mit dem Iran Frieden geschlossen. Die damals beschlossene Grenze besteht im Grunde aus der heutigen Grenze zwischen der Türkei und dem heute unabhängigen Irak auf der einen und dem Iran auf der anderen Seite. Die schiitischen Minderheiten innerhalb des osmanischen Sultanats akzeptierten nun meist die sunnitische Herrschaft und waren nicht länger Auslöser von Unruhen, obwohl es noch immer zu kleineren Problemen kam.

**Das Haus Osman (Osmanen)**
**Sultane vom 15. bis 17. Jahrhundert**

*(Interregnum, 1402–1413)*

| | |
|---|---|
| 1413–1421 | Mehmet I. |
| 1421–1444 | Murat II. |
| 1444–1445 | Mehmet II. |
| 1445–1451 | Murat II. *(zweites Mal)* |
| 1451–1481 | Mehmet II. *(zweites Mal; der Eroberer)* |
| 1481–1512 | Bayezit II. |
| 1512–1520 | Selim I. *(von 1517 an Kalif)* |
| 1520–1566 | Süleyman I. *(Kanuni; der Prächtige)* |
| 1566–1574 | Selim II. |
| 1574–1595 | Murat III. |
| 1595–1603 | Mehmet III. |
| 1603–1617 | Ahmed I. |
| 1617–1618 | Mustafa I. |
| 1618–1622 | Osman II. |
| 1622–1623 | Mustafa I. |
| 1623–1640 | Murat IV. |
| 1640–1648 | Ibrahim I. |
| 1648–1687 | Mehmet IV. |
| 1687–1691 | Süleyman II. |
| 1691–1695 | Ahmed II. |
| 1695–1703 | Mustafa II. |

## Das osmanische Syrien

Syrien war eine der wohlhabendsten Regionen des Sultanats. Obwohl es nun nur noch eine Provinzhauptstadt war, profitierte Damaskus im 16. Jahrhundert von der verbesserten Sicherheitslage, die eine effiziente, wenn auch mitunter rücksichtslose osmanische Verwaltung schuf. Die Stationierung zweier unterschiedlicher Armeeeinheiten verhinderte die Rebellion allzu ehrgeiziger Gouverneure und schuf einen Wettbewerb unter den Truppen. Die Einheiten konnten jedoch auch, falls nötig, gegeneinander eingesetzt werden. Ursprünglich war dieses System jedoch dazu gedacht, zu verhindern, dass Militäreinheiten zu starke lokale Loyalitäten entwickelten, und um einheimischen Gruppen, die wohl sonst zu Banditen geworden wären, eine Aufgabe zu geben.

Dieses System versagte später, funktionierte jedoch viele Jahre lang gut. Die Einheiten bestanden aus den *kapi halki,* welche unmittelbar dem Gouverneur unterstanden, und der Sipahi-Kavallerie, die aus dem ländlichen Raum stammte und auf quasi-feudaler Basis organisiert war. Die Letztere war zunächst zahlreicher, doch ab dem 16. Jahrhundert wuchs die Zahl der von der Regierung zentral oder regional bezahlten Soldaten proportional an. Unter diesen bezahlten Truppen waren sowohl Janitscharen als auch verschiedene, vom Gouverneur angeworbene Söldnergruppen.

Seit den ersten osmanischen Eroberungen waren die *yerli kullari* oder „Provinz-Janitscharen" eine immer wichtigere Kraft geworden. Es bildete sich ein zweistufiges System, das zum einen aus örtlich ansässigen Janitscharen bestand, die nicht mehr durch das *devschirme*-System rekrutiert wurden, sondern ihren militärischen Status entweder erbten oder erwarben. Die Loyalität dieser Männer war vor allem lokaler Art. Zudem gab es die „Imperialen Janitscharen", die aus der Hauptstadt gesandt worden waren, um Truppen, deren Treue der Zentralregierung galt, vor Ort zu haben. Aus Gründen, die nicht ganz klar sind, aber wahrscheinlich die geografische Nähe des türkischen Anatoliens widerspiegeln, gab es nur ein einziges Janitscharenkorps im nordsyrischen Aleppo. Im Lauf der Generationen wurden die *yerli kullari* immer mehr von der örtlichen Bevölkerung assimiliert und im Arabischen als Dawlat Dimashq, die Macht von Damaskus, bekannt. Während des 16. Jahrhunderts kam es auch zu einem umgekehrten Prozess, bei dem lokale Handwerker und Händler sich in das Janitscharenkorps einkauften, um dessen beträchtliche Steuervorteile und andere Privilegien genießen zu können. Um die Kontrolle des Sultans zu sichern, wurden nach 1659 neue Janitschareneinheiten nach Damaskus geschickt. Gelegentliche Zusammenstöße dieser beiden Formen von Janitscharentruppen gehörten bald zum Stadtbild.

**Das osmanische Damaskus**

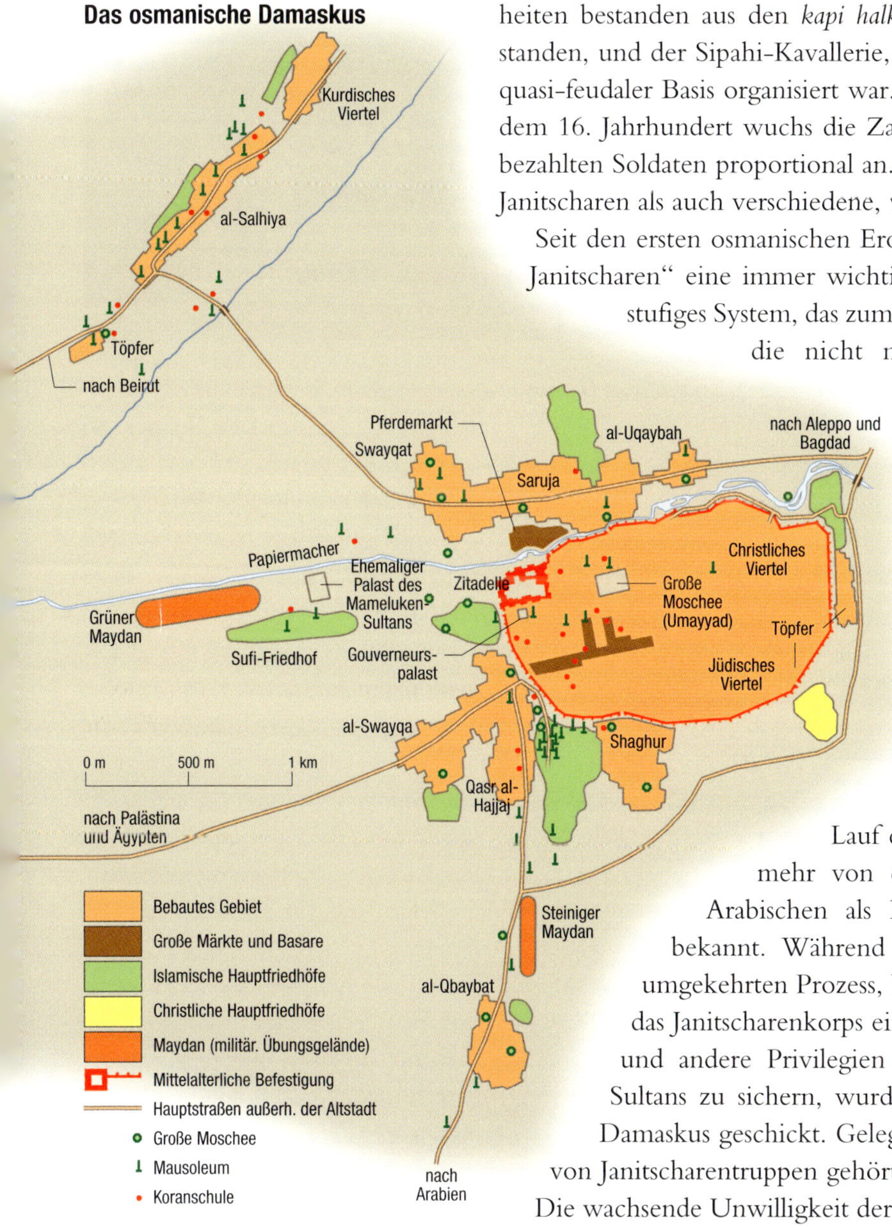


Die wachsende Unwilligkeit der Truppen in Damaskus, an weit entfernten Feldzügen des Sultans teilzunehmen, war nur ein Anzeichen, dass das System im Begriff war, zu versagen. Der Feldzug gegen Persien 1732 scheint das letzte Mal gewesen zu

*Die Ankunft der venezianischen Botschafter im mamelukischen Damaskus* aus der Schule Bellinis betont die Bedeutung des Handels mit Gewürzen und Seide zwischen dem Land der Mameluken und Venedig im 15. Jahrhundert sowie die Gefahr, die Venedigs Wohlstand durch osmanische Eroberungen drohte. Der mamelukische Gouverneur in Damaskus empfängt hier, auf einem niedrigen Diwan sitzend und eine gehörnte Kopfbedeckung tragend, venezianische Botschafter.

sein, dass sie außerhalb ihrer Region dienten, abgesehen von Einsätzen als Söldner. So oder so, die Janitscharen in Damaskus bereiteten der osmanischen Regierung während des 18. Jahrhunderts einige Kopfschmerzen.

Zu den Söldnertruppen in Damaskus zählten schließlich *delis* (leichte Kavallerie), *levents* (Marineinfanterie), *magribis* (Nordafrikaner) und *sekbans* (wörtlich „Hundeführer"). Die Sekbans wurden unter den wandernden Landarbeitern Ostanatoliens rekrutiert. Sie dienten in den Einheiten verschiedener Gouverneure, auch in Syrien. Zu den nordafrikanischen Arabern und Berbern der Magribis sowie den ostanatolischen Sekbans kamen etwas später noch die *tüfenkcis* oder Musketiere hinzu, die meist Kurden waren. Bedenkt man, dass diese Einheiten alle unterschiedlichen ethnischen und sprachlichen Gruppen angehörten, ist es nicht überraschend, dass sie eine starke *'asabiyya* (arab.: Gruppenloyalität) entwickelten. Dies förderte zwar den Zusammenhalt, führte jedoch dazu, dass sich eine ethnische Gruppe von der anderen unterschied, z. B. in ihrer Kleidung, Organisationsstruktur und den Unterkünften, die oft in unterschiedlichen Vierteln lagen. Der Führer jeder Einheit unterstand direkt dem Gouverneur.

Obschon sie nicht länger an weit entfernten Feldzügen teilnahmen, hatten diese unterschiedlichen Einheiten doch mitlitärische Aufgaben. Tatsächlich verlangten die Truppen in der Wirtschaftkrise des späten 17. und frühen 18. Jahrhunderts zusätzlich bezahlte Aufgaben, da die Inflation den Wert ihrer Besoldung aushöhlte. Eine der wichtigsten Aufgaben war die Bemannung der Forts, welche die Osmanen entlang der langen und verletzlichen Pilgerrouten nach Mekka und Medina erbaut hatten. Auch dafür, dass sie die Pilgerkarawanen nach Arabien begleiteten, erhielten die Janitscharen zusätzlichen Sold. Andererseits schlossen sich unterbeschäftigte und unterbezahlte Janitscharen mitunter örtlichen Gruppen ähnlich müßiger junger Männer an. Gerieten die

Dinge außer Kontrolle, schritt die Regierung ein, um überflüssige Janitscharen zu entlassen und ihnen ihre Privilegien zu entziehen. Doch es kam immer wieder zu Ausbrüchen von Gewalt zwischen den bewaffneten Einheiten. Zwischen 1740 und 1746 schien die Zentralregierung aufgegeben zu haben und entließ die Kapi Kullari. Die Verteidigung von Damaskus war damit den unruhigen lokalen Einheiten überlassen. Andererseits flickte die osmanische Regierung bis zu den Reformen des 19. Jahrhunderts nur an diesem komplizierten und ineffizienten System herum.

Die große Moschee in Damaskus, wie man sie von den Wehranlagen der Zitadelle aus sieht.

## Die Ma'n des Libanon

Westlich von Damaskus, auf der anderen Seite des Anti-Libanongebirgszuges und des Bekaatals, lag die autonome Region Libanon. Dort hatte ein lokaler Klan arabischer Drusen, die Ma'n, nach Selims I. Eroberung der Region 1516 unter osmanischer Oberhoheit stark an Macht gewonnen. Ihre Machbasis lag in der Region Shuf im Süden des Libanons, doch gingen sie gelegentlich auch Bündnisse mit den christlichen Maroniten des Libanongebirges und sogar mit einigen europäischen Mächten ein.

Der größte der Emire der Ma'n, Fakhr al-Din II. (1585–1633), dominierte schließlich einen Großteil Syriens bis hin zur Wüstenoase Palmyra und den anatolischen Vorgebirgen im Norden. So eine Ausdehnung der Macht eines Vasallen provozierte geradezu unvermeidlich eine Reaktion des Sultans, der Fakhr al-Din schließlich besiegte und tötete. Die meisten Geschichtschroniken beschreiben den großen Ma'n-Emir als blutrünstigen Tyrannen, doch wird ihm auch die Verbesserung des Handels und der Landwirtschaft zugeschrieben. Da er den Grundstein für die traditionelle Zusammenarbeit zwischen Drusen und Maroniten legte, betrachten viele moderne Libanesen Fakhr al-Din II. als Gründer ihres Landes.

Nach seinem Tod beherrschten Fakhr al-Dins Nachfolger für über ein Jahrhundert einen großen Teil des heutigen Libanons, allerdings als osmanische Vasallen. 1697 starb der letzte Ma'n-Emir, Ahmad Ibn Mulhim, und die Macht ging an einen verwandten Klan, die Banu Shihab, über. Diese waren Sunniten, keine Drusen, doch auch sie herrschten wie zuvor mit Hilfe der führenden drusischen Familien. Doch entstand nun vermehrter Zwist zwischen den Stämmen und Religionsgruppen, während die christlichen Maroniten ihre Macht vergrößerten. Dass einige der Söhne des regierenden Emirs zum Christentum übertraten, sorgte für einen umfassenden Skandal. Einer von ihnen, Yusuf Ibn Mulhim, wurde der erste maronitische Emir (1770–1788). Die Shihab-Emire blieben bis 1842 die autonomen Herrscher im Libanon, ab dann regierten die Osmanen als Teil einer grundlegenden Reform zur Modernisierung ihres Staates direkt.

KAPITEL SIEBEN

# Das Goldene Zeitalter

## Die größte Ausdehnung des Reiches – bis vor Wien

Diese Illustration einer osmanischen Handschrift aus dem 16. Jahrhundert zeigt Süleyman den Prächtigen, wie er János Sigismund Szapolyai an seinem Hof empfängt. Dieser Adlige aus Siebenbürgen war Süleymans bevorzugter Kandidat für den zu besetzenden ungarischen Thron, damit die Habsburger diesen nicht erhielten.

Die größten Zugewinne an Land und Ansehen für die Osmanen erzielte Süleyman II., der in Europa „der Prächtige“ und bei den Türken „Kanuni“ (der Gesetzgeber) genannt wurde. Er war der Sohn Selims des Gestrengen und herrschte von 1520 bis 1566 – die zweitlängste Regierungszeit in der osmanischen Geschichte. Süleymans Anspruch auf Ruhm gründete sich zuvorderst darauf, dass seine Regierung die Errungenschaften seiner Vorgänger konsolidierte. Zudem wurde während seiner Herrschaft Enormes in der Kunst und, wenn auch in etwas geringerem Umfang, in den Wissenschaften geleistet.

Süleyman II. war ein entschlossener Feldherr, der 13 Feldzüge persönlich führte und diverse andere durch seine höchsten Offiziere leiten ließ. Im Osten stieß Süleyman über die Grenzstadt Erzerum hinaus vor und eroberte, trotz der safawidischen Taktik der verbrannten Erde, so weit entfernte Gebiete wie Kars in Armenien. Zwar gebot er schiitischen Aufständen in Anatolien Einhalt, die hartnäckigen Safawiden konnten jedoch nicht niedergerungen werden, obwohl Süleymans Armeen wiederholt tief in den heutigen Westiran vorstießen. 1534 etwa nahm Süleyman Täbris ein, von wo aus er durch Kurdistan nach Mesopotamien marschierte, das er dann eroberte. Während er dort weilte, pilgerte er zu den heiligen Stätten Hilla und Kerbala. Die Safawiden hatten die mesopotamischen Sunniten verfolgt. Nun, unter osmanischer Herrschaft, litten die Schiiten – ein Zustand, der fast bis in das 21. Jahrhundert andauern sollte. Obgleich die osmanische Besetzung von Täbris und des nordwestlichen Irans nur von kurzer Dauer gewesen war, führte ein weiterer Krieg gegen die Safawiden zu einer erneuten Einnahme von Täbris. Dieses Mal wurde 1552 jedoch ein dauerhafterer Frieden geschlossen, nachdem sich die Osmanen wiederum aus Täbris zurückzogen, Mesopotamien aber behalten hatten.

Es war augenscheinlich, dass Sultan Süleyman ein starkes Interesse am Osten und an dem mit Handel verbundenen Wohlstand hatte. 1538 wurde ein kleines osmanisches Kontingent entlang der arabischen Küste des Roten Meeres nach Süden gesandt, um den Jemen und den strategisch wichtigen Hafen Aden zu erobern. Im westlichen Teil des Indischen Ozeans operierte zudem eine kleine Flotte, welche die Portugiesen bei einigen Gefechten vor der Küste Indiens besiegte. Trotz der Wichtigkeit, die Safawiden und Portugiesen im Osten in Schach zu halten, genoss Europa für Süleyman in alter osmanischer Tradition dennoch Priorität. Seinen allerersten Feldzug hatte er in Serbien durchgeführt, bei dem 1521 Belgrad erobert wurde.

Süleyman war in der Lage, aus dem tiefen Spalt, der sich im katholischen Zentral- und Westeuropa zwischen Frankreich und den habsburgischen Territorien auftat und Jahrhunderte bestehen bleiben sollte, sowohl diplomatische als auch militärische und wirtschaftliche Vorteile zu ziehen. Nach einer schweren Niederlage gegen die Habsburger 1525 bei Pavia schloss Franz I. von Frankreich (1515–1547) ein strategisches Bündnis mit Süleyman – die „unheilige Allianz“, wie man in einem schockierten Europa sagte. Teils als Ergebnis dieser Allianz überfielen die Osmanen Ungarn und errangen 1526 bei Mohács, wo Ludwig II. von Ungarn getötet wurde,

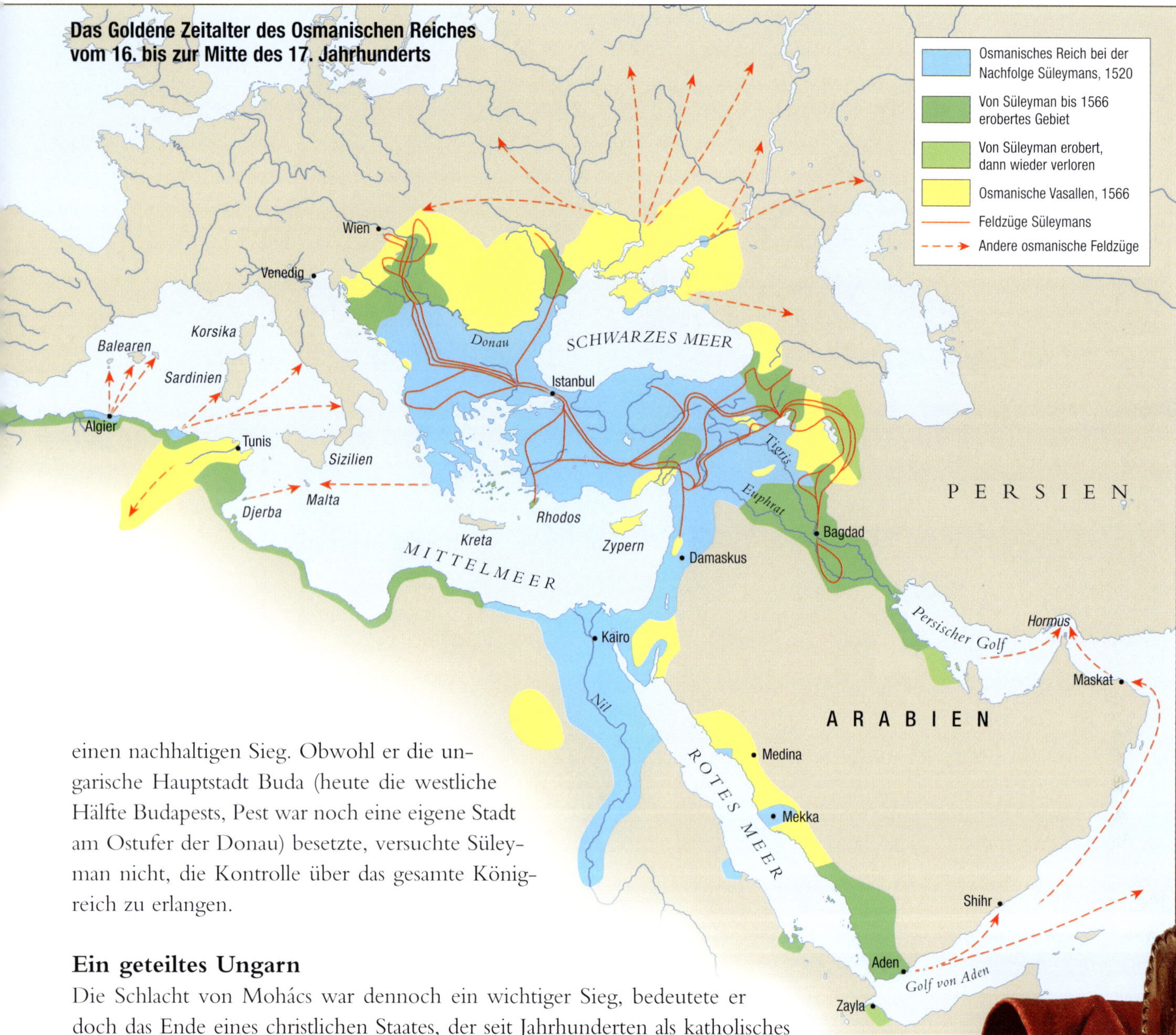


einen nachhaltigen Sieg. Obwohl er die ungarische Hauptstadt Buda (heute die westliche Hälfte Budapests, Pest war noch eine eigene Stadt am Ostufer der Donau) besetzte, versuchte Süleyman nicht, die Kontrolle über das gesamte Königreich zu erlangen.

## Ein geteiltes Ungarn

Die Schlacht von Mohács war dennoch ein wichtiger Sieg, bedeutete er doch das Ende eines christlichen Staates, der seit Jahrhunderten als katholisches Bollwerk gegen die muslimischen Türken gegolten hatte. Die überlebenden ungarischen Adligen teilten sich in jene, die den Habsburger Ferdinand I. von Österreich (1503–1564, nach 1558 Kaiser) als König wollten, und jene, die einen der ihren, János Szapolyai (1487–1540), der sich den Habsburgern seit 20 Jahren entgegengestellt hatte, bevorzugten. Natürlich unterstützte Süleyman Szapolyai – wollte er doch nicht, dass die mächtigen Habsburger einen strategisch wichtigen Staat an seiner Nordwestgrenze kontrollierten. Zunächst 1273 und dann ab 1438 stellten die österreichischen Habsburger die Herrscher des Heiligen Römischen Reiches, das sich aus dem Frankenreich Karls des Großen, der den Titel des weströmischen Kaisers 800 wiederbelebte, entwickelt hatte. Ein Bürgerkrieg zwischen den beiden ungarischen Thronanwärtern kam durch ein Friedensabkommen 1538 zu einem unbefriedigenden und wenig haltbaren Ende. Während dieser langen und verwirrenden Feldzüge begannen die Osmanen 1529 mit ihrer ersten Belagerung Wiens. Die Kämpfe

flammten nach dem Tode János Szapolyais 1540 wieder auf. Ferdinand marschierte in Ungarn ein, Süleyman tat das Gleiche. Als die Kämpfe endeten, war das Land in drei Teile geteilt. Ferdinand beherrschte das so genannte kaiserliche Ungarn im Westen, die Osmanen kontrollierten die weiten Ebenen Zentralungarns, und im Nordosten entstand nach und nach ein neuer Staat, der spätere osmanische Vasall Siebenbürgen.

**Die Feldzüge Sultan Süleymans**

1521 (18. Mai–19. September): Belagerung u. Eroberung Belgrads.
1522 (16. Juni)–1523 (31. Januar): Belagerung und Eroberung des Johanniterstützpunktes Rhodos.
1526 (23. April–13. November): Teilweise Eroberung Ungarns (Sieg bei Mohács, 29. August).
1529 (10. Mai–16. Dezember): Invasion Österreichs und erfolglose erste Belagerung Wiens.
1532 (25. April–21. November): Weitere Eroberungen in Ungarn.
1534 (11. Juni)–1536 (8. Januar): Invasion Westpersiens; Pilgerfahrt nach Hilla and Kerbala.
1537 (17. Mai–22. November): Erfolgloser Angriff auf Korfu.
1538 (9. Juli–27. November): Feldzug zur Wiederherstellung der osmanischen Oberhoheit in Moldawien.
1541 (20. Juni–27. November): Weitere Eroberungen in Ungarn.
1543 (23. April–16. November): Weitere Feldzüge in Ungarn.
1548 (29. März)–1549 (21. Dezember): Weitere Feldzüge in Persien.
1553 (28. August)–1555 (31. Juli): Weitere Feldzüge in Persien.
1566 (1. Mai–6. September): Letzter Feldzug in Ungarn. Süleyman stirbt unmittelbar nach der Einnahme Szigetvárs.

**Links:** Militärmütze der Silahdar, 1550.
**Rechts:** Illustration der Schlacht von Mohács in einer osmanischen Handschrift des 16. Jahrhunderts.

Die Truppen Süleymans II. bereiten sich 1523 auf den endgültigen Sturm des Stützpunktes der Johanniter auf Rhodos vor. Aus einer europäischen Handschrift des 16. Jahrhunderts.

Während die Osmanen und die Habsburger in einen langen und erbitterten Konflikt in Zentraleuropa verstrickt waren, führte Süleymans Armee eine Reihe bemerkenswerter kombinierter Land- und Seeoperationen im Mittelmeer durch – die erfolgreichste davon 1522–1523 gegen die stark befestigte Insel Rhodos, nur ein Jahr nach der ähnlich dramatischen Eroberung Belgrads durch die Osmanen. Die Eroberung der Bastion des Kreuzritterordens der Johanniter (oder Hospitaliter) auf Rhodos durch die Türken erschütterte das christliche Europa. Die Johanniter zogen sich bald auf die Mittelmeerinsel Malta zurück, welche dem Orden 1530 vom habsburgischen Kaiser Karl V. überlassen und wiederum in eine starke Festung verwandelt wurde. Damals wie heute machte seine Position zwischen Sizilien und Afrika Malta strategisch wichtig, und Karl hoffte, die Johanniter würden sich als Bollwerk gegen die osmanische Expansion im westlichen Mittelmeer erweisen. Die Pacht für die wertvolle Insel betrug einen lebenden Malteser Falken. Das Symbol war offensichtlich: Die Ritter waren Raubvögel, welche die Christenheit schützten.

Während der langen Zeit seiner Regierung verbrachte Süleyman über zehn Jahre auf Feldzügen. Interessanterweise waren all seine europäischen Feldzüge recht kurz – jeder war innerhalb eines Jahres beendet –, wohingegen einige Vorstöße nach Persien über 18 Monate dauerten. Dies spiegelt die völlig anderen Umstände wider, mit denen die Osmanen konfrontiert wurden, wenn sie jenseits ihrer westlichen oder östlichen Grenzen operierten; doch in beiden Fällen errangen ihre Truppen eine erstaunliche Reihe von Siegen.

Venezianisches Porträt Süleymans des Prächtigen von Tizian. Süleyman drohte, Europa in die Knie zu zwingen, half so jedoch ironischerweise der protestantischen Sache, indem er die katholischen Habsburger bekämpfte – die Spanier zur See, die Österreicher an Land.

Süleyman der Prächtige ist dafür kritisiert worden, dass er der in und um Istanbul stationierten Flotte während seiner Herrschaft nicht genug Aufmerksamkeit schenkte. So war diese 1532 nicht in der Lage, eine habsburgische Flotte des Genueser Admirals Andrea Doria (1467–1560) zu hindern, das osmanisch regierte Griechenland zu plündern. Süleyman musste daher Einheiten aus Nordafrika, die Korsaren der „Barbareskenküste“, die von den Europäern schlicht für Piraten gehalten wurden, zu Hilfe rufen. Diese besiegten die Flotte der Habsburger, eilten dann jedoch aufgrund von europäischen Angriffen auf ihre Basen nach Nordafrika zurück. 1537 versuchte Süleyman, seinen Erfolg gegen Rhodos mit einem Angriff auf die von Venedig regierte Insel Korfu zu wiederholen, allerdings erfolglos. Im folgenden Jahr jedoch wurden einige venezianische Außenposten, darunter auch Kreta, überfallen.

Die berühmteste und erfolgloseste der osmanischen Marineoperationen war der Angriff auf die neue Bastion der Johanniter auf Malta im Jahr 1565, die durch die Aufbringung eines osmanischen Schatzschiffs durch den Ritterorden ausgelöst worden war. Geführt vom osmanischen Admiral Piyale Pascha sowie den nordafrikanischen Korsaren- bzw. Piratenkommandeuren Turgut Reis und Uluç ʻAli, zogen sich die Osmanen nach vier Monaten erbitterter Kämpfe und geschätzten 30.000 Toten zurück. Doch auch dieser Rückschlag konnte die Macht des Sultanats auf dem Mittelmeer nicht wirklich beeinträchtigen, und schon im folgenden Jahr eroberte eine Flotte Chios, den letzten Außenposten Genuas in der Ägäis. Die Ägäis wurde zwar nicht wie das Schwarze Meer zu einem osmanischen See, doch waren die Osmanen nun die vorherrschende Macht in dieser Region und sollten es viele Jahre bleiben.

Knapp fünf Jahre später starb Süleyman auf einem Feldzug. Großwesir Sokullu Mehmet Pascha hatte darauf bestanden, die ungarische Festung Szigetvár einzunehmen, um etwas gegen habsburgische Überfälle im Grenzgebiet zu tun. Süleyman, bereits zu krank, um seine Truppen zu kommandieren, verstarb eine Woche, nachdem die Burg unter Sokullu Mehmets Führung erobert worden war.

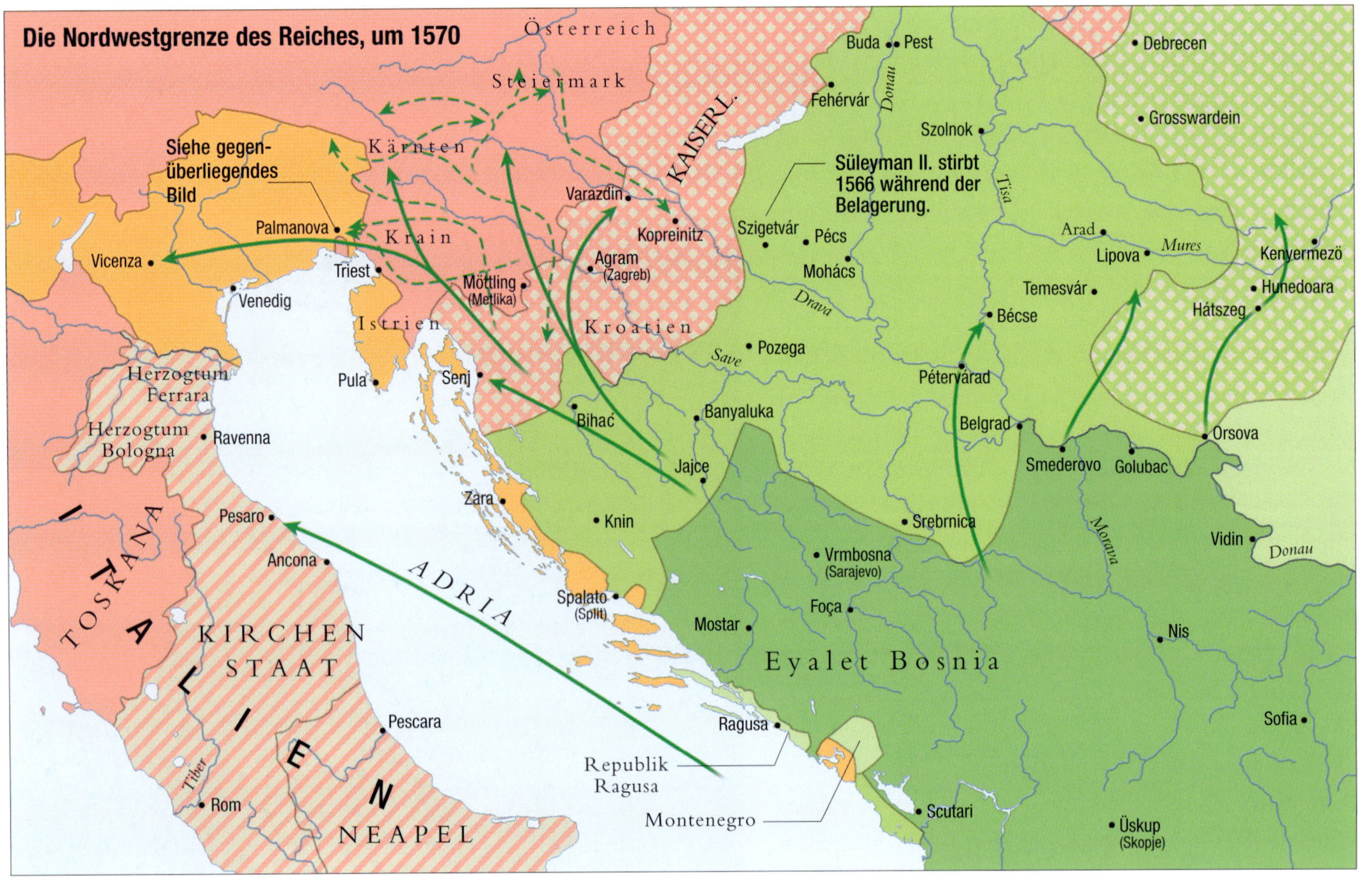


## Die osmanische Nordwestgrenze

Als Jugoslawien sich Ende des 20. Jahrhunderts auflöste, waren viele im Westen erstaunt, dass es im Norden Bosniens eine große muslimische Bevölkerungsgruppe gab. Die Enklave rund um Bihać lag kaum 300 km von Venedig, aber fast 2.000 km von der osmanischen Hauptstadt Istanbul entfernt. Erst nach dem Tode Süleymans 1566 war diese Region zur Provinz Bosnien (Eyalet Bosnia) hinzugefügt worden, entwickelte sich jedoch rasch zu einem wichtigen Grenzgebiet, an dem das Sultanat nicht nur gegen habsburgische und ungarische Überfälle verteidigt wurde, sondern von dem aus auch Gegenangriffe tief in gegnerisches Territorium hinein ihren Ausgang nahmen. Daher wurden Bihać und Umgebung auch von religiös motivierten Kämpfern, meist Konvertiten aus den slawischen Gebieten des Sultanats, besiedelt. Große Teile der lokalen Bevölkerung traten ebenfalls zum Islam über.

Lange bevor Bihać unter die Kontrolle der regulären osmanischen Armee geriet, war die Region Ziel einer Reihe von Überfällen der gefürchteten leichten Grenzkavallerie, der *akinci,* geworden, die so den Weg für die spätere Eroberung ebneten. Die benachbarten christlichen Königreiche waren anscheinend nicht in der Lage diese Überfälle zu stoppen, die oft erstaunlich tief nach Kroatien, Ungarn, Slowenien, Österreich und Norditalien hineinführten. Am erfolgreichsten waren die Akinci im späten 15. und frühen 16. Jahrhundert, als ihr Anführer – insofern die Akincis überhaupt Kommandeure akzeptierten – ein Mitglied der Familie Mihaloglu war, der „Söhne Michaels", Nachfahren eines im 14. Jahrhundert zum Islam übergetretenen Christen. Zu weiteren Führern der Akinci zählten Malkoçoglu Balibey, dessen Stützpunkt die mächtige Festung Smederovo an der Donau in Serbien war, sowie

Ishak Pascha in Bosnien selbst. Doch der beliebteste Held muslimisch-bosnischer Erzählungen war Ishak Paschas Lehnsmann Gürz Ilyas.

Zunächst führten die meisten der Überfälle der Akinci über die Donau, hinein in die reichen ungarischen Kerngebiete. Doch als die Verteidigung dieser Region während des 15. Jahrhunderts verstärkt wurde, verlagerten sie ihre Raubzüge nach Nordwesten in die nur leicht verteidigten habsburgischen Provinzen Steiermark, Kärnten und Krain. Die venezianischen Besitzungen in Istrien sowie entlang der dalmatischen Küste waren ähnlich schwach verteidigt und boten lohnende Ziele. Neben reicher Beute wurden auch Gefangene gemacht, die gegen Lösegeld freigelassen oder als Sklaven verkauft wurden. Die 1470er-Jahre waren für die Christen jener Gegenden schrecklich, jedes Jahr erfolgten Attacken der Akinci. Wie bereits auf dem südlichen Balkan führten die umfangreichen Überfälle zur Ausweitung der osmanischen Herrschaft in ländlichen Gebieten, Städte aber hielten sich länger. Küstenstädte, die von See her versorgt und unterstützt werden konnten, fielen den Osmanen nur selten in die Hände.

Palmanovas Ursprung ist auf dieser Aufnahme klar zu erkennen. Zweckmäßig als sternförmige Festung in Friaul erbaut, schützte die Stadt Venedigs Ostgrenze gegen Überfälle der *akinci* und gegen die anderen Feinde der Republik, die nicht minder aggressiven Habsburger.

Die nordwestliche Grenze des Sultanats stabilisierte sich während des 16. Jahrhunderts, die meisten größeren Feldzüge und Gebietserweiterungen fanden im Nordosten, in Richtung Ungarn, statt. Venedig verfolgte zu Lande, allerdings weniger auf See, ebenfalls eine friedvollere Politik. Neben einer Tributzahlung an das Sultanat für Zypern handelte der venezianische Senat jährlich die Verlängerung einer erstmals 1503 geschlossenen Waffenruhe aus.

Erstaunlich detaillierte Informationen über die Struktur und Verwaltung Rumeliens lassen sich aus einer erhaltenen Grundbesitzliste *(defter)*, die für den Großwesir Ibrahim Pascha zwischen 1523 und 1526 angelegt wurde, ablesen. Über ein Jahrhundert später schrieb der türkische Historiker und Autor Kâtip Çelebi seine *Cihannâma* oder *Geografie*, die aktualisierte Informationen über jene Regionen enthält. Diese zeigen, dass die osmanischen Territorien in Dalmatien ihre größte Ausdehnung im späten 16. und frühen 17. Jahrhundert erreichten. Selbst dann kontrollierten die Venezianer jedoch noch immer die meisten Inseln, obwohl ihre Besitzungen an Land nur noch aus wenigen Enklaven bestanden. Erst nach 1721 drehte Venedig den Spieß um und zwang die Osmanen mit ihren bosnischen Unterstützern zum Rückzug hinter die Küstengebirge. Diese Grenze veränderte sich für viele Jahrzehnte kaum und entspricht heute mehr oder weniger der Grenze zwischen der kroatischen Provinz Dalmatien und Bosnien-Herzegowina.

Die Burg von Lipova bewachte das Murestal westlich von Arad im heutigen Ostrumänien. „Lippa" – so der osmanische Name – war ein Ziel der Überfälle der *akinci*.

## Äußere Stärke verdeckt innere Schwäche

Einige der Sultane, die zwischen Süleyman II. und dem rücksichtslosen Reformer Murat IV., der 1623 den Thron bestieg, regierten, wurden dafür kritisiert, dass sie von ihren Frauen und Müttern beherrscht wurden. Dieses so genante Sultanat der Frauen begann während der Regierungszeit des Sohns Süleymans des Prächtigen, Selim II., bekannt als Selim der Säufer. Es dauerte bis zur Herrschaft Murats III. und seiner fünf kurzzeitigen Nachfolger, als die Großwesire über ebensoviel Macht verfügten wie die Sultane. Korruption nistete sich in der osmanischen Regierung und Verwaltung ein. Kriegsbeute, Verwaltungsposten, Handelsmonopole und das Recht zur Steuereintreibung wurden an die Meistbietenden verkauft. Die Vorfahren der meisten höheren Regierungsmitglieder waren Sklaven oder Gefangene gewesen, und obwohl sie dem Sultanat und dem Islam ergeben waren, betrachteten zu viele dieser hohen Würdenträger ihre Stellung auch als Schlüssel zu Macht und Reichtum.

Andererseits war dies jedoch auch eine positive Eigenart der osmanischen Gesellschaft, da – anders als in Westeuropa – das Fortkommen eines Mannes von seinen Verdiensten, Fähigkeiten und von seiner Durchsetzungsfähigkeit abhing. Die soziale,

Am 7. Oktober 1571 kam es vor der griechischen Küste bei Lepanto (Naupaktos) zu einer Seeschlacht zwischen einer christlichen Flotte der Heiligen Liga unter dem Kommando Johann von Österreichs und einer türkischen Flotte unter Uluç Ali. Die christliche Flotte aus rund 200 spanischen, venezianischen und päpstlichen Galeeren traf auf eine ähnliche Anzahl osmanischer Schiffe. Ein entscheidender Sieg der Christen beendete den Mythos der türkischen Unbesiegbarkeit zur See, beeinträchtigte aber nicht deren Überlegenheit an Land. Gemälde aus der Schule Tintorettos.

ethnische und sogar religiöse Herkunft waren praktisch irrelevant, so lange er Muslim geworden war. In Europa dagegen benötigte man adlige Vorfahren, politische Beziehungen oder Reichtum, um gesellschaftlich aufzusteigen, Fähigkeiten zählten nur wenig. Zu jener Zeit beschuldigte man zudem einige der hochrangigen Islamkonvertiten, zweifelhafte Verbindungen mit reichen, nichtmuslimischen Finanziers und christlichen Verwandten außerhalb des Osmanischen Reiches zu unterhalten. Dennoch bewiesen viele Konvertiten von geringerem Status ihren Wert für den Sultan, indem sie mit Auszeichnung sowohl in der Armee als auch bei der Marine dienten. Die Nachfahren dieser Konvertiten wurden außerdem zu vollintegrierten und loyalen osmanischen Untertanen, wie oberflächlich die Bekehrung ihrer Väter auch immer gewesen sein mag.

Während des erbitterten Krieges zwischen dem Sultanat und dem habsburgischen Heiligen Römischen Reich, in dem es vor allem um das ungarische Fürstentum Siebenbürgen ging und der von 1593 bis 1606 dauerte, errangen die Osmanen 1596 bei Keresztes einen wichtigen Sieg. Ergebnis des Krieges war, dass ein von den Osmanen benannter Herrscher Siebenbürgen regierte. Doch auch der habsburgische Kaiser Rudolf II. (1576–1612) profitierte, da er nun keinen Tribut mehr für das so genannte kaiserliche Ungarn entrichten musste. In den folgenden Jahrzehnten waren die Habsburger und viele weitere europäische Herrscher vor allem mit dem Dreißigjährigen Krieg (1618–1648) beschäftigt, in dem Katholiken und Protestanten um die Vorherrschaft in Europa kämpften. Die Osmanen konzentrierten sich derweil wieder auf den Osten und ihren alten Feind, die Safawiden. Nach einigen schweren Rückschlägen gelang es den Osmanen unter Murat IV., ihre Position wieder zu festigen. Den Abschluss bildete 1639 der Friedensvertrag von Kasr-i Shirin.

Selim II. der Säufer, erster osmanischer Herrscher des „Sultanats der Frauen“, in dessen Regierungszeit die Katastrophe von Lepanto fiel.

Um 1640 näherte sich das Osmanische Reich seiner größten Ausdehnung – Kreta, einige ägäische Inseln sowie Podolien (in der heutigen Ukraine) wurden wenige Jahre später Teil des Sultanats. Doch waren im westlichen Mesopotamien, im Kaukasus, in Arabien und in Afrika einige Gebiete auch bereits wieder verloren worden. Nach drei Jahrhunderten der Expansion stand dem Reich nun eine Periode der Schrumpfung bevor. Trotzdem es sich noch immer über große Teile Osteuropas, des Mittleren Ostens und Nordafrikas erstreckte, zeigten einige der Quellen, aus denen es einst seine Macht geschöpft hatte, bereits erste Zeichen des Verfalls. So waren die Janitscharen nicht länger die beste Infanterieeinheit der Welt. Obschon Moral und Einsatzwillen noch immer sehr hoch waren, hatten andere sie im Bezug auf Taktik, Ausrüstung, Ausbildung und Disziplin überholt. Dies galt auch für die Sipahi-Kavallerie.

Trotz der Anzeichen des Verfalls auf den oberen Ebenen des Sultanats erzielte es während des 17. Jahrhunderts noch immer einige Erfolge. Kreta, das sich seit dem frühen 13. Jahrhundert im venezianischen Besitz befunden hatte, wurde 1645 erobert. Kretas Hauptstadt hielt jedoch 24 weitere Jahre aus. Der fortwährende Streit mit den Habsburgern um Siebenbürgen führte 1660 zu einem erneuten Krieg, dieses Mal errangen jedoch die Habsburger 1664 bei St. Gotthard nahe der ungarischen Grenze einen beachtenswerten Sieg. Trotz allem war der Vertrag von Vasvár, der den Krieg beendete, vorteilhafter für den Sultan als für Leopold I. (1658–1705).

Nördlich des Schwarzen Meeres tauchte nach einer chaotischen Zeit, in der sich die christlich-orthodoxen Kosaken in pro-russische und pro-polnische Fraktionen aufgespalten hatten, mit Peter Doroszenko ein neuer *hetman* oder oberster Kosakenführer auf. Dieser hoffte, durch Bündnisse sowohl mit dem Krim-Khanat als auch mit den Osmanen die Unabhängigkeit der Kosaken von Polen und Russen garantieren zu können. Daher versprach er sogar, die osmanische Oberhoheit anzuerkennen, doch durch verschiedene Umstände wurde daraus nie wirklich etwas. Stattdessen nutzen die Osmanen einen Kosakenaufstand gegen die polnische Herrschaft nordwestlich des Schwarzen Meeres im Jahr 1672, um sich Podolien anzueignen. Diese substanzielle Erweiterung des osmanischen Territoriums bedeutete, dass Kiew nur noch einen Tagesmarsch entfernt war und die Osmanen mit ihren muslimischen Bundesgenossen erstmals die gesamte Küste des Schwarzen Meeres kontrollierten.

Doch diese unbestrittene Vormachtstellung sollte nur kurz andauern und schließlich zum Krieg mit dem mokowitischen Russland führen. Der Kosake Peter Doroszenko hatte die osmanische Oberhoheit 1672 anerkannt, doch nur wenige Jahre später brach der berühmte polnische Feldherr Jan Sobieski den vom verstorbenen König Kasimir von Polen unterzeichneten Friedensvertrag von Buczacz und marschierte in die osmanischen Gebiete der Ukraine ein. Dieser Feldzug bescherte ihm großes Ansehen und war der Hauptgrund, warum er 1674 als Jan III. König von Polen-Litauen wurde.

Der Konflikt wurde im Oktober 1676 durch einen Friedensvertrag beendet, der die osmanische Herrschaft über Podolien und die Oberhoheit in der Ukraine bestätigte. Dieser Höhepunkt der osmanischen Expansion in Osteuropa sollte allerdings nicht von Dauer sein. Die Unabhängigkeit der Kosaken erwies sich nur als eine Episode, und Polen eroberte Podolien 1699 zurück. Bereits 1683 hatte das Sultanat seinen letzten und verheerenden Versuch unternommen, die Habsburger durch eine zweite Belagerung Wiens in die Knie zu zwingen.

## Die osmanische Seemacht und die Barbareskenküste

Als die Osmanen 1517 die Mameluken stürzten, versuchte der mamelukische Admiral Husayn gerade, im Roten Meer der Bedrohung des islamischen Indienhandels durch die Portugiesen Herr zu werden. Er scheiterte jedoch, und der Widerstand verlagerte sich auf lokale Seestreitkräfte, zunächst die des Omans, später die der Osmanen. Die Hedschasregion im Westen der arabischen Halbinsel hatte den osmanischen Sultan unmittelbar nach dem Fall der Mameluken als Oberherrn anerkannt. Dies ermöglichte den Osmanen die Kontrolle weiter Teile der Ostküste des Roten Meeres, doch gab es keine ernsthaften Versuche, es mit den Portugiesen im Indischen Ozean aufzunehmen, bevor 1520 Süleyman II. Sultan wurde, der bei Suakin am Westufer des Roten Meeres und in Zayla an Somalias Küste Stützpunkte einrichtete. Zayla scheint jedoch 20 Jahre später wieder aufgegeben worden zu sein. 1524 wurde die erste

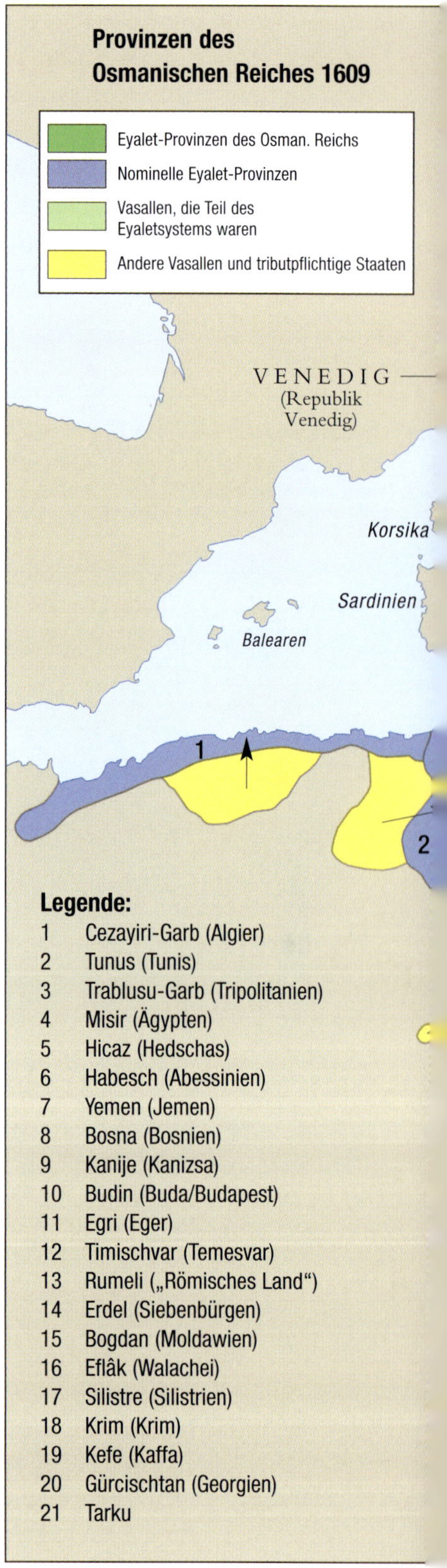

**Einschub:** Holzschnitt eines ungarischen Husaren und eines Infanteristen.

osmanische Expedition zur Unterstützung des muslimischen Herrschers von Gujarat entsandt, weitere folgten 1530 und 1538.

Obwohl einige europäische Historiker diese Meinung vertreten, hoffte Süleyman nicht, auf diese Art seine Herrschaft bis nach Indien auszudehnen. Seine Ziele auf den Meeren des Ostens waren weit bescheidener und finden in Befehlen Ausdruck, die Admiral Süleyman Pascha schriftlich erhielt, bevor er 1538 mit seiner Flotte ablegte: „Trefft in Suez Vorbereitungen für einen Krieg, und nachdem die Flotte ausgerüstet ist ... blockiert die Route nach Mekka und Medina, damit die bösen Absichten der ungläubigen Portugiesen verhindert und ihre Flaggen vom Meer gefegt werden.“ Osmanische Marineunternehmungen des 16. Jahrhunderts waren dazu gedacht, die christliche Bedrohung der islamischen Schifffahrt zu beseitigen, besonders auf den Pilgerrouten zu den heiligen Stätten. Darüber hinaus sollte die arabisch-islamische Handelsdominanz im Indischen Ozean wiederhergestellt werden, was jedoch nicht gelang. Einem Brief an den Wesir von Gujarat von 1539 zufolge kritisierte Süleyman seinen Admiral dafür, seine Kompetenzen überschritten zu haben: „Ich schickte Euch aus, um die Europäer aus Diu zu vertreiben und dem Herrscher jener Stadt zu helfen, nicht, damit Ihr die Muslime Indiens tyrannisiert.“

Diese Illustration einer Handschrift zeigt eine Seeschlacht zwischen türkischen Galeeren und europäischen Koggen.

Auch spätere Versuche, den Portugiesen im Indischen Ozean Herr zu werden, waren wenig erfolgreich. Im Roten Meer hingegen wurde die osmanische Position durch die Besetzung der Dahlak-Inseln, Masawas und Teile der Küste Eritreas gestärkt. 1581 plünderte der osmanische Admiral Mir Ali den portugiesischen Außenposten Maskat im Oman und segelte mit seiner Flotte zweimal die ostafrikanische Küste hinunter, wobei zunächst die von den Portugiesen gehaltenen Häfen von Mogadischu, Brava und Jumbo im heutigen Somalia angegriffen wurden. Petta, Lamu, Malindi, Kilife und Mombasa in Kenia wurden später gezwungen, die portugiesische Oberhoheit nicht länger anzuerkennen. Dann allerdings geriet Mir Ali zwischen die Fronten eines afrikanischen Aufstandes und einer portugiesischen Flotte. Daher war er genötigt, die Waffen zu strecken. Danach blieb die portugiesische Herrschaft an dieser Küste für über eine Generation unbestritten, bis im frühen 17. Jahrhundert mit dem Oman eine neue islamische Seemacht auftauchte. Die Yarubiden-Dynastie reetablierte die tausend Jahre alte Verbindung zwischen dem Oman und Ostafrika, wurde dann aber Mitte des 18. Jahrhunderts von der Al-Bu-Said-Familie abgelöst. Zu dieser Zeit aber spielten die Osmanen als Seemacht in den Meeren des Ostens bereits keine Rolle mehr. 1775 bat der osmanische Gouverneur Basras den Oman um Unterstützung. Die Omanis sandten daraufhin zehn moderne Kriegsschiffe europäischer Bauart sowie rund 100 kleinere Fahrzeuge, um die persische Seeblockade Basras zu durchbrechen. Die Perser hatten eine eiserne Kette über den Fluss gelegt, um Schiffen die Zufahrt zur Stadt zu verwehren. Der Chronist Ibn Raziq berichtet: „Als sie den Fluss von al-Basra erreichten und die eiserne Kette erblickten,

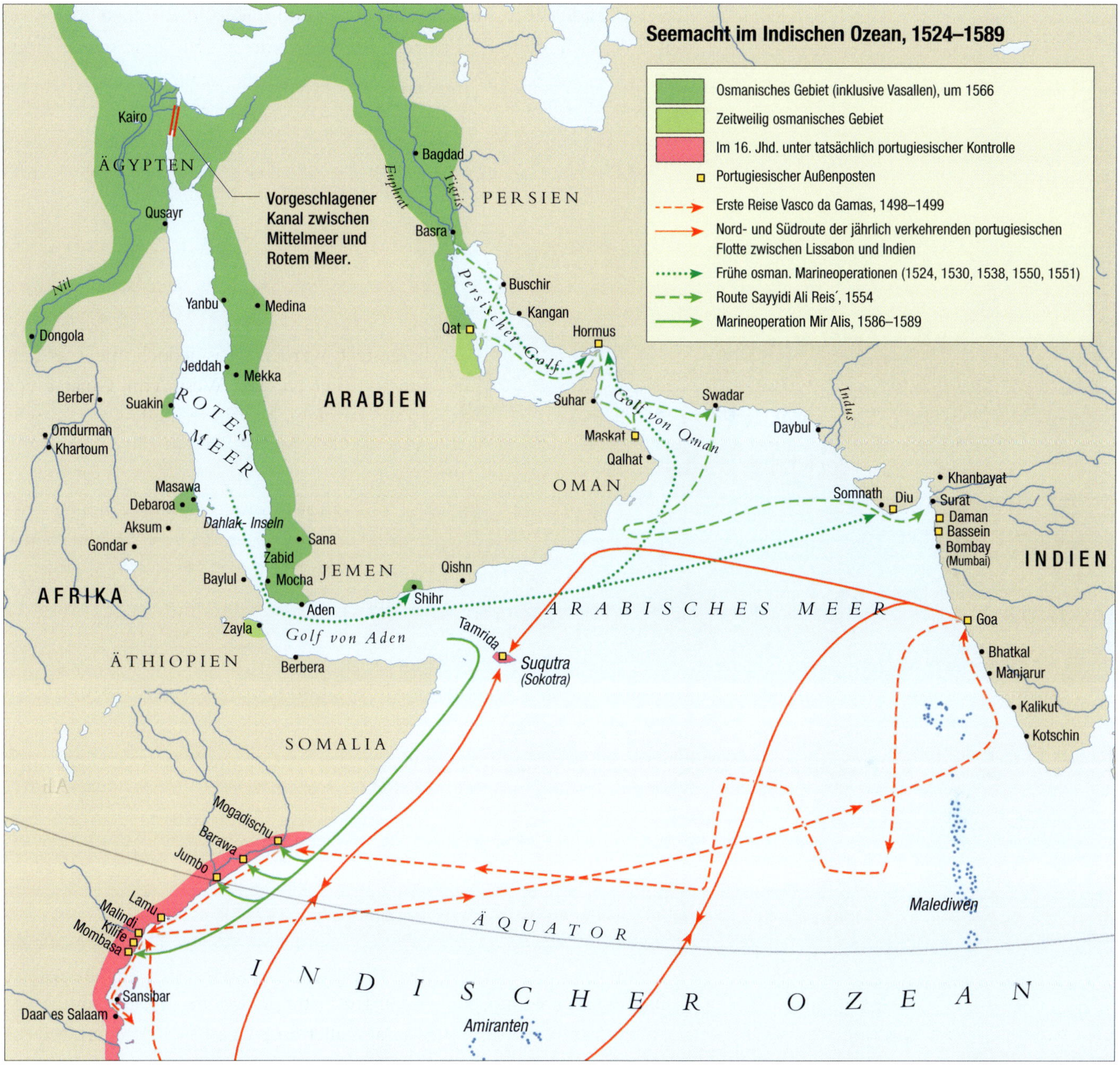


die über ihn gespannt war, ließen sie das Schiff *Al-Rahmani* dagegenlaufen und zerbrachen sie. Dann fielen die Araber mit dem Schwert in der Hand über die Perser her und vertrieben sie."

Die Taten der Osmanen im Indischen Ozean sind weniger bekannt als die solcher Kommandeure wie Hayrüddin Barbarossa und Uluç ʻAli im Mittelmeer. Dennoch waren die östlichen Meere wichtig genug, dass 1525 ein spezielles Kommando für sie geschaffen wurde. Während der *Kaptan pascha* für das Mittelmeer, die Ägäis sowie für das Schwarze Meer verantwortlich war, kommandierte der *Misir kaptani* (Kapitän von Ägypten) oder *Hind kaptani* (Kapitän von Indien) die Flotten im Osten. Erster Admiral auf diesem Posten war Selman Reis. Unter seinen Nachfolgern waren Süleyman Pascha sowie Piri Reis, der für seine Weltkarte bekannt wurde – die älteste erhaltene Karte, auf der die Ostküste Amerikas verzeichnet war.

Das osmanische Nordafrika bzw. die Barbareskenstaaten werden gern als Zufluchtsstätte fanatischer Freibeuter angesehen, die über friedliche europäischen Küsten herfielen, wo sie hübsche Mädchen raubten, um sie als Sklavinnen zu verkaufen. Die Realität war jedoch eine andere. Während des 16. Jahrhunderts befand sich die Macht der Osmanen auf ihrem Höhepunkt. Die Armeen des Sultans hatten Syrien, Ägypten, die meisten Inseln des östlichen Mittelmeers sowie große Teile der nordafrikanischen Küste erobert. Im Maghreb (dem westlichen Land) kontrollierten die Türken allerdings nur einen schmalen Küstenstreifen, der aus drei Provinzen bestand: Tripolitanien, Tunis und Algier. Das noch weiter westlich gelegene arabisch-islamische Marokko stand nicht unter osmanischer Kontrolle.

Diese drei Provinzen wurden von Vasallenherrschern regiert, der Grad der Kontrolle, den die Osmanen ausübten, variierte jedoch stark und war lange Zeit nur nominell vorhanden. Jede der Provinzen sah sich zudem unterschiedlichen Gegebenheiten gegenüber. Tripolitanien (heute Westlibyen) verfügte nur über wenige Menschen und natürliche Ressourcen sowie wenige gute Häfen.

Die griechischen Brüder Aruj (links) und Hizir Barbarossa (Abbildung aus einer holländischen Handschrift), so genannt wegen ihrer roten Haare, wurden um 1470 auf Lesbos geboren. Ihr Vater, ein ehemaliger Janitschare, heiratete die Witwe eines christlichen Priesters. Von ihren Basen auf Djerba und Algier aus terrorisierten die Brüder das Tyrrhenische Meer und den Golf von Ligurien. Besonders Hizir – bei den Türken als Hayrüddin (Geschenk Gottes) bekannt – wurde ein wichtiger Marinekommandeur des Sultans.

Es war zudem europäischen Angriffen von See her ausgesetzt, da seine Hauptstadt Tripolis am leichtesten vom Meer her beschossen werden konnte. Östlich von Tripolis lag Barqa (Cyrenaica), dem ebenfalls große geschützte Häfen fehlten und das in der Geschichte häufig Zankapfel zwischen den großen Mächten Nordafrikas, Ägypten und Ifriqiyah (Tunesien), war. Wie der Rest des osmanischen Nordafrikas wurde es während der Regierungszeit Süleymans II. Teil des Sultanats

Tunis war die Heimat der Hafsiden-Dynastie (1229–1574). Die letzten drei Herrscher dieser alten Familie waren jedoch seit der ersten Eroberung durch Hayrüddin Barbarossa 1534 Vasallen der Osmanen. 1569 wurde eine zweite Eroberung durch einen weiteren berühmten Piratenkommandeur, Uluç Ali, von Nöten. Nachdem Johann von Österreich Tunis besetzt hatte, kam es schließlich zu einer dritten Eroberung der Stadt durch Sinan Pascha, dennoch war Tunis danach nie ganz frei von europäischen Einmischungen. In Algier lagen die Dinge jedoch völlig anders, und es erwarb sich einen gefürchteten Ruf unter den christlichen Seemächten. Algier, Hauptstadt der osmanischen Provinz Cezayiri-Garb und Sitz der *deys* (autonomen Gouverneure) mit ihrer *diwan*-Regierung, entwickelte sich zum Zentrum des *Dschihad* (heiligen Kriegs) zur See. Es war befestigt, verfügte über einen erstklassigen Hafen sowie ein fruchtbares Hinterland. Zunächst war die Zusammensetzung des

**Gegenüber:** *Spanisches Kriegsschiff greift Piraten an;* Ausschnitt eines holländischen Gemäldes. Im frühen 16. Jahrhundert stützten die Osmanen ihre Seemacht im westlichen Mittelmeer auf nordafrikanische Galeeren. Die Europäer betrachteten diese zwar als Piraten, doch einige Piratenkapitäne *(reis)* brachten es zu hohen Rängen in der türkischen Marine, mnache sogar zum Admiral.

Militärs die Gleiche wie im Rest des Sultanats. Anfang des 18. Jahrhunderts allerdings wurden die schon recht heruntergekommen Janitscharen Algiers durch Europäer ergänzt, die freiwillig zum Islam übergetreten waren. Seltsamerweise erwies sich ein Ableger der Janitscharen, die Kuloglis, als deren größter Konkurrent.

Die Sipahi-Kavallerie war in den Randgebieten des Reiches noch immer eine höchst schlagkräftige Truppe, in den zentralen Regionen hingegen war sie fast bedeutungslos geworden. Die einheimischen Baladi, von den Europäern Mauren genannt, dienten vor allem in der Marine Algiers. Berber aus dem Landesinneren kämpften als Hilfskavallerie, wie sie es schon seit der Islamisierung Nordafrikas getan hatten. Des Weiteren entwickelte sich in der Provinz Algier noch eine neue Infanterieeinheit, Zuaven genannt. Diese leichte Infanterie beeindruckte die 1830 in Algerien einmarschierenden Franzosen so sehr, dass sie bald eigene Zuavenregimenter aufstellten. Später folgten andere Länder diesem Beispiel, darunter die USA und Italien. Paradoxerweise führte auch das im 19. Jahrhundert unabhängige Ägypten Zuavenregimenter ein, doch obwohl diese mit Pluderhosen, bestickten Westen, Schärpen und einem Fes bekleidet waren, waren die Truppe und ihre Uniform von den französischen Zuaven inspiriert, nicht von den algerischen Soldaten.

**Oben:** Der Hauptstützpunkt der Piraten der Barbareskenküste, Algier, im frühen 17. Jahrhundert.

## Die Belagerung Wiens – der Wendepunkt

Die Niederlage einer großen osmanischen Armee vor den Toren Wiens im Jahr 1683 wird allgemein als einer der Wendepunkte der europäischen Geschichte angesehen. Tatsächlich war die Bedeutung der Schlacht eher symbolisch als geopolitisch oder militärisch. Die osmanische Niederlage war nur ein Schritt auf einem langen Weg des Untergangs, der noch Jahrhunderte dauern sollte. Die Idee, dass die Belagerung Wiens die letzte Gelegenheit gewesen sei, bei der dem christlichen Europa die Eroberung durch eine externe Macht gedroht habe, ist ähnlich irreführend. Das Sultanat war schon längst eher europäisch als asiatisch oder afrikanisch, dass es allerdings muslimisch und nicht christlich war, ist eine ganz andere Frage. Es wäre daher angebrachter zu sagen, dass die zweite Belagerung Wiens den Sieg des katholischen oder lateinischen Europas über das islamische markierte, während das neue protestantische Europa betreten schweigend zuschaute. Auch das christlich-orthodoxe Europa blieb in ähnlicher Weise außen vor. Große Teile wurden ja von den Osmanen beherrscht, während das zaristische Russland zu sehr mit seinen eigenen Problemen beschäftigt war. Aus dieser Perspektive heraus betrachtet, hat die Geschichte des osmanischen Europas sehr viel Ähnlichkeit mit der des islamischen Spaniens und Portugals (al-Andalus), Sardiniens, Siziliens und anderer Teile Italiens während des Mittelalters. Hier, im südlichsten Teil Europas, hatte der Islam schon einmal die christliche Zivilisation des Kontinents bedroht.

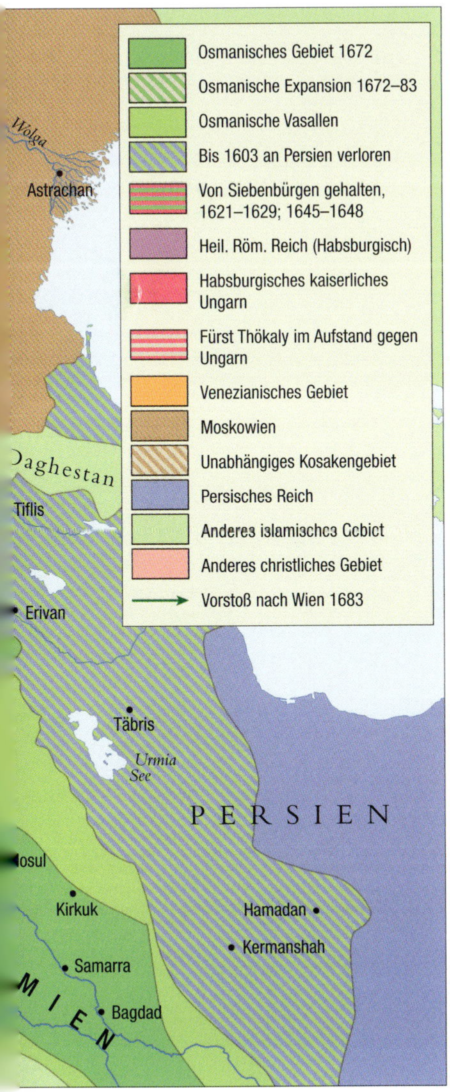


Der Krieg von 1683 hatte dennoch epische Ausmaße. Auslöser waren Ereignisse in Ungarn, wo ein Krieg mit dem habsburgischen Heiligen Römischen Reich so unausweichlich schien, dass Großwesir Kara Mustafa Pascha in einen ungünstigen Vertrag mit Russland eingewilligt hatte, nur um den Fokus voll und ganz auf die europäische Krise richten zu können. Sultan Mehmet IV. zögerte und wollte keinen Krieg mit dem mächtigen Habsburgerreich, wurde jedoch durch den wiederaufflammenden ungarischen Nationalismus, insbesondere im Westen des Landes, in den Konflikt hineingezogen. Dort herrschte eine anti-habsburgische, anti-katholische und anti-aristokratische Stimmung. Die wichtigsten Führer dieser Bewegung waren Nicholas Zrinyi und Prinz Imre Thököly, die um osmanische Unterstützung baten und bereit waren, dafür Vasallen zu werden. Zusätzlich ermuntert wurde die Bewegung durch den Erbfeind der Habsburger: Frankreich. Mehmet erkannte Imre Thököly als König an und sandte 1682 seine Armee aus, um Ungarn zu erobern.

Derweil sah sich Leopold I. im Westen Problemen gegenüber, wo seine Truppen die Franzosen bekämpften. Französische Botschafter und Agenten überzeugten Kara Mustafa davon, dass Wien recht einfach genommen werden und so die Niederlage Süleymans des Prächtigen vor Wien von 1529 gerächt werden könnte. Eine riesige Armee unter dem Kommando des Großwesirs wurde in Edirne zusammengezogen. Weitere Truppen aus den rumelischen Provinzen sollten sich mit der Hauptstreitmacht bei Nis in Serbien vereinen. Leopold hingegen formierte eine eindrucksvolle Koalition der katholischen Mächte Europas. Die wichtigste von diesen – zumindest militärisch gesehen – war Jan Sobieskis Polen. Währenddessen rief der Papst zu einem neuen Kreuzzug gegen die Türken auf und suchte sogar bei den Safawiden Persiens Unterstützung. Frankreich war natürlich gegen diese Allianz, doch aus Spanien, Portugal und Teilen Deutschlands trafen ebenfalls Geld und Männer ein.

Die osmanische Armee verließ Edirne im Juni 1683 und erreichte Wien im folgenden Monat. Auch aus dem Krim-Khanat traf noch eine große Zahl Kavalleristen

Bei der Belagerung Wiens führte die osmanische Armee ihre Lauf- und Schützengräben bis kurz vor die massiven und modernen Befestigungen der Stadt.

ein. Der nun folgende Kampf erfolgte unter Anwendung jeder der berühmten osmanischen Belagerungstechniken, darunter auch der Vorantreibung von Lauf- und Schützengräben direkt bis vor die massiven und modernen Befestigungen Wiens. Eine Karte, die kurz nach dem Rückzug der Osmanen angefertigt wurde, zeigt ein erstaunlich modernes Bild, das mehr einer Luftaufnahme eines besonders wichtigen Abschnittes der Westfront während des Ersten Weltkrieges als einem Schlachtfeld des späten 17. Jahrhunderts gleicht. Dennoch schlug eine Reihe von osmanischen Angriffen fehl, und als schließlich König Jan Sobieskis Kavallerie eintraf, war die Belagerung im September 1683 vorüber.

Bei einer Reihe von Plünderungszügen durch ganz Österreich während der Belagerungszeit hatten die Osmanen reiche Beute gemacht. Auf ihrem Rückzug mussten sie nun allerdings ihre schwere Artillerie sowie große Mengen an Nachschub zurücklassen. Im November versuchten die Osmanen bei Gran, das Blatt noch einmal zu wenden, wurden aber vernichtend geschlagen, wonach ihr Rückzug sich fast in eine Flucht verwandelte. Der osmanische Hof verzieh zu jener Zeit kein Scheitern. Großwesir Kara Mustafa wurde daher zunächst entlassen, dann inhaftiert und schließlich hingerichtet, was die Truppe an den Rand des Chaos brachte.

Hätten sich Mehmets IV. Truppen 1683 vor Wien durchgesetzt, wäre das Machtgleichgewicht in Zentral- und Westeuropa erschüttert worden. Dies wäre sicher von größerer Bedeutung gewesen als alle unmittelbaren Gebietsgewinne der Osmanen. Die Niederlage deckte zunehmende Schwächen innerhalb des Sultanats auf, während andererseits – trotz der heroischen Rolle Jan Sobieskis und seiner polnischen Truppen – vor allem das Heilige Römische Reich vom Scheitern der Osmanen profitierte. Die Angst vor einem durch die Osmanen unterstützten Aufstand im habsburgisch regierten Ungarn schwand bald dahin, und die Grenze des Sultanats wurde unerbittlich nach Osten verschoben.

In der Zwischenzeit hatte sich Siebenbürgen zu einer eigenen Macht entwickelt, erkannte jedoch in der Regel die osmanische Oberhoheit an. Unter der Herrschaft des ungarischen Fürsten Bethlen Gábor hatte sich sein Wohlstand verdoppelt. Bezeichnenderweise hatte Bethlen Gábor seine Stellung innerhalb des osmanischen Herrschaftsbereiches dazu genutzt, sich zum Beschützer des protestantischen Calvinismus in Zentraleuropa zu machen, was ihn dazu befähigte, seine Macht über die Grenzen Siebenbürgens und des Osmanischen Reiches hinaus auszüben – besonders auch in Westungarn, wo die habsburgische Gegenreformation nicht so streng durchgesetzt wurde wie anderswo in ihrem Reich.

Diese Periode der Beinahe-Unabhängigkeit Siebenbürgens endete 1657, als Bethlen Gábors Nachfolger getötet wurde. Die Osmanen schritten daraufhin ein und besetzten wichtige Teile des Landes. Die Dinge änderten sich nach der gescheiterten Belagerung Wiens erneut dramatisch, und bis 1699 waren die Osmanen aus weiten Teilen Ungarns vertrieben worden, während Siebenbürgen unter habsburgische Vorherrschaft geriet. Die Karpaten sollten für fast zwei Jahrhunderte die Grenze zwischen Osmanen und Habsburgern bilden, wobei das größtenteils Rumänisch sprechende Siebenbürgen nordwestlich der Karpaten und die autonomen Rumänisch sprechenden osmanischen Fürstentümer Moldawien und Walachei östlich, bzw. südlich des Gebirges lagen. Bis 1878 fanden Änderungen des Grenzverlaufs nur weiter westlich statt, und selbst diese blieben recht unbedeutend.

Der anmutige Bogen einer osmanischen Brücke überspannt hier die Neretvar bei Mostar, rund 55 km von der Adriaküste entfernt im südlichen Bosnien.

KAPITEL ACHT

# Die Tulpenzeit

## Kunst, Musik und das Rechtssystem

In vielerlei Hinsicht ist Istanbul selbst das großartigste Werk der osmanischen Kunst. Nachdem man den türkischen Einfluss auf die Getreideanbaugebiete jenseits des Schwarzen Meeres ausgedehnt hatte, um der Nahrungsmittelknappheit in der Stadt, die ein Ergebnis der raschen Wiederansiedlungspolitik Mehmet des Eroberers gewesen war, abzuhelfen, wuchs die Bevölkerung im 16. Jahrhundert noch rasanter. Auch die Verschönerung der Stadt ging in ähnlichem Tempo voran. Istanbul erstrahlte im Glanz neuer Gebäude.

**Gegenüber:** Das Istanbuler Meisterwerk des Architekten Sinan sei, so sagt man, die große Moschee Süleymans des Prächtigen gewesen, jedoch geht ihr gegenwärtiges Aussehen auf die Mitte des 17. Jahrhunderts zurück.

Neue Stadtviertel *(mahalles)* entstanden in zuvor verlassenen Bereichen. Dies galt besonders in der Nähe der massiven Befestigungen auf der Landseite der Stadt sowie an einigen der Mauern am Marmarameer. Diese Wohnviertel benötigten neue öffentliche und religiöse Einrichtungen, z. B. Moscheen, öffentliche Bäder *(hamam)*, und Brunnen *(sibil)*, Koranschulen *(madrasa)* und Märkte. Dem berühmten osmanischen Architekten Sinan wird zwar eine erstaunliche Anzahl dieser Gebäude zugeschrieben, doch entwarf er selbst davon nur die prestigeträchtigsten. Viele andere wurden von Mitarbeitern des Architekturunternehmens konzipiert, dem Sinan vorstand.

Konstantinopel als Istanbul, die neue Hauptstadt des Osmanischen Reiches; türkische Karte von 1537.

1539 ordnete Süleyman der Prächtige den Bau eines großen neuen Komplexes religiöser, schulischer, öffentlicher und kommerzieller Gebäude an, der im Bezirk Aksaray entstehen sollte und seiner Frau Hürrem Sultan, in Europa besser als Roxelana bekannt, gewidmet war. In seinem Zentrum befanden sich eine Moschee, eine Madrasa, ein Hospital sowie ein Hospiz. Die Unterhaltung des Komplexes geschah durch für wohltätige Zwecke bestimmte Steuer- und Gebühreneinnahmen *(vakif)*, unter anderem aus einer Karawanserei, einem Hamam, einem Holzhandel sowie einem Schlachthof für nach islamischer Art *(halal)* geschlachtete Tiere und anderen Unternehmungen. Die jährlich von diesen Betrieben erwirtschaftete Summe schätzt man auf 500.000 *akce* – für jene Zeit eine riesige Summe. Es ist jedoch ein weiterer, ebenfalls von Süleyman in späteren Jahren angeregter Gebäudekomplex, der noch immer die Skyline Istanbuls dominiert: die Süleymanyye. In ihrem Zentrum ragt die riesige Süleyman-Moschee selbst auf, die oft für das schönste Bauwerk Sinans gehalten wird. Die Moschee wurde 1550–1557 erbaut und verfügt über eine Kuppel von 27 m Durchmesser. Nachdem die Moschee 1660 abgebrannt war, wurde sie leicht verändert wieder aufgebaut.

Obwohl die architektonischen Wunder Istanbuls auch heute noch Besucher in Erstaunen versetzen, so war es doch die Stadt selbst, die zum wirtschaftlichen und kulturellen Kraftquell des osmanischen Sultanats wurde. Große Bauvorhaben zogen

Handwerker und Arbeiter von weit entfernt an. Erhaltene Dokumente zeigen, dass deren Verwaltung mit fast militärischer Disziplin erfolgte. Aus Gehaltslisten des Baus der Ahmed-Moschee aus dem 16. Jahrhundert ergibt sich, dass über ein Viertel der am Bau beteiligten Männer aus Istanbul selbst, rund ein Achtel aus „Rumelien und von den Inseln“ und ein weiteres Achtel aus Anatolien kamen. Die Herkunft der restlichen Männer ist nicht genauer angegeben. Über die Hälfte waren Christen, die anderen Muslime. Die Männer, welche die Wände mauerten, die Metallarbeiten verrichteten und die Abwässerkanäle gruben, waren oft schlecht ausgebildete Christen, während die Steinmetze, Glaser, Zimmermänner und Maler meist Muslime waren. Aus diesen faszinierenden Listen geht hervor, dass über die Hälfte der Arbeiter freie Männer mit normalem Lohn waren. Rund 40 Prozent waren *acemi oglan,* d. h. Rekruten des Janitscharenkorps, und fünf Prozent werden als Galeerensklaven bezeichnet.

Der leuchtende Glanz Istanbuls, dargestellt in einem anonymen Gemälde aus dem frühen 18. Jahrhundert. Der Künstler könnte ein in der europäischen Malweise ausgebildeter Osmane gewesen sein.

Bis zum 17. Jahrhundert vollzog sich fast die gesamte Erweiterung der Wohn- und Geschäftsviertel innerhalb der alten Befestigungsmauern. Die Fläche von über 11 $km^2$ war selbst zu Zeiten größter byzantinischer Macht und Reichtums im frühen Mittelalter nicht vollständig bebaut gewesen. Danach waren die offenen Flächen innerhalb der Mauern erheblich angewachsen, erst die Osmanen stoppten diesen Prozess nach 1453. Bis weit in das 16. Jahrhundert hinein gab es Ackerland, Obstgärten und sogar Weiden mitten in der Stadt. Besonders deutlich wurde dies entlang des kleinen Flusses Lycus und in der Umgebung der Haupttore der noch immer massiven, aber nun verfallenden landseitigen Mauern der Stadt. Noch im 17. Jahrhundert beschrieb der türkische Schriftsteller Hezarfenn den Yeni-Bahçe (neuen Garten) nahe des Edirnetores als „große Wiese mit 10.000 grasenden Pferden“ – vielleicht eine Übertreibung, in jedem Fall aber eine sehr ländliche Szene innerhalb der Mauern der Stadt.

Eine weitere bedeutsame Eigenschaft Istanbuls in den Tagen der osmanischen Größe waren die strikten Bauvorschriften, um die Gefahr von Feuern und Erdbeben zu verringern, sowie Straßenkontrollen zur Bekämpfung von Verbrechen. In dieser Hinsicht blieb die osmanische Hauptstadt den meisten europäischen Städten über Jahrhunderte hinweg weit voraus. Die Privatsphäre und die Unverletzlichkeit des Haremsbereiches eines Haushaltes waren von Anfang an zentrale Punkte der islamischen Zivilisation gewesen, daher legten auch die Vorschriften der städtischen osmanischen Verwaltung großen Wert darauf.

Die Wohnviertel und das dortige Leben basierten auf der *mahal*. Dies war eine Gemeinschaft, normalerweise mit Mitgliedern einer religiösen oder ethnischen Gruppe innerhalb eines bestimmten Gebietes, die über ihre eigene Moschee,

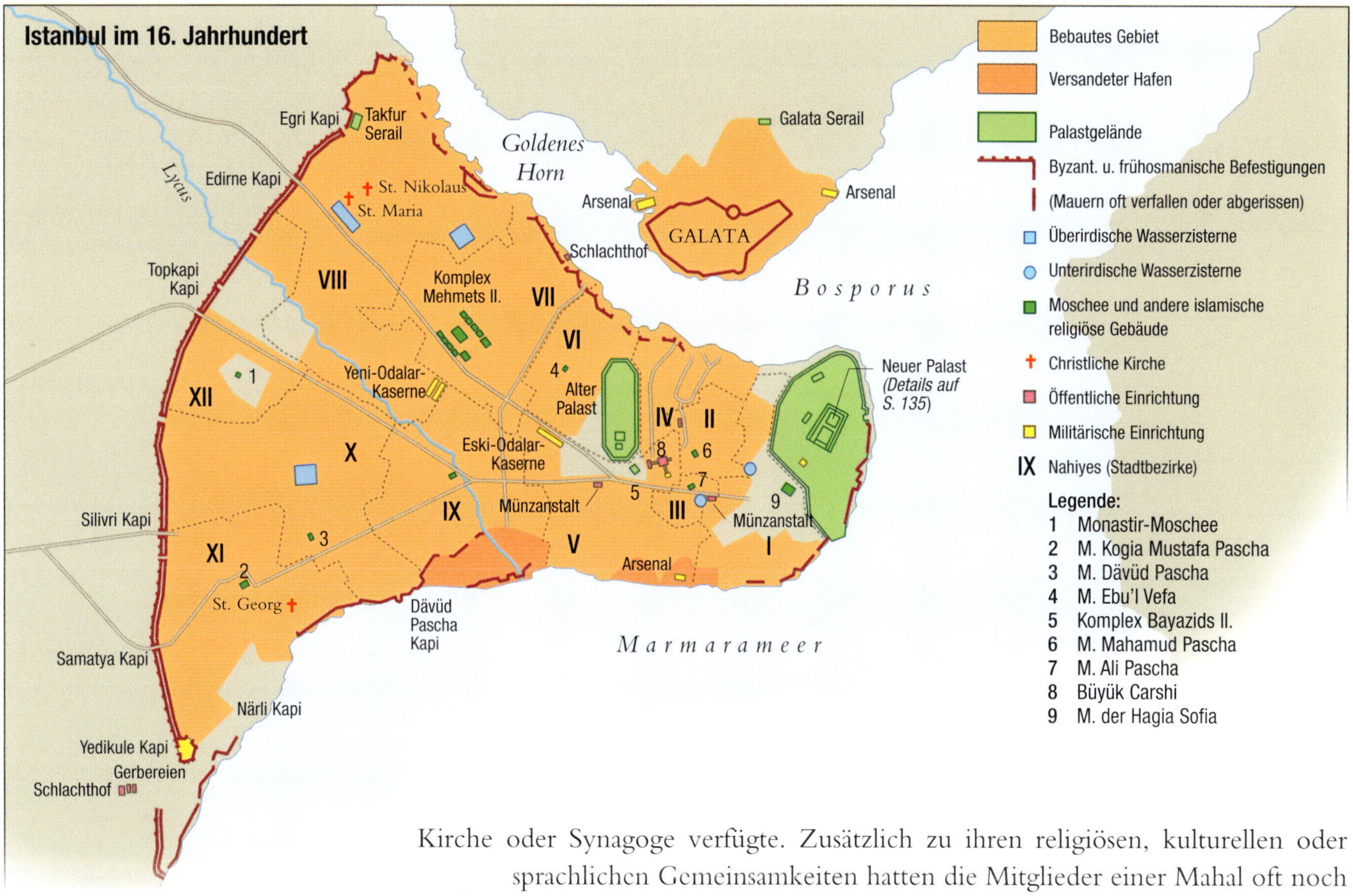


Kirche oder Synagoge verfügte. Zusätzlich zu ihren religiösen, kulturellen oder sprachlichen Gemeinsamkeiten hatten die Mitglieder einer Mahal oft noch weitere gemeinsame Interessen, die für eine starke Solidarität untereinander sorgten. Praktisch jede Mahal hatte ihre eigenen Schulen, Trinkwasserbrunnen und öffentliche Einrichtungen, die durch Stiftungen wohlhabenderer Bürger der Gemeinschaft finanziert wurden. Im Jahr 1672 gab es in Istanbul 253 muslimische sowie 24 christliche, jüdische oder weitere nichtislamische Mahallas. 2 Jahrzehnte später waren diese auf 284 muslimische, 24 griechische (christlich), 14 armenische (christlich) und neun jüdische angewachsen. Zusätzlich gab es noch einmal 256 solcher Quartiere außerhalb der alten Stadtmauern.

Die Süleymanyye-Moschee von Galata aus gesehen.

Gegenüber den Behörden war jede Mahal verpflichtet, innerhalb ihres Gebiets für die Einhaltung von Recht und Ordnung sowie für korrekte Steuerzahlung zu sorgen. Auch die Steuern jener, die zahlungsunfähig oder aus der Gegend geflohen waren, blieben in der Verantwortlichkeit der Mahal und wurden aus Wohlfahrts- oder Notkassen bezahlt, die für solche Fälle angelegt worden waren. Bedürftige konnten aus diesen Kassen ebenfalls Darlehen erhalten. Jede Mahal beschäftigte ihre eigenen Nachtwächter. Zunächst wurde dieser Dienst oft auf Rotationsbasis organisiert, später wurden hauptberufliche Wächter eingestellt. 1695 ordnete die Regierung an, dass jede Mahal zwei solcher *bekci*-Wächter zu beschäftigen hatte, die nachts die Straßen entlanggehen und alle Fremden, die sich noch draußen aufhielten, verhaften sollten. Die *bekci* hielten bald Einzug in volkstümliche Geschichten und wurden Teil der komischen Schattenspiele, die man mitunter noch heute in der Türkei, auf dem Balkan sowie im Mittleren Osten sehen kann.

## Die Welt lebendig werden lassen

Während die Periode der Expansion im 14. und 15. Jahrhundert eine in Kunstdingen eher bescheidene Zeit war, in der nur wenige ausgezeichnete Handschriften, hingegen einmalige Bauten und einige wunderbare Keramiken entstanden, so war das Goldene Zeitalter vom späten 15. bis weit in das 16. Jahrhundert hinein eine Zeit erstaunlicher Kreativität, ehrfurchtgebietender Architektur und höchst origineller Literatur, obwohl Letztere außerhalb der Türkei nur wenig bekannt ist. Allerdings verließ das kulturelle Schaffen der Osmanen und ihrer unterworfenen Völker in diesen Jahrzehnten niemals die traditionellen Formen muslimischer oder christlicher Kunst. Diese Phase der Kreativität dauerte auch während des 17. Jahrhunderts noch an, bleib aber auch dann höchst traditionell und nahm nur wenige Einflüsse der westlichen Kunst auf.

Die offenkundigste Charakteristik der traditionellen religiösen Kunst war ihre direkte, ja fast naive Art, sich dem Dargestellten zu nähern. Buchillustrationen waren zwar anspruchsvoller als die frühen turkomanischen Werke, zeigten aber dennoch eine typisch türkische Frömmigkeit neben einem gelegentlich derben Humor, ganz anders als die raffinierten und kunstvollen Bilder des benachbarten Persien. Im späten 16. Jahrhundert verschwanden die künstlerischen Einflüsse der persischen Malerei sogar fast ganz und machten einem rein osmanischen Stil Platz. Zwar blieben einfache, direkte Kompositionen mit kräftigen Farben und nur wenig Schatten typisch, es gab jedoch eine größere Variationsbreite der Motive. Zugleich ist ein gewisser Einfluss der späten byzantinischen sowie christlichen Kunst des Balkans zu spüren, besonders in der Verwendung vergoldeter Hintergründe und im Arrangement der Motive.

Ein weiterer typisch osmanischer Wesenszug war ein tiefgreifendes Interesse an einfachen Menschen. Wahre Gefühle, exakt wiedergegebene Gebäude, städtische Massenszenen und das Alltagsleben waren nun Teil der auf westliche Augen eher fantasiereich wirkenden Werke. Dieses starke Element des Gegenwartsbezugs ging

Eine einfache, direkte Kompositon mit kräftigen Farben und nur wenig Schatten blieb für den rein osmanischen Stil auch im 16. Jahrhundert typisch, wie unten in einem Ausschnitt aus *Der Tod des Bahram Pascha* von 1558 zu sehen ist. Erste einfache Versuche einer perspektivischen Darstellung kann man in Illustrationen wie dieser **(unten rechts)** beobachten, die einen Prinz in der Diskussion mit einem *kadi* (einem islamischen Richter) zeigt.

einher mit einem intensiven Interesse an der Geschichte, besonders an der osmanischen. Nur wenig erinnerte noch an die traumhaften Szenen, die so typisch für die persische Malerei geworden waren. Porträts realer Personen – wenn auch meist Sultane und hohe Würdenträger – fanden sich in der osmanischen Kunst, aber auch in der islamischen Kunst Indiens rund ein Jahrhundert, bevor derartige Motive in persischen Werken auftauchten.

Auch während des 17. Jahrhunderts gab es nur wenige Veränderungen, obschon man ein Nachlassen der Vitalität, dafür aber einen wachsenden Realismus in der Darstellung von Gebäuden, ja sogar Versuche einer perspektivisch korrekten Darstellung, beobachten kann. Das Ergebnis war eine mitunter seltsam anmutende Mischung aus östlichen und westlichen Kunststilen. Die so genannte Tulpenzeit begann im frühen 18. Jahrhundert und erhielt ihren Namen von der Mode, Tulpen zu züchten, zu sammeln und auszustellen, die damals unter der kulturellen und politischen Elite der Osmanen grassierte. So wurde die Tulpe in annähernd allen Kunstformen zu einem beliebten Motiv. Obschon in der äußeren Form völlig anders als die europäische Barockkunst, ähneln sich beide seltsamerweise jedoch im Geiste. Plötzlich wurde die osmanische Kunst verspielt, grazil und dekorativ. Auch im privaten Bereich gewann Kunst an Bedeutung, von reizvollen Wandgemälden für die Haremsgemächer bis hin zu erotischen Illustrationen, die in der Tat äußerst privat waren!

## Eine erstaunliche Vielfalt an Kunsthandwerken

Von allen osmanischen Kunsthandwerken war die Teppichknüpferei eindeutig die berühmteste außerhalb des Sultanats. Zudem waren Teppiche wirtschaftlich bedeutend und galten im Westen als Luxusgüter. Osmanische Teppiche blieben jedoch sehr traditionell, wohl weil ihre Muster so erfolgreich waren und sie so gern im Ausland gekauft wurden. Des Weiteren nahmen die osmanischen Hersteller mit Recht an, dass sie im Bezug auf Herstellung oder Design nur wenig oder gar nichts von Europa lernen konnten.

Beispiele derben Humors – wie diese *Odalesche* aus dem frühen 18. Jahrhundert **(links)** – findet man nur selten in der osmanischen Kunst. In den meisten Fällen blieb es bei ikonenartigen Darstellungen mit dekorativem Hintergrund, ähnlich der späten byzantinischen Kunst, wie auf diesem Porträt **(unten)** Ahmeds III. (1703–1730) zu sehen ist.

Zwei Seiten aus einem *Surname* (Buch der Feste oder Umzüge) von ca. 1583, die Mitglieder der „kemha"-Weberzunft zeigen.

Osmanische Keramikwaren waren fast genauso beliebt, galten jedoch nicht so sehr als Statussymbol. Der Ursprung dessen, was man die osmanische Keramikschule nennen könnte, ist nicht ganz klar, und in jedem Fall erstreckte sich das Sultanat über so weite und kulturell unterschiedliche Regionen, dass es verschiedene Zentren der Töpferei gab. Im Kerngebiet Anatoliens waren die ersten Einflüsse jedoch eindeutig seldschukisch, persisch, armenisch und byzantinisch. Das osmanische Gewerbe erlebte aufgrund der Nachfrage nach glasierten und farbigen Kacheln, die für die zahlreichen Moscheenneubauten und Ausbesserungsarbeiten benötigt wurden, welche kennzeichnend für die ersten Jahrhunderte der osmanischen Herrschaft waren, einen enormen Aufschwung. Dies verschaffte dem Keramikgewerbe im Vergleich zu anderen Kunsthandwerken einen Vorsprung. Ein Großteil der frühen Muster zeigte mongolische oder sogar chinesische Einflüsse. Eine einfache Form osmanischer Keramik war unter dem Namen Milet-Porzellan seit dem 14. Jahrhundert bekannt. Diese rote Töpferware mit blauen und grünen Mustern unter einer bleihaltigen Glasierung führte direkt zum bekannteren Iznik-Porzellan.

Schüssel aus Iznik-Porzellan mit Segelschiffmotiv, 16.–17. Jahrhundert.

Iznik (ehemals Nicaea) wurde im späten 15. Jahrhundert zum Hauptzentrum des osmanischen Keramikgewerbes und brachte plötzlich neue, außergewöhnliche Muster, zunächst auf rotem Untergrund, hervor. Später entwickelte sich eine Mode für naturalistische florale Motive auf weißem Untergrund, während die Verwendung einer leicht erhabenen roten Glasur für Iznik-Porzellan ab dem späten 16. Jahrhundert typisch wurde. Danach kam eine Vielzahl realistischer Motive in Mode, besonders Schiffe, aber auch symbolische Darstellungen religiöser islamischer Gebäude.

Edirne war, wenn auch nur kurzzeitig, ein weiteres Zentrum der Keramikproduktion und diente zunächst wohl dem Bau von Moscheen auf dem neu eroberten Balkan. Diese höchst charakteristische Ware trug ihr Dekor auf grauem Untergrund. Dann gab es noch Kütahya, das im 18. Jahrhundert bekannt wurde, wahrscheinlich aufgrund der größeren künstlerischen Freiheit, welche den dort vor allem tätigen armenischen und griechischen Töpfern gewährt wurde. Kütahya-Porzellan war im Allgemeinen raffinierter und kunstvoller als das der früheren Zentren und machte größeren Gebrauch von roten, schwarzen, blauen, grünen und leuchtend gelben Glasuren.

Osmanische Metallarbeiten haben sich nie des Ansehens oder der Beliebtheit der Textilien oder Keramiken erfreut. Stark persisch beeinflusste Arbeiten tauchten zuerst im 15. Jahrhundert auf und scheinen in den gleichen Werkstätten Ostanatoliens hergestellt worden zu sein, die seit Jahrhunderten für ihre Metallverarbeitung bekannt waren. Auch der seldschukische Stil und seine Motive finden sich unvermeidlich wieder.

Osmanische Goldschmiede, denen prestigeträchtige Aufträge erteilt worden waren, tendierten häufig dazu, eine Anzahl an Edel- oder Halbedelsteinen als Dekoration zu verwenden. Viele dieser Techniken haben in der traditionellen Schmuckherstellung Griechenlands und des Balkans überlebt. Einige Prunkwaffen waren ebenso stark geschmückt, obschon ihre Klingen zweckdienlicher waren als jene des benachbarten safawidischen Persiens.

Bis zum 18. Jahrhunderts gab es nur wenige Veränderungen. Dann aber spiegelte sich in der osmanischen Metallbearbeitung der gleiche barocke Geist wider wie in den anderen Künsten, wozu auch ein eindeutig europäischer Einfluss zählte.

Kacheln einer Moschee aus dem 15. Jahrhundert in Bursa.

## Topkapi-Serail – das Heim des Sultans

Der Topkapi-Serail ist einer der bemerkenswertesten Gebäudekomplexe der Welt. Der Hauptpalast der osmanischen Sultane wurde zwar im späten 15. Jahrhundert erbaut, doch durch nachfolgende Herrscher so erweitert, dass er schließlich zu einer recht skurrilen Ansammlung von Gebäuden wurde. Anders als europäische Paläste bestand er nicht aus einem Hauptgebäude oder besaß überhaupt ein dominantes Bauwerk, sondern verfügte über eine Vielzahl niedriger Bauten. Diese waren zumeist miteinander verbunden und von Gärten umgeben. Sie besaßen zudem diverse Innenhöfe, die wiederum teils selbst Gärten waren. Wenn er auch von einer befestigten Mauer umgeben ist, kann man den Palast nicht wirklich als befestigt bezeichnen. Der Topkapi macht den Eindruck, als sei er eher unter dem Aspekt der Vergnügungen und der Ausgeglichenheit entworfen worden, als um Fremde oder auch nur die Istanbuler selbst zu beeindrucken.

Nachdem Mehmet II. 1453 Konstantinopel erobert hatte, hielt man keinen der existierenden spätbyzantinischen Paläste für den Herrscher eines so mächtigen und aufstrebenden Staates geeignet. Mehmet befahl daher den Bau eines neuen Palastes am nördlichen Ende des ehemaligen Forums des Theodosius. Als der Bau dann im

Sultan Selim II. empfängt am Tor der Glückseligkeit einen Botschafter (**9 im folgenden Plan**), osmanisch, frühes 19. Jahrhundert.

Der Topkapi-Haremsgarten, Ruhe inmitten der Regierungsgeschäfte.

Winter 1457/58 beendet war, verließ Mehmet Edirne und bezog den neuen Palast. Doch war er noch nicht zufrieden und entschied, dass die auf einem Hügel gelegene Akropolis der alten Stadt Byzanz mit ihrem Ausblick über den Bosporus und das Goldene Horn geeigneter sei. Es war ein hervorragender Ort, der zudem vom Rest der Stadt abgetrennt werden konnte, indem man die vorhandenen byzantinischen Mauern verstärkte.

Der Bau der beiden Abschnitte des neuen Topkapi-Serail („Kanonentorpalast") begann 1462. Die ursprünglichen Gebäude Mehmets II. bestanden aus reizenden Sommerpavillons nahe des Ufers, die jedoch beim Bau einer Eisenbahnlinie Ende des 19. Jahrhunderts weitgehend zerstört wurden, sowie einem die Stadt überblickenden Winterpalast auf einer Anhöhe. Im ersten einer Reihe von Höfen gab es ein Zeughaus, das in der ehemaligen byzantinischen Kirche der Heiligen Irene untergebracht war, sowie Hospitäler und Mannschaftsunterkünfte. Im zweiten Hof gab es eine große Empfangshalle, eine Schatzkammer sowie Küchen. Ein dritter Hof diente als Palastschule, während der fünfte Hof größtenteils aus Pavillons und Gärten bestand.

**Unten:** Die dem Bosporus zugewandte Seite der Küchen- und Badegebäude des Topkapi-Serail Selims II. Der Palast war seit 1853 nicht mehr die Residenz des Sultans, als Abd'l Mecid schließlich in den Dolmabahçe-Palast zog, eine neu erbaute, viel modernere und recht westliche Residenz am Westufer des Bosporus, nördlich von Istanbul.

Der Harem oder die Privatgemächer des Sultans und seiner Familie befanden sich an der Seite und hinter den Unterkünften der Leibgarde. Der Harem war in unterschiedliche Abschnitte unterteilt, z. B. für die Eunuchen, in die Wäscherei, die Gemächer der Königinmutter sowie diejenigen des regierenden Sultans und seiner Frauen (der nicht im eigentlichen Sinn verheiratet war). Es gab zudem einen Raum mit Reliquien, etwa der Robe des Propheten Mohammed.

Die Nachfolger Mehmets fügten danach beständig Pavillons, Privatgemächer, Bibliotheken, Moscheen, Mannschaftsunterkünfte, Büros und Ställe hinzu. Das Ergebnis war ein riesiger, aber alles andere als zusammenhängender Komplex, der nicht nur als Repräsentations- und Wohngebäude des Sultans diente, sondern auch die zentrale Verwaltung und Regierung des osmanischen Staates beherbergte. Neben den Räumen des Wesirrates gab es auch Büros der Staatskasse, der Zentral- sowie der Provinzverwaltung und Archive. Allgemein als Südde-i Seadat oder „Pforte der Glückseligkeit" bekannt, war der Topkapi-Palast in einiger Hinsicht eine eigene kleine Stadt, die den Untertanen ein Geheimnis blieb. Am Ende des 17. Jahrhunderts war er zudem Schauplatz überaus brutaler und blutiger Ereignisse, darunter die Ermordung Osmans II. und Ibrahims I.

## Die Mehterhane – Musik für die Marschierenden

Das Osmanische Reich war der erste Staat Europas, der in der Form der *mehterhane* eine ständige Militärmusikeinheit unterhielt. Militärmusik hatte unter den Türken Zentralasiens eine lange Geschichte und spielte im Mittleren Osten während der gesamten islamischen Historie eine wichtige Rolle.

**Der Topkapi-Palast**

**Legende:**

1 Frauenschlafsaal
2 Wäscherei
3 Moschee der schwarzen Eunuchen
4 Moschee Beschir Agas
5 Unterkünfte der schwarzen Eunuchen
6 Kubbealti; Säle und Büros des Divan (Regierung)
7 Innere Büros der Schatzkammer
8 Unterkünfte der weißen Eunuchen
9 Bab-üs Saadet (Tor der Glückseligkeit)
10 Arz Odasi (Thronsaal)
11 Ahmed-III.-Bibliothek
12 Agalar-Moschee (Schulmoschee) mit angeschlossener Haremsmoschee
13 Raum der Robe des Propheten
14 Tulpengarten
15 Abd'l-Mecid-Pavillon
16 Ärzteturm
17 Mustafa-Pascha-Pavillon
18 Revan-Pavillon (Yerevan-Pavillon)
19 Bootsteich
20 Gemächer des Sultans (Thronsaal, Hamam (Bad), Speisesäle, Schlafgemächer etc.)
21 Osman-III.-Terrasse und -Pavillon
22 Valide-Hof

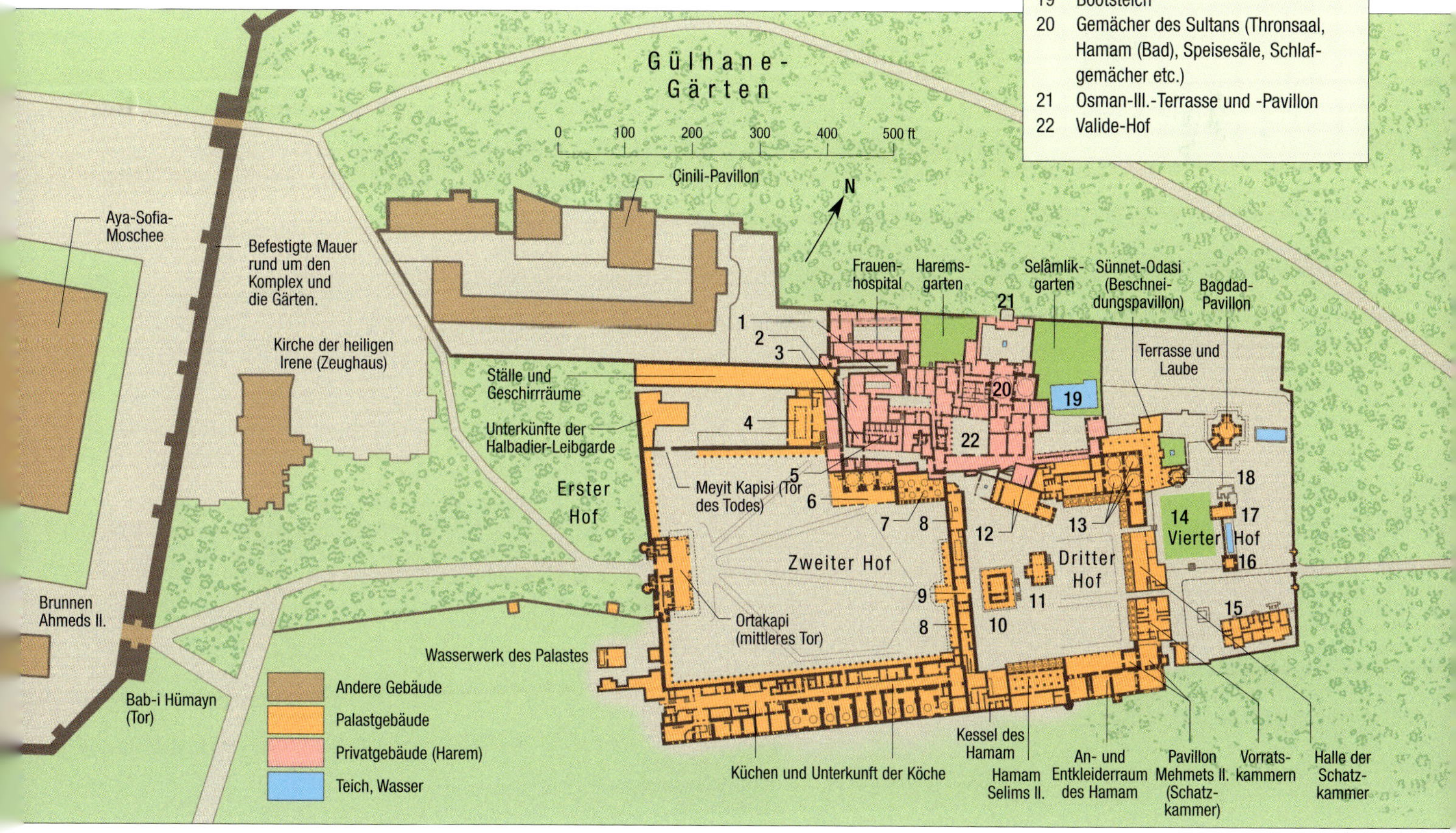

Ein *zurnazen* spielt eine *kaba zurna*, ein klarinettenartiges Instrument, das aus Pflaumen- oder Aprikosenholz besteht, sieben Löcher hat und der mittelalterlichen französischen *chalumeau* erstaunlicherweise sehr ähnelt.

† Chama-Pur war ein traditioneller Feind von Alexander dem Großen.

Die Ursprünge der Mehterhane sind jedoch unter all den Legenden verloren gegangen, welche die Gründung des Sultanats umgeben. Einer Geschichte zufolge nahm sie ihren Anfang, als das Sultanat der Rumseldschuken Osman Gazi, den Gründer des osmanischen Staates, im späten 13. Jahrhundert als Emir anerkannte. Teil der Anerkennungszeremonie sei die Überreichung diverser Zeichen der Autorität gewesen, darunter große *kös*-Kriegstrommeln, kleinere *nekkare*-Pauken und an einem Stab befestigte *çevgen*-Glöckchen. Der Sultan schickte zudem auch noch Soldaten, um diese Instrumente zu spielen. Ihr erstes Konzert soll in Eskischehir (dem byzantinischen Dorylaeum) stattgefunden haben, bei dem Osman, um seinen Respekt vor dem Sultan zu zeigen, stehen blieb, während die Musiker spielten.

Alle weiteren osmanischen Herrscher blieben ebenso stehen, während die Mehterhane spielte, bis Mehmet der Eroberer schließlich erklärte: „Man sollte nicht aus Respekt vor einem Herrscher stehen bleiben, der bereits 200 Jahre tot ist. Diese Art von Respekt passt nicht zur Größe des Osmanischen Sultanats“ und diesen Brauch abschaffte. Die Kapelle war zu jener Zeit auch als Tabl-i Ali-i Osman, die Große Osmanen-Musikgruppe, bekannt. Im 16. oder 17. Jahrhundert reorganisiert, kam das Ende der Musikgruppen mit der Abschaffung des Janitscharenkorps 1826. Bis dahin verfügten jedoch jedes Regiment und die meisten Garnisonen über irgendeine Art von Militärmusikeinheit.

Im 17. Jahrhundert spielte die Mehterhane auch „Melodien aus Afrasiyab“, was persische Militärmusik bedeutete. 1638 schrieb der türkische Reisende Evliya Çelebi: „Fünfhundert Trompeter machten einen derartigen Lärm, dass der Planet Venus zu tanzen begann und der Himmel erzitterte ... All diese Musiker mit ihren Trommeln, Pauken und Becken marschierten vorbei und schlugen ihre Instrumente in einem rhythmischen Gleichklang, als ob Chama-Purs† Armee vorbeizöge.“ 45 Jahre später belagerten die Osmanen Wien, und auch dort waren die Musikgruppen dabei. Ihre Rolle beschrieb ein türkischer Beobachter, Silahtar Findikli Mehmet Aga, wie folgt: „Am Spätnachmittag begann zunächst die Gruppe des Großwesirs zu spielen. Dann begannen die Kapellen der Provinzgouverneure und die des rechten Flügels alle gemeinsam zu spielen. So stimmte vom Abendgebet bis zur Dämmerung der Ton von Trommeln, Klarinetten, Pauken und Becken in das Dröhnen der Kanonen und Gewehre ein ...“

Die türkische Musik beeinflusste auch die Musik Europas, Melodien „alla Turca“ waren besonders im 18. Jahrhundert populär. Um 1780 begannen Komponisten wie Mozart, Haydn und Beethoven, die „Janitscharenmusik“ zu imitieren. Auch einige türkische Instrumente wurden schließlich übernommen, das offensichtlichste war wohl der Schellenbaum, eine kunstvollere Version des osmanischen *çevgen*, mit dem der Führer einer Mehterhane den Rhythmus vorgab.

Eine solche Gruppe bestand aus *kats* oder „Einheiten“, jede verfügte in der Regel über eine Trommel, doppelte Pauken, Klarinette, Trompete und Becken. Die Größe der sich so ergebenden Kapelle variierte. Diejenige des Sultans besaß neun *kats*, jene des Yeniçeri Agasi, des Kommandeurs der Janitscharen, sieben. Eine Gruppe wurde von ihrem *mehterbaschi* oder Dirigenten geleitet, und jeder Instrumentenart stand ein *aga* vor. Der Führer der Trommelsektion war der Hauptaga.

Die Blasinstrumente bestanden aus zwei Arten von Klarinetten, die aus Pflaumen- oder Aprikosenholz hergestellt wurden. Dazu gehörten die tief klingende *kaba zurna* und die höher tönende *cura*. Die *kurenay* oder *boru*, die türkische

Trompete, war ein recht einfaches Blechblasinstrument, das nur für Rhythmusaufgaben eingesetzt wurde. Flöten *(düdüghü)* komplettierten mitunter die Bläser. Pauken *(nekkare)*, Becken *(zil)*, zweiseitige Trommeln *(davul)* und große Basstrommeln *(kös)* bildeten die Perkussionssektion. Traditionellerweise bildeten die Kös-Trommler eine eigene Musikgruppe, die nur vom Sultan selbst eingesetzt wurde. Die *çevkâni*-Sänger, die nun ein so auffälliges Merkmal der wieder ins Leben gerufenen Mehterhane sind, wurden erst im späten 18. Jahrhundert hinzugefügt.

Mehterhane standen normalerweise in einer Halbmondformation, wobei nur die Paukisten saßen. Die Kös standen etwas weiter vorn, so wie der Stern im Halbmond der türkischen Flagge. Bevor die Gruppe zu spielen beginnt, tritt für gewöhnlich ein junger Unteroffizier vor und ruft: „Achtung! Mehterbaschi Aga, es ist Zeit für Freude und Spaß!", während die Pauken einen dreifachen Trommelwirbel spielen. Danach teilt der Mehterbaschi seinem Publikum mit, welches Stück nun gespielt wird. Das Konzert beginnt dann mit dem Ruf des Mehterbaschi „Haydi, yallah!" („Achtung, es geht los!").

Eine Mehterhane-Musikgruppe bei einem Konzert. Der *köszen* oder Basstrommler spielt ein paar große, mit Kamelhaut bespannte Kupfertrommeln. Diese *kös*-Trommeln können auch auf jeder Seite eines speziellen Kamelsattels befestigt werden. Dahinter steht ein Soldat in Janitscharenuniform mit dem vierschweifigen *tug* (einem typisch osmanischen Feldzeichen) der Gruppe.

Ein Großteil des Programms besteht aus Schlachtgesängen sowie Militärmärschen, doch einige davon basieren auf der Musik der islamischen Sufis und Derwische. Allerdings sind die Namen der Komponisten und die Texte den meisten westlichen Zuhörern völlig unbekannt. Die Mehterhane besaßen auch einen ziemlich eigentümlichen Marschstil. Dieser glich fast einem Tanzschritt und hatte den Rhythmus 1, 2, 3–4, 1, 2, 3–4, rechts-links-rechts-Pause und halbe Drehung rechts, links-rechts-links-Pause und halbe Drehung links und so weiter.

Fast ein Jahrhundert lang nach der offiziellen Abschaffung der Mehterhane 1826 setzten sich die Militärmusikkapellen des Osmanischen Reiches nach europäischem Muster zusammen. 1914 allerdings wurde, während einer Welle der patriotischen Leidenschaft, die den Ausbruch des Ersten Weltkrieges begleitete, wieder eine traditionelle Mehterhane ins Leben gerufen. Diese bestand bis 1935, dann wurde sie erneut abgeschafft. Seit 1952 existiert nun wieder eine Mehterhane, die im Militärmuseum von Istanbul stationiert ist und ihren ersten großen Auftritt anlässlich der 500. Wiederkehr der türkischen Eroberung Konstantinopels am 29. Mai 1953 hatte.

## Osmanisches Recht

Das osmanische Recht und seine Durchsetzung basierten auf der islamischen Scharia, glichen aber nicht völlig den Gesetzessystemen früherer islamischer Staaten. Obwohl alle Einwohner des Osmanischen Reiches den Gesetzen des Sultans *(kanun)* unterworfen waren, galten doch für jede Glaubensgemeinschaft *(millet)* auch deren eigene religiösen Vorschriften und Gewohnheitsrechte. Waren Muslime betroffen, so war es die Sache der örtlichen oder provinziellen *kadis* (ausgebildete islamische Religionsrichter), welche die Scharia auslegten und Urteile sprachen. Praktisch bedeutete dies, dass die Mitarbeiter des Kadis Kriminalfälle untersuchten, Verdächtige verhafteten und verhörten sowie Zeugen vorluden und die Schuldigen nach dem Urteilsspruch bestraften. Dabei unterstützte sie der örtliche *subaschi* oder Polizeichef, der bei der Identifizierung und Verhaftung von Verdächtigen ins Spiel kam. Der Subaschi durfte Verdächtige auch aus eigener Initiative verhaften, sie allerdings nicht verurteilen. Der Urteilsspruch musste in Anwesenheit lokaler Zeugen geschehen, um Fairness zu garantieren, während das Verfahren selbst sich auf die Aussagen von Zeugen stützte, die Angaben sowohl zum Wesen der Prozessgegner als auch zu den Fakten des Falls machten.

Ein Gefangener wird dem Sultan zur Aburteilung vorgeführt, aus einer osmanischen Handschrift des 16. Jahrhunderts.

Juristen hatte sich schon früh in der islamischen Geschichte entwickelt, und ihren Kern bildeten die *ulema*. Dies waren Religionsgelehrte, die qualifiziert waren, die Scharia zu interpretieren, und die die Kadis berieten. Die Gesetzeswissenschaft oder *fiqih* studierte man an einer Koranschule oder einem religiösen Institut. *Fetvas* (Fatwas) oder Urteile wurden auf Basis der Scharia ausgesprochen und waren normalerweise keine Todesstrafen. Jene, die als Rechtsbeistände, heutigen Anwälten vergleichbar, tätig waren, nannte man *fakihs* oder *muftis*. Normalerweise gab es in jeder Stadt oder jedem Bezirk zumindest einen solchen Mann. Unterschiedliche Schulen der Scharia verlangten ein unterschiedliches Maß an Beweisen, bevor ein Schuldspruch erfolgen konnte. Ein Verurteilter musste bei klarem Verstand sein, sonst konnte man ihn nicht für seine Taten verantwortlich machen. Die Strafen variierten, waren aber mitunter unbarmherzig.

Wiedergutmachung anstelle von Strafe war ein zentraler Teil der Scharia, obschon das alttestamentarische Konzept des „Auge um Auge" erhalten blieb. Ein Mord wurde daher mit dem Tode oder einer hohen Geldstrafe, die an die Familie des Opfers als Wiedergutmachung zu zahlen war, bestraft. Letztlich lag die Entscheidung darüber bei der Familie. Ehebruch konnte theoretisch durch Steinigung bestraft werden, wurde jedoch nur als bewiesen angesehen, falls es vier Augenzeugen gab, daher kam es nur zu wenigen Schuldsprüchen. Mehrmaliger Diebstahl konnte mit der teilweisen oder völligen Amputation der Hand bestraft werden, doch war Verstümmelung als Strafe unter osmanischer Herrschaft weit weniger häufig als unter der vorherigen christlich-byzantinischen Herrschaft. Unzucht wurde mit hundert Peitschenhieben sowie einjähriger Verbannung bestraft, während für Trunkenheit in

**Die europäischen und westanatolischen Provinzen (Sandschaks) des Osmanischen Reiches, Mitte des 17. Jahrhunderts**

**1** Das Sandschak Kaptan Pascha, auch Sandschak Gelibolu genannt, wird oft als Teil des Eyalets Cezayir betrachtet. Beachten Sie das separate zusätzliche Gebiet westlich des Sandschaks Selânik (5 unten).

**Sandschaks des Eyalets Rumeli**
**2** Kirkilise
**3** Vize
**4** Silistre
**5** Selânik
**6** Tirhala
**7** Egriböz (galt zuvor als Teil des Eyalets Cezayir)
**8** Mora (galt zuvor als Teil des Eyalets Cezayir)
**9** Inebahti (galt zuvor als Teil des Eyalets Cezayir)
**10** Karli-eli (galt zuvor als Teil des Eyalets Cezayir)
**11** Yanya
**12** Delvina
**13** Avlonya
**14** Elbasan
**15** Dukagin
**16** Iskenderiye
**17** Ohri
**18** Üskup
**19** Köstendil
**20** Sofia
**21** Nigbolu
**22** Çirmen
**23** Vidin
**24** Smederovo
**25** Alacahigar
**26** Vulçitrin
**27** Pirzerin

**Sandschaks des Eyalets Bosna**
**28** Bosna
**29** Izvornik
**30** Kirka
**31** Kilis
**32** Hersek (Der südliche Teil Herseks galt mitunter als Teil des Eyalets Rumeli.)

**Sandschaks des Eyalets Cezayir**
**33** Biga
**34** Midilli
**35** Sakiz
**36** Sugla
**37** Rodos
**38** Koca-eli

**Sandschaks des Eyalets Anadolu**
**39** Hudavendiqâr (Beachten Sie das separate zusätzliche Gebiet zwischen den Sandschaks Karasi und Saruhan.)
**40** Karasi
**41** Saruhan
**42** Kütahya
**43** Sultanönü
**44** Aydin
**45** Mentesche

**46** Eyalet Egri
**47** Eyalet Kanije
**48** Eyalet Budin
**49** Eyalet Timisvar

Beachten Sie, dass die Hauptstädte Istanbul und Edirne nicht Teil des normalen Sandschaksystems waren.

der Öffentlichkeit achtzig Hiebe drohten. Diese Strafen mussten öffentlich vollzogen werden, um zu zeigen, dass der Gerechtigkeit genüge getan wurde, und um sicherzustellen, dass der Schuldige nicht härter bestraft wurde, als das Gesetz es vorsah. Eine der wichtigsten Hadiths oder Überlieferungen des Propheten Mohammed lautet: „Lass es zu keiner Verletzung oder Vergeltung für die Verletzung kommen." Diese Aussage und die zahlreichen Koranstellen, die auf das Gebot der Gnade hinweisen, sorgten dafür, dass die Höchststrafe nur in besonders schweren oder hartnäckigen Fällen angewandt wurde.

Die alte persische Tradition, dass ein Herrscher alles tun sollte, um seine Untertanen für sich zu gewinnen, war von der herrschenden islamischen Klasse von Anfang an übernommen worden. Dies und die islamische juristische Tradition waren wohl für den in einigen präosmanischen Büchern zu findenden Rat verantwortlich, triviale Vergehen zu vergeben und sonst nur minimal zu strafen. Die Türken führten einige aus ihre zentralasiatischen Herkunft stammende Strafen ein, dazu gehörten Erdrosseln, Hängen, Pfählen und andere teuflische Dinge. Doch kamen diese normalerweise nur in politischen Fällen zur Anwendung, an denen Mitglieder der politischen oder militärischen Elite beteiligt waren, die nicht nur das Gesetz gebrochen, sondern auch ihren Herrscher betrogen hatten.

## Zersplitterung und Auflösung im 19. Jahrhundert

Das Osmanische Reich war auch Ende des 18. Jahrhunderts noch immer ein riesiger Staat mit großem Potenzial. Es bildete eine komplexe Struktur aus Militärprovinzen, autonomen Regionen und quasi unabhängigen Regentschaften. An der Spitze jeder Provinz stand ein *pascha* oder Gouverneur, der von zahlreichen Mitarbeitern unterstützt wurde, darunter auch Militärs. Die Provinzregierung kümmerte sich vor allem um die islamische Bevölkerung, während die christlichen und jüdischen Minderheiten sich praktisch selbst verwalteten, es sei denn, ihre Angelegenheiten kollidierten mit denen des osmanischen Staates.

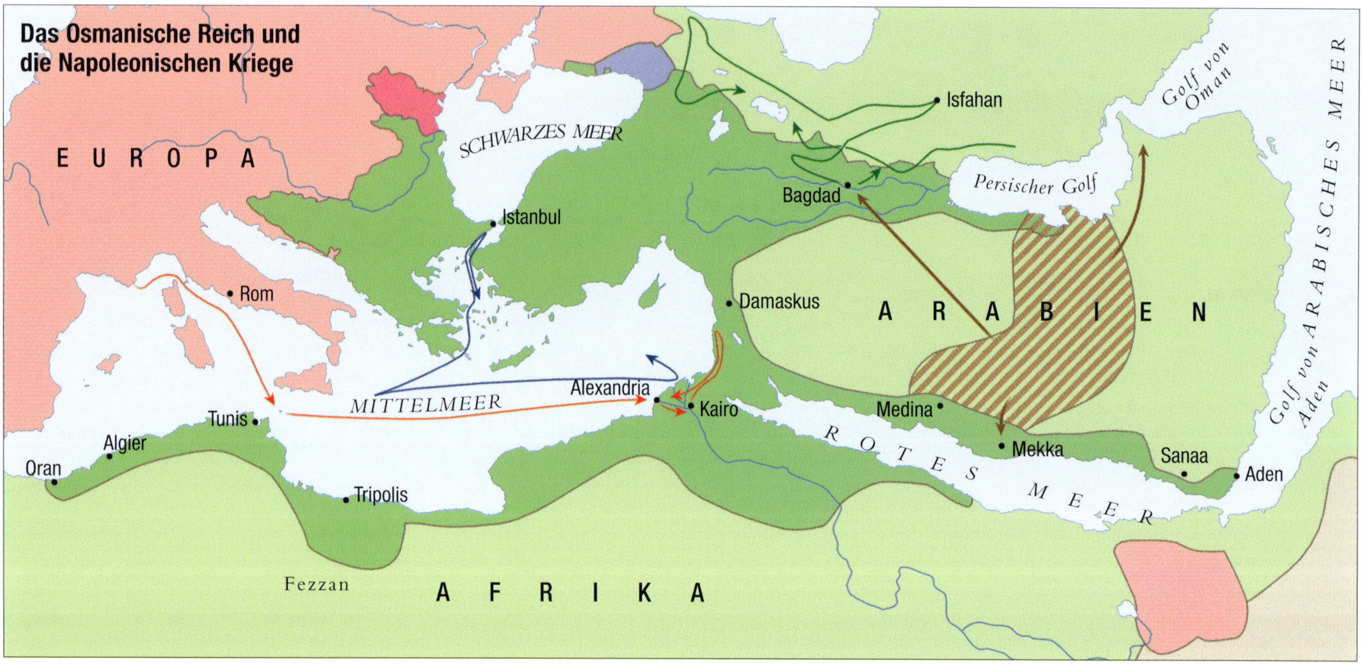


Osmanisches Gebiet (inkl. Vasallen), 1812
Mingrelien, Imeretien und Gurien, von Russland 1803–1804 erobert
Bessarabien, 1812 an Russland
Kernland der Wahabiten, seit 1757 expand.
Andere islamische Gebiete
Christliches Gebiet
Persische Invasionen bis 1746
Wahabiten-Überfälle seit 1801
Napoleons Invasion Ägyptens und Palästinas 1798–1801
Erfolglose britische Angriffe auf Istanbul und Ägypten, 1807

Einige Regionen waren von größerer strategischer Bedeutung als andere, besonders jene an den Grenzen. Dazu zählte das permanent bedrohte Donautal, welches den Osmanen einst als Weg für Überfälle nach Europa hinein gedient hatte, nun jedoch auch den Habsburgern eine Möglichkeit bot, auf osmanisches Gebiet vorzustoßen. Während der Regentschaft Franz' II. kollabierte das Heilige Römische Reich und wurde in dieser Region nach 1806 durch Österreich-Ungarn abgelöst. Obwohl einige entfernte Provinzen bereits verloren gegangen waren, hatte der Prozess der massiven Territoriumsverluste, der so typisch für das letzte Jahrhundert der Osmanen werden sollte, kaum begonnen. Während der Napoleonischen Kriege 1803–1815 war das Sultanat nur in der Lage, 30.000 Soldaten aufzubringen, weshalb man zwar eine defensive Strategie verfolgte, aber ab 1806 die Franzosen gegen die Russen und Briten unterstützte. Die britische Invasion Ägyptens wurde bei Rashid (Rosetta) erfolgreich zurückgeschlagen. Britische und russische Versuche, 1807 die Kontrolle über die Dardanellen zu übernehmen, schlugen ebenfalls fehl.

Die Bevölkerung des Sultanats war größer, als dessen altmodische Landwirtschaft hätte ernähren können, was zu Abwanderungen in unterbevölkerte Bergregionen, Räuberbanden und zur Piraterie führte. In den europäischen Provinzen des Reiches gab es in Albanien, Bosnien, Herzegowina, Kreta, Teilen Bulgariens und den meisten Städten eine muslimische Mehrheit. Der islamische Bevölkerungsanteil nahm jedoch ab, nicht zuletzt aufgrund der verhältnismäßig hohen Kriegsverluste, da offiziell nur Muslime in der Armee dienten. Die Ausbreitung der Christen machte die Muslime in vielen Regionen zu einer bedrohten, aber sozial dominierenden Minderheit. Osmanische Niederlagen hatten in der letzten Zeit dazu geführt, dass die muslimische Bevölkerung der verlorenen Territorien entweder getötet oder vertrieben wurde. Solche „ethnischen Säuberungen" hatte es zuvor nicht gegeben, sie sollten aber ein Merkmal der meisten christlichen nationalen Befreiungsbewegungen auf dem Balkan bleiben – bis in die Moderne.

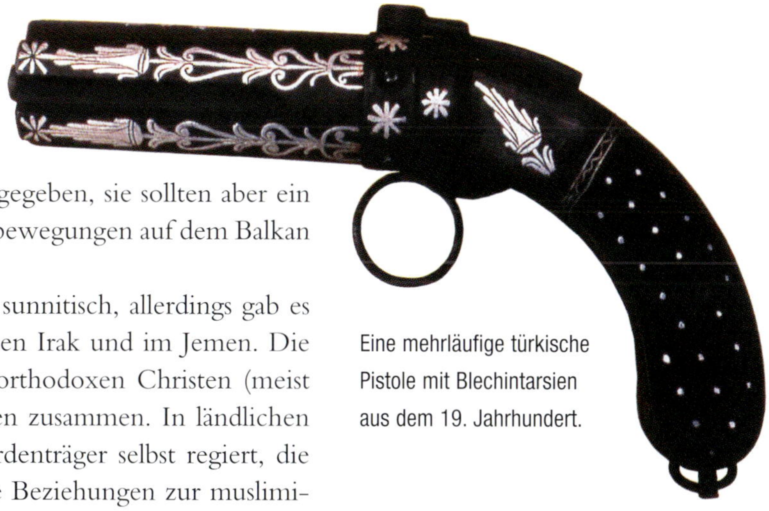

Eine mehrläufige türkische Pistole mit Blechintarsien aus dem 19. Jahrhundert.

Die islamische Bevölkerung des Sultanats war meist sunnitisch, allerdings gab es schiitische Gruppen in Ostanatolien, Syrien, im südlichen Irak und im Jemen. Die Nichtmuslime setzten sich aus armenischen Christen, orthodoxen Christen (meist Griechen und Slawen), katholischen Christen und Juden zusammen. In ländlichen Gegenden wurden diese Gemeinden durch deren Würdenträger selbst regiert, die für die Einhaltung von Recht und Gesetz sowie für die Beziehungen zur muslimischen Elite verantwortlich waren. Die griechischen Christen erfreuten sich auf kultureller und politischer Ebene verglichen mit anderen Christen einer priviligierten Position, doch vor der philhellenischen Sympathie für die griechische Unabhängigkeit der 1820er-Jahre tendierten die meisten westlichen Besucher dazu, sie gering zu schätzen und stattdessen Bündnisse mit den Türken zu befürworten.

Die wahre Macht hinter dem Sultanat: Offiziere des großen Serails, aus einem um 1800 entstandenen Druck.

Der französische General Pierre Devaux 1799 an der Spitze eines Angriffes der Kavallerie Napoleons auf ägyptische Truppen.

Während der Napoleonischen Kriege besaßen westliche Militärs eine klare Einschätzung der osmanischen Stärken und Schwächen. General Koehler teilte seinen Vorgesetzten in London mit, dass die osmanischen Offiziere keinerlei Voraussicht zeigten, und schrieb: „Was soll man von Truppen, die so kommandiert werden, erwarten? Nichts als Schande – und doch verfügen sie über ausgezeichnete Männer, exzellente Pferde, gute Kanonen, reichlich Munition und Vorräte. Kurz gesagt, all das, was man für eine ausgezeichnete Armee braucht. Aber sie benötigen Ordnung und ein System, was aber nicht schwer einzuführen wäre, wenn nur ihre führenden Offiziere nicht gegen alles wären, was in diese Richtung geht."

Die Osmanen bezogen ihr Vertrauen und ihre Motivation weiterhin aus ihrer religiösen Gewissheit. Ihre höchst traditionelle Einstellung zum Krieg wird durch ein wenig bekanntes Gedicht von Wasif deutlich gemacht, das an die Niederlage der französischen Invasoren 1801 erinnert:

*Als der ungläubige Franzose plötzlich hinunterstieß auf Ägyptens Land,*
*Ward die Armee auf Befehl des großen Sultans dorthin gesandt;*
*Doch der Feind die Glücklosen bald überwand.*
*Dann kamst du und zerstreutest den elenden Feind mit deiner Hand,*
*Als sie deinen Blitz, die todbringende Kanone erkannt,*
*Sahen die der Hölle geweihten Ungläubigen die Nichtigkeit all dessen, was sie geplant.*
*Zahllosen Feinden deine Armee widerstand,*
*Drei volle Jahre, bei Tag und bei Nacht, bekämpften sie dich wutentbrannt.*
*Erbärmlich fielen sie dir zu Füßen und erbaten Gnade von deiner Hand.*

*Du verdienst den Ruhm, der dir zustand!*
*Bravo! Streiter unserer Zeit! Durchbrachest die Reihen im dichten Getümmel!*
*Nun hängt dein Säbel über dem Feuer, funkensprühend wie die Sterne am Himmel.*

Murad Bey Paschas ägyptische Kavallerie greift in der Schlacht bei den Pyramiden nähe Gizeh am 21. Juli 1798 die französische Infanterie an.

Schon während der Napoleonischen Kriege gab es Reformversuche, die auch lange nach Napoleons Niederlage noch andauerten. Viele dieser Versuche hatten Erfolg, sodass der riesige osmanische Staat, der in den Ersten Weltkrieg eintrat, nur noch wenig mit dem maroden Imperium hundert Jahre zuvor gemein hatte, das den Abscheu und Hohn europäischer Liberaler ertragen musste. Die dramatischsten der Reformen waren die Tanzimat, „die Vorschriften". Dieses Programm sollte die osmanische Regierung, die Streitkräfte sowie das Wirtschafts-, Gesetzes- und Bildungssystem erneuern, um den Staat wettbewerbsfähig für eine Welt zu machen, die vom europäischen Imperialismus beherrscht wurde. Die Tanzimat begannen im Jahr 1839 nach dem Regierungsantritt des neuen Sultans, Abd'l Mecid, und endeten erst mit der Aufhebung der osmanischen Verfassung 1876.

Die Geschichte der Tanzimat kann in zwei Abschnitte unterteilt werden: Der Erste beginnt 1839 mit einem *Hatt-i scherif* und der Zweite 1856 mit einem *Hatt-i humayun* genannten Edikt. Zwischen beiden lag der Krimkrieg, währenddessen die osmanische Regierung mit dringenderen Problemen befasst war. Praktisch gesehen bestanden die Tanzimat aus einer Anzahl oft sehr detaillierter Gesetze, von denen einige große, die meisten jedoch kaum Wirkung zeigten. Westliche Beobachter bezeichneten die Reformen als rein kosmetisch. Obwohl in der Tat ernst gemeint, waren die Edikte nicht immer umsetzbar, und die Reformer sahen sich erheblichem Widerstand der Konservativen sowie der Millet-Gemeinden gegenüber. Zwar lehnten Christen und Juden z. B. den neu eingeführten Wehrdienst ab, erwarteten aber dennoch die Vorteile einer vollen osmanischen Staatsbürgerschaft.

Sultan Abd'l Mecid dankte 1861 ab, und sein Nachfolger Abdulaziz erwies sich als wenig gewillt oder in der Lage, mit den Tanzimat fortzufahren. Während seiner Regentschaft begann die europäische Durchdringung des osmanischen Wirtschafts- und Finanzsystems, die häufig das lokale, auf Handwerk basierende Gewerbe beiseite drängte oder ruinierte. 1874 führte der riesige Schuldenberg des osmanischen Staates zum finanziellen Kollaps. Dennoch hatte die herrschende Klasse in jener Zeit eine Reihe europäischer Ideen übernommen. In vielerlei Hinsicht waren die Tanzimat ein Misserfolg, doch zumindest gelang es, die osmanischen Streitkräfte zu modernisieren. Zudem liegen die Wurzeln vieler Reformen, die Kemal Atatürk in den 1920er- und 1930er-Jahren schließlich durchführte, in jenem Programm.

Während des 19. Jahrhunderts gab es weitere Veränderungen. Malerei und Literatur verwestlichten in den gebildeten Schichten immer mehr. Doch für die Masse der Bevölkerung blieben die traditionellen Künste und Gewerbe der Fixpunkt ihrer kulturellen Identität. Dies galt genauso für Albanien wie für den Jemen. Die volkstümliche Kunst dieser weit entfernten Regionen erhielt sich aufgrund der jahrhundertelangen osmanischen Herrschaft ein erstaunliches Maß an Ähnlichkeit.

In der Tanzimatperiode fand eine gewisse Verwestlichung statt. Der klassizistische Einfluss ist bei diesem Holzhaus aus dem frühen 19. Jahrhundert nahe Istanbul deutlich zu erkennen.

## Das Vordringen des russischen Bären

Von allen Nachbarn der Osmanen war Russland der bedrohlichste. Zar Peter der Große (1682–1725) verbesserte die Schlagkraft und Effektivität der ohnehin schon riesigen russischen Armee noch weiter. Die rücksichtslose Kombination westlicher Technologie mit der traditionellen Macht eines russischen Autokraten schuf in Osteuropa eine potenzielle Supermacht. Peters Sieg über die schwedischen Invasoren und die Eroberung eines Teils der Ostseeküste veränderten das Machtgleichgewicht in Nordeuropa. Währenddessen setzten seine Feldzüge weit im Süden einen Prozess in Gang, der das gesamte politische, kulturelle, religiöse und ethnische Gefüge eines

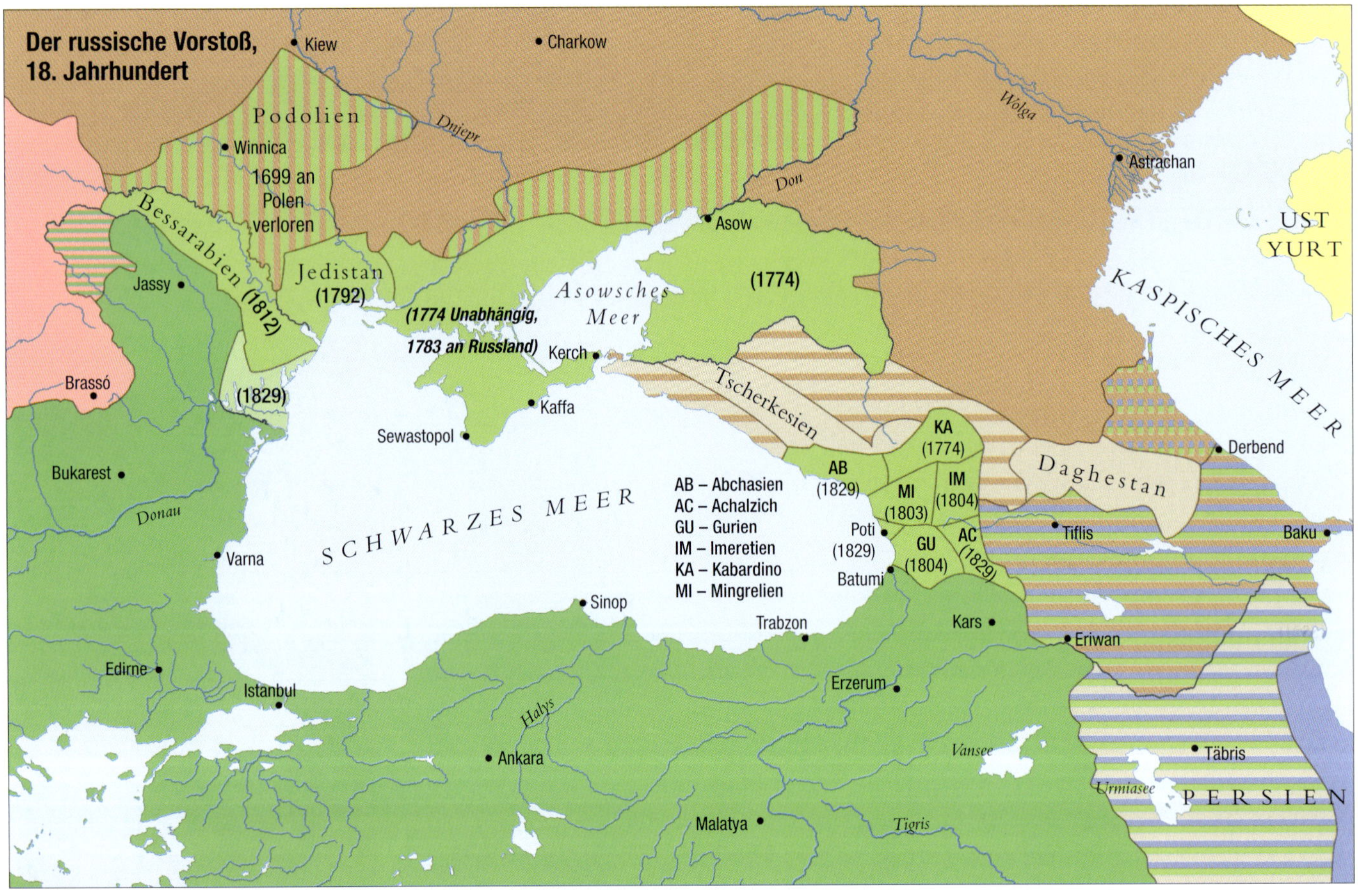


- Zaristisches Russland, 1725
- Osmanisches Gebiet (inkl. Vasallen), 1830
- An Russland und Polen (schließlich durch Russland annektiert) vor 1770 verloren
- Jahr des Verlustes an Russland
- Südbessarabien, von den Osmanen von 1856 bis 1878 wiedergewonnen
- Bis 1730 an Persien verlorenes osm. Gebiet
- Russisches Gebiet bis 1760
- Russisches Gebiet um 1830
- Habsburgisches Österreich-Ungarn
- Bukowina, 1775 an Österreich-Ungarn
- Persien
- Anderes islamisches Gebiet

Teiles von Europa und von Asien verändern sollte. Kurzfristig jedoch schien der Aufstieg Russlands nach der Niederlage gegen die Osmanen und den Verlust Asows am Schwarzen Meer 1711 zum Stillstand zu kommen. Die Türken wehrten zudem einen Angriff Österreich-Ungarns ab und gewannen mit dem Vertrag von Belgrad 1739 zuvor verlorenes Territorium zurück.

Doch zu diesem Zeitpunkt liefen die Dinge für die Osmanen nördlich des Schwarzen Meeres bereits nicht mehr gut. Durch den Vertrag von Belgrad erhielt Russland Asow sowie das Gebiet der Saporoger Kosaken, die zuvor autonome Vasallen des Sultanats gewesen waren, zurück. Ein weiterer russisch-osmanischer Krieg brach 1768 aus, bei dem die Russen Gebiete auf und um die Krim eroberten. Noch bedrohlicher war, dass der Vertrag von Küçük Kaynarca, der diesen sechsjährigen Krieg 1774 beendete, dem Zaren Rechte und Pflichten zum Schutz der orthodoxen Christen im Osmanischen Reich zugestand, was in Zukunft Probleme verursachen sollte.

Im Lauf der folgenden Jahrzehnte veränderten sich die Grenzen zwischen Sultanat und Zarenreich erheblich. So eroberte Russland während der Napoleonischen Kriege Teile der heutigen südlichen Ukraine und des Kaukasus. Die zunehmend veraltete osmanische Armee hatte sich während eines weiteren Konflikts mit den Habsburgern 1788 noch wesentlich besser geschlagen. Der Vertrag von Swischtow stellte 1791 die alten Grenzen wieder her.

Das dramatische Vordringen der Russen auf dem Kaukasus geschah vor allem zu Lasten zuvor unabhängiger muslimischer und christlicher Völker, aber auch das Sultanat und die ehemals vorherrschenden persischen Schahs mussten Gebiete aufgeben. So schloss der georgische König Wakhtang VI. (1711–1724) ein Bündnis mit Peter dem Großen. Persien gelang es zwar später, die Kontrolle zurückzugewinnen, doch wurde Georgien 1783 erneut ein Vasall Russlands. Die Russen zogen einen Großteil ihrer Truppen schließlich ab, um Napoleon zu bekämpfen, doch Georgien blieb nominell ein Teil des Zarenreiches.

Im späten 18. Jahrhundert war klar, dass Russland die Absicht hatte, den Balkan sowie den Bosporus und die Dardanellen zu kontrollieren. Die Briten fürchteten daher eine Bedrohung des Seewegs nach Indien, weshalb sie meist die Osmanen unterstützten, wenn auch nicht generell. 1792 beendete der Friedensvertrag von Jassy den Krieg zwischen Russland und den Osmanen. Der Dnjestr wurde als Grenze festgelegt, doch 1806 verbündete sich das Sultanat mit Frankreich gegen Russland und Großbritannien, weshalb der Friedensvertrag von 1812 Bessarabien (heute Moldawien) den Russen zusprach.

Das Vorgehen der russischen Behörden auf der Krim, im westlichen Kaukasus sowie in den Küstenregionen des östlichen Schwarzen Meeres führte zu einem Exodus von Muslimen. Ebenso wanderten, obwohl dies nur wenig bekannt ist, Juden und Christen in das Sultanat ein, die der Unterdrückung durch Russen und Habsburger entgehen wollten. Viele der Immigranten siedelten sich in den Städten an, doch gab es auch einige, die sich als Bauern oder Gutsverwalter auf dem Land niederließen und so der Nahrungsmittelknappheit abholfen. Eine große Zahl von Flüchtlingen aus dem Kaukasus ließ sich auch im heutigen Syrien, in Jordanien, im Libanon und in Palästina als treue Untertanen des Sultans nieder.

Kommandeur der „Freiwilligen des blanken Schwertes", aus dem *Fenerci-Mehmed-Album* (ein illustriertes Handbuch osmanischer Uniformen), 1811.

## Ägyptens Griff nach der Unabhängigkeit

Von den Osmanen 1517 erobert, schenkte Ägypten Istanbul am Ende des 18. Jahrhunderts nur noch wenig Beachtung. Vor der Invasion Napoleons 1798 wurde das Land anders als alle anderen Provinzen des Osmanischen Reiches regiert. Ein Wiederaufleben der Macht der Mameluken hatte zu einer neomamelukischen Regierung geführt, unter der Ägypten von autonomen Militärkommandeuren geführt wurde, die dem Sultan nur nominell Treue schuldeten. Nach Napoleons überwältigendem Sieg über die Mameluken in der Schlacht bei den Pyramiden verbündeten sich die Osmanen mit den Briten und Russen, woraufhin die Franzosen auf See von Nelson geschlagen wurden. Napoleons Versuch einer Landung in Syrien wurde 1799 bei Akko zurückgeschlagen. Der türkische Versuch, Ägypten zurückzugewinnen, schlug 1800 fehl, dies gelang erst durch den Frieden von Amiens von 1802.

Allerdings gelang es den Osmanen nicht, ihre Herrschaft wieder voll und ganz durchzusetzen, was zu allgemeiner Verwirrung führte, bis in der Gestalt des türkisch-albanischen Offziers Muhammad Ali wieder ein starker Gouverneur auftrat. Dieser

Das Bakrwali-Haus in Rashid (Rosetta), Ägypten, stammt aus der Mitte des 19. Jahrhunderts.

war zunächst eigentlich nur *kaymakam*, Subgouverneur und Kommandant osmanischer Truppen in Ägypten, gewesen. Die erste und unerwartete Bedrohung, der er sich gegenüber sah, war ein britischer Invasionsversuch. Doch Großbritannien erlitt 1807 bei Rashid (Rosetta) eine wenig bekannte Niederlage durch die zusammengewürfelte Armee Alis. Vier Jahre später festigte Ali seine Position, indem er die Verbringung mamelukischer Sklavenrekruten nach Ägypten untersagte und die im Land befindlichen Mamelukenführer töten ließ. Einige der überlebenden Mameluken akzeptierten seinen Sieg und begaben sich in seinen Dienst, doch viele andere flüchteten in den Sudan, wo sie noch viele Jahre für Unruhe sorgen sollten.

Während dieser chaotischen Jahre war Ägypten die Heimat einer erstaunlichen Vielzahl von Soldaten, darunter schottische Gefangene aus der Schlacht bei Rashid, deutsche Pioniere aus Napoleons Bataillonen, französische Soldaten, die zum Islam konvertiert waren, griechische Artilleristen der osmanischen Armee sowie Italiener, die bei der amerikanischen Blockade des benachbarten Tripolis (1803–1805) dabei waren. Als sich Muhammad Alis Ruhm verbreitete, kamen zudem viele albanische und bosnische Kameraden aus seiner Zeit als osmanischer Kommandeur in Mazedonien zu ihm nach Ägypten. Bei der Invasion Nubiens (Nordsudan) 1820–1821 gab es sogar einige Amerikaner unter seinen Männern. George Bethune aus Boston war zum Islam übergetreten und trug nun den Namen Muhammad Effendi. Ein New Yorker, ebenfalls zum Islam konvertiert, nannte sich Halil Aga; ein dritter unbekannter US-Bürger starb während des Feldzuges an einer Krankheit. Dies waren wohl die ersten Amerikaner, die für Ägypten kämpften, doch waren es bei Weitem nicht die letzten. Häufiger kamen die ausländischen Rekruten aus Frankreich und Italien. Wie viele asiatische und afrikanische Herrscher waren Muhammad Ali und sein Enkel Ismail der Ansicht, um dem europäischen Imperialismus widerstehen zu können, sei die Übernahme westlicher Technologie und Militärsysteme nötig.

Die Geschichte Ägyptens im 19. Jahrhundert spiegelt das Schicksal seiner Herrscher wider, die zunächst Pascha genannt wurden und später dann in den Rang eines semiunabhängigen *khedive* (Vizekönigs) aufstiegen. Zeichnete man ein Diagramm, so würde auf einen unerwarteten, rapiden Anstieg ein rascher, aber nicht allzu ernsthafter Abstieg folgen. Dann käme ein langer und stetiger Wiederanstieg, der in einem Absturz mündete. 1823 begann der französische Hauptmann Sève, Süleyman Pascha genannt, eine disziplinierte und einheitliche ägyptische Armee zu schaffen. Muhammad Ali war bereits an dieser Aufgabe gescheitert, ebenso wie der darauf folgende Versuch, eine Armee sudanesischer Sklaven zu schaffen, da diese schneller starben, als man sie ausbilden konnte. Muhammad Alis Antwort darauf war für Ägypten revolutionär. Er entschied, die Wehrpflicht für die zähen, hart arbeitenden und geduldigen, aber traditionell wenig kriegerischen *fellahin* (Fellachen) einzuführen. Verzweifelte Selbstverstümmelungsversuche, um der Wehrpflicht zu entgehen, zeigen, wie unpopulär diese Maßnahme war.

Zu jener Zeit waren viele weitere europäische Berater in Ägypten tätig. Italiener waren am Aufbau der Marine, Spanier bei der Artillerie und Polen bei der Kavallerie beteiligt. Den größten Wert legte Muhammad Ali jedoch auf die Infanterie, von der eine beträchtliche Anzahl benötigt wurde, um die Garnisonen im sich stetig vergrößernden Imperium in Ägypten, im Sudan und in Arabien zu bemannen. Die erste Aufgabe dieser *Nizam al-Jadid* (Neuen Armee) war die innere Sicherheit. Kleine Einheiten waren in jedem Dorf und jedem Stadtviertel als Polizei stationiert.

**Das Haus Osman**
**Sultane vom 18. bis zum 20. Jahrhundert**

| | |
|---|---|
| 1703–1730 | Ahmed III. |
| 1730–1754 | Mahmut I. |
| 1754–1757 | Osman III. |
| 1757–1774 | Mustafa III. |
| 1774–1789 | Abdul Hamid I. |
| 1789–1807 | Selim III. |
| 1807–1808 | Mustafa IV. |
| 1808–1839 | Mahmut II. |
| 1839–1861 | Abd'l Mecid |
| 1861–1876 | Abdulaziz |
| 1876 | Murat V. |
| 1876–1909 | Abdul Hamid II. |
| 1909–1918 | Mehmet V. *(Reschad)* |
| 1918–1922 | Mehmet VI. *(Vahdeddin; abgesetzt)* |

1821 erhielte die Nizam al-Jadid die Chance, auch ihre militärischen Fähigkeiten zu zeigen, als sie während des griechischen Unabhängigkeitskrieges den Aufstand, den die Osmanen zuvor nicht beenden konnten, praktisch zermalmten. Ägypten war offiziell nicht mehr als eine von vielen Provinzen des Sultanats, doch für seine Hilfe in Griechenland forderte Muhammad zusätzlich zu Ägypten, dem neu eroberten Sudan und einem Großteil Arabiens, Gouverneur von Syrien und Palästina zu werden. Mahmut II. lehnt dies ab. Der entstehende Streit führte bald zu Kämpfen, in denen Mahmuts schlecht organisierte Truppe mehrere Schlachten gegen die gut ausgerüsteten und disziplinierten Ägypter verloren. Danach kontrollierte Muhammad Ali praktisch alle osmanischen Provinzen des Mittleren Ostens, abgesehen vom Irak.

Der türkisch-albanische Mohammad Ali, 1769 in Kavála, Griechisch-Mazedonien, geboren, gründete die Dynastie, welche Ägypten schließlich dem osmanischen Einfluss entzog. Dieser zeitgenössische Stich – mit seinen meisten anderen Porträts übereinstimmend – zeigt sein freundliches Äußeres, hinter dem sich jedoch rücksichtslose Brutalität verbarg.

In den folgenden Jahren schritt die Modernisierung in Ägypten voran, aber auch die osmanische Armee wurde in ähnlicher Weise reformiert, oft nach preußischem Vorbild und mit der Hilfe preußischer Berater. Als der Streit zwischen dem ägyptischen Gouverneur und dem osmanischen Sultan wieder aufflammte, wurden die jeweiligen Truppen von Franzosen und Deutschen beraten. Während der Schlacht von Nezib 1839 kommandierte Muhammad Alis ältester Sohn Ibrahim Pascha die ägyptischen Truppen und wurde von General Beaufort d'Hautpoul unterstützt; der osmanische General Hafiz Pascha hatte einen jungen Preußen mit Namen Helmuth von Moltke (1800–1891) an seiner Seite. Bei Nezib waren die von den Franzosen ausgebildeten Truppen zwar siegreich, doch d'Hautpoul und von Moltke sollten sich während des Deutsch-Französischen Krieges 32 Jahre später erneut gegenüberstehen, dann jedoch mit einem völlig anderen Ausgang.

Ein bunter Haufen europäischer und amerikanischer Militärberater scharte sich um das ägyptische Banner Muhammad Alis und half ihm, sein Militär zu modernisieren. Diese Lithografie zeigt Muhammad Ali zusammen mit Oberst Patrick Campbell und französischen Ingenieuren.

Die meisten europäischen Mächte bevorzugten im Mittleren Osten eine schwache Türkei gegenüber einem starken Ägypten. Daher fielen Russland, Großbritannien und Österreich-Ungarn auf Bitten des Sultans in das östliche Mittelmeer ein und besetzten die libanesische Küste. Der Vertrag von London von 1841 verpflichtete Muhammad Ali, seine Armee auf 18.000 Mann zu reduzieren. Ägyptens Imperium wurde nun wieder direkt von Istanbul aus regiert, auch die eritreische Enklave am Roten Meer. Allerdings behielt Ägypten die Kontrolle über den Sudan. Ali und seiner Familie wurde das Recht zugebilligt, für alle Zukunft den Gouverneur Ägyptens zu stellen.

Muhammad Ali starb 1848, sein Sohn und kurzfristiger Nachfolger Ibrahim starb im gleichen Jahr. Dann folgte Alis konservativer und friedfertigerer

Der Krimkrieg (1853–1856) war der erste Krieg, in dem die Fotografie eine Rolle spielte. Diese Aufnahme des Pioniers der Zeitungsfotografie, Roger Fenton, zeigt Ahmad Manliki, den Kommandeur des ägyptischen Kontingents, wie er in einer Kampfpause Pfeife raucht.

Enkel Abbas Hilmi. Erst als dieser 1854 von seinem Onkel Muhammad Sa'id abgelöst wurde, fand Ägypten zur Modernisierungs- und Expansionspolitik Muhammad Alis zurück. Allerdings verzichtete Sa'id auf Unabhängigkeitsbestrebungen. Stattdessen erwies er sich als ergebener Untertan des Sultans und schickte ihm Elitetruppen, die mit Briten, Franzosen und Piemontesern im Krimkrieg (1853–1856) kämpften. Die Ägypter erwarben sich einen solchen Ruf, dass Frankreich später Sa'id Pascha bat, ein Bataillon als Hilfe in Mexiko zur Verfügung zu stellen. Diese außergewöhnliche Expeditionsstreitmacht verließ Alexandria 1862. Eine Hand voll

Aquarell eines Hornisten aus der Armee Muhammad Alis aus dem 19. Jahrhundert. Verglichen mit der etwas später eingeführten Uniform (Seite 150) sieht diese aus, als käme sie aus einem anderen Zeitalter.

Der Krimkrieg war eine sinnlose Vergeudung französischen, britischen, russischen und türkischen Lebens, bereitete jedoch den Weg zur Modernisierung des Osmanischen Staates. Dieses Gemälde aus dem 19. Jahrhundert zeigt den Kampf französischer Truppen um Fort Malakow.

Fotografie eines Hauptmanns des ägyptischen Bataillons, das mit den Franzosen in Mexiko diente, aus dem Jahr 1867.

Überlebender wurde zunächst in Paris gefeiert, bevor sie am 28. Mai 1867 wieder in Ägypten eintrafen, wo sie von ihrem neuen Souverän Isma'il inspiziert wurden, der von den Osmanen in den Rang eines Khediven erhoben worden war.

## Auflösung auf dem Balkan

Obwohl es dem Osmanischen Reich im Mittleren Osten schließlich gelang, wieder Fuß zu fassen, hatten Aufstände und Finanzkrisen den Griff des Sultans auf seine Provinzen insgesamt gelockert. Die ältesten Besitzungen der Türken auf dem Balkan waren auch die Ersten, die sich befreiten. Im späten 18. und frühen 19. Jahrhundert sah sich die Osmanen weit verbreiteten, jedoch kleineren Aufständen sowie Problemen, Militär und Verwaltung zu finanzieren, gegenüber. Die Verarmung großer Teile der Armee hatte zur Folge, dass sich viele Soldaten nach anderen Beschäftigungen umsahen. Einige waren so verzweifelt, dass sie zu Banditen wurden.

Während die Autorität des Sultans im späten 18. Jahrhundert nachließ, übernahmen in vielen Provinzen lokale muslimische Führer oder *ayans* die Kontrolle. Die erfolgreichsten unter ihnen scharten private Armeen um sich, die den Truppen des offiziellen osmanischen Gouverneurs oft an Zahl, Ausrüstung und Besoldung überlegen waren. Einige dieser Ayans, z. B. Ali Pascha aus Janina (Ioánina), errichteten ein höchst effektives Regime und erfreuten sich der Unterstützung der Bevölkerung. In den traditionell autonomen Regionen des Balkans, etwa der Walachei und Moldawien, gab es nur sehr wenige reguläre osmanische Truppen. Innerhalb Anatoliens kontrollierte der Sultan nur wenige Provinzen, der Rest befand seit sich Jahrzehnten mehr oder weniger im Aufstand. Wie es ein europäischer Besucher ausdrückte: „Es wird von unabhängigen *agas* oder Bezirkshauptmännern beherrscht, jeder setzt seine Interessen durch und kümmert sich nur um das Seine." Durch eine konzertierte Anstrengung gelang es Mahmut II. jedoch, 1812–1817 die Autorität des Sultans in weiten Teilen Anatoliens wieder durchzusetzen.

Die Schwächung der osmanischen Autorität auf dem Balkan war einer der bemerkenswertesten Aspekte der osteuropäischen Geschichte des 19. Jahrhunderts. Einige Historiker gehen sogar

Uniformen der ersten „Neuen Armee" Sultan Mahmuts II. nach 1826. Im Gegensatz dazu sahen die ägyptischen Uniformen, bedingt durch den Einfluss europäischer Berater, wesentlich moderner aus (**rechts**); französische Zeichnung eines Hornisten der ägyptischen Artillerie aus der Mitte des 19. Jahrhunderts.

- Osmanisches Gebiet, um 1840
- Griechenland, um 1840
- Ionische Inseln und Cerigo (Kythira)
- Russland
- Durch Russland erobert, 1829
- Österreich-Ungarn
- Andere christliche Staaten

**Osmanische Vasallen und autonome Gebiete**

- Montenegro, autonom seit 1600
- Serbien, autonom seit 1817
- An Serbien abgetretenes Gebiet, 1833
- Kreta, 1824–1840 ägyptisch
- Moldawien & Walachei, zunächst Vasallen, dann autonom seit 1829
- Donauenklaven, 1829 an die Walachei abgetr.
- Chios und Samos, autonom ab 1832

davon aus, dass dieser Vorgang eine Schlüsselrolle bei der Destabilisierung Europas nach der Niederlage Napoleons spielte. Es war ein komplizierter Prozess, der durch die Tatsache, dass sich der Nationalismus auf dem Balkan in einem Gebiet entwickelte, in dem es keine klaren nationalen, sprachlichen, religiösen oder ethnischen Grenzen wie im restlichen Europa gab, noch schwieriger wurde. Die Nationalitäten überlappten und mischten sich in einem erstaunlichen Ausmaß, was oft zu einem brutalen Kampf um Land – oder sogar um das Überleben – führte.

Die Völker Westeuropas verspürten im Allgemeinen eine weitaus größere Sympathie für nationale Bestrebungen der christlichen Gruppen der Region als für die der muslimischen. Dagegen waren die Regierungen weit weniger beteiligt, da die Maxime jener Zeit „Frieden und Stabilität um fast jeden Preis" hieß. Besonders für die Griechen, die so genannten Erben der klassischen Zivilisation, und ihren Drang nach Freiheit, gab es in Europa große Sympathien. Der philhellenische Gedanke war insbesondere unter Künstlern und Dichtern verbreitet, der berühmteste von ihnen dürfte wohl der englische Poet Lord George Byron (1788–1824) gewesen sein, der in Griechenland sein Leben ließ.

Aber es waren die Rumänisch sprechenden und traditionell autonomen Provinzen Moldawien und Walachei, die 1821, ermuntert vom russischen Zaren, als Erste gegen die osmanische Herrschaft revoltierten. Zwar schlug dieser Aufstand fehl, doch schon bald folgte der wesentlich erfolgreiche griechische Unabhängigkeitkrieg (1821–1829). Nach anfänglichen Schwierigkeiten gelang es den Osmanen zunächst, den Aufstand niederzuschlagen, wie bereits erwähnt vor allem dank der Hilfe der modernen Truppen Muhammad Alis. Allerdings wurden die vereinten Flotten der Türkei, Tunesiens und Ägyptens am 20. Oktober 1827 bei Navarino von einem aus britischen, französischen und russischen Schiffen bestehenden Verband quasi ausgelöscht, wodurch Griechenland schließlich seine Unabhängigkeit, die es zu Lande nicht hatte erreichen können, gewann. Doch es sollte noch Jahrzehnte dauern, bis auch Zentralgriechenland und die Ägäischen Inseln Teil des neuen Königreiches wurden. Kreta und Nordgriechenland mussten gar bis Anfang des 20. Jahrhunderts warten.

Der 13 Jahre dauernde Aufstand der Serben gegen die Osmanen endete 1817, als ihnen Autonomie gewährt wurde. Moldawien und die Walachei folgten 17 Jahre später. 1861 schlossen sich die beiden zu den Vereinten Provinzen, dem Vorläufer Rumäniens, zusammen. Bis zu den großen Aufständen der 1870er-Jahre blieben alle, auch das kleine Montenegro, Teil des Osmanischen Reiches.

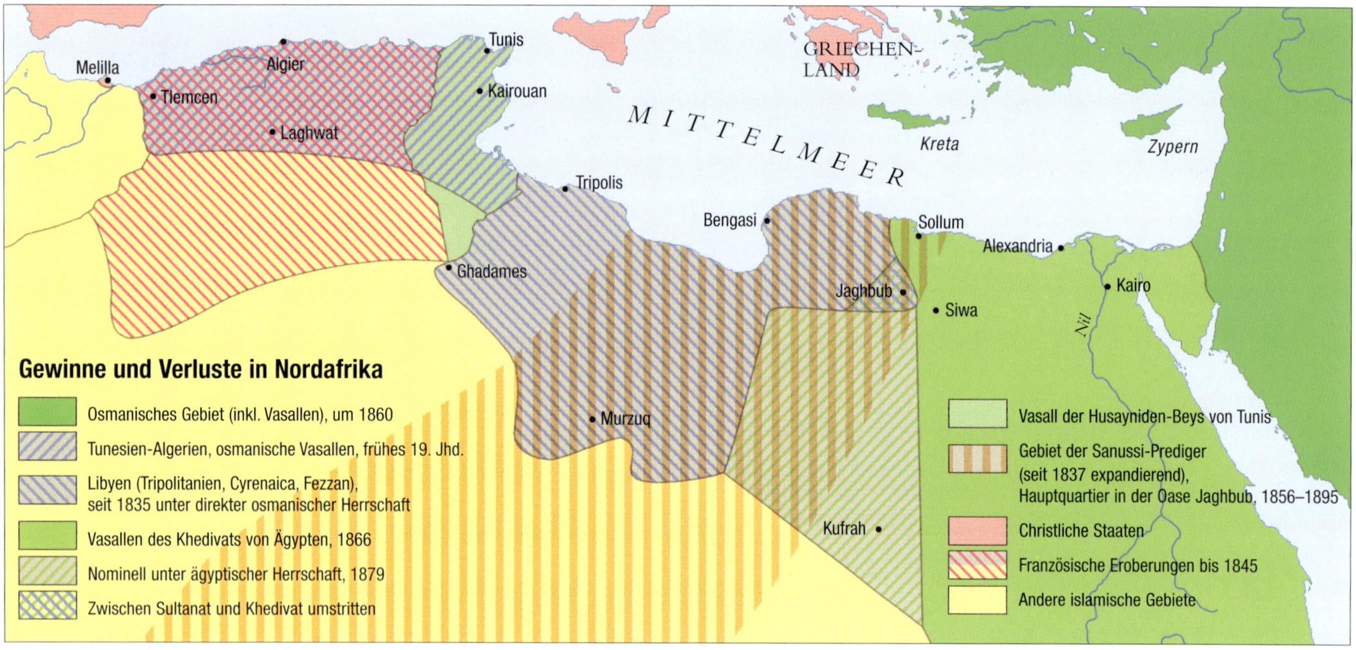

Ein Soldat der Kulogli aus Tripolis.

## Gewinne und Verluste in Nordafrika

Seit Jahrhunderten hatten die Sultane ihre Autorität an der Barbareskenküste an die Gouverneure Tripolitaniens, Tunesiens und Algeriens delegiert. Allerdings kontrollierten die Paschas, Beys, Deys und all die anderen Gouverneure nur wenig mehr als einen schmalen Küstenstreifen. Die militärischen und verwaltungstechnischen Möglichkeiten jeder dieser Regionen unterschieden sich erheblich voneinander. Zum Beispiel gehörten in Tripolitanien zu den höchsten Amtsträgern ein Palasthauptmann, ein *kâhya* oder Paschasleutnant mit einem Assistenten, fünf Regierungsminister sowie eine Einheit türkischer Soldaten und ein General, der die lokale arabische Reiterei befehligte. Traditionell kommandierte der älteste Sohn des Paschas die Streitkräfte. Der Pascha verfügte zudem über eine Leibgarde überaus treuer Schwarzafrikaner, *hampas*. Unter einer Vielzahl an exotischen militärischen Einheiten befanden sich auch die *Kuloglis*, oft als Abkömmlinge janitscharischer Väter und libyscher Mütter beschrieben. Tatsächlich waren die meisten Kuloglis Händler oder Handwerker, die sich eher den Arabern oder Berbern als den herrschenden Türken verbunden fühlten.

So seltsam solche Truppen am Beginn des 19. Jahrhunderts für westliche Augen ausgesehen haben mögen, waren sie doch effektiv und diszipliniert, allerdings zugegebenermaßen altmodisch. Als die US-Flotte den so genannten Piratenhafen Tripolis 1803 angriff, kämpften die Janitscharen und Kuloglis der Garnison unter schwerem Feuer in ordentlicher Formation, während ihre religiösen Führer auf den Wehrgängen standen und aus dem Koran vorlasen. Anschließende Versuche, die Streitkräfte Tripolitaniens zu modernisieren, hatten Erfolg und ermöglichten es Yusuf, dem erfolgreichsten Herrscher der Karamanli-Dynastie, den nördlichen Teil der Transsahara-Handelsrouten zu beherrschen.

Im Osten hatte sich die Cyrenaica zum Hauptquartier der islamischen Reformbewegung der Sanussi entwickelt, befand sich aber nominell noch unter osmanischer Herrschaft. Die Franzosen besetzten 1830 Algier, angeblich um die Piraterie zu bekämpfen. Im Anschluss daran stießen die französischen Truppen ins Inland vor und eroberten schließlich einen Großteil der Sahara. Die Osmanen reagierten unmittelbar auf diese Invasion eines Landes, das seit dem frühen Mittelalter islamisch war. 1835 stellten sie die direkte Kontrolle über Tripolitanien wieder her, Fezzan wurde 1842, Gaht 1875 und das Tibestigebirge 1879 erobert. Dadurch erstreckte sich die Herrschaft des Sultans tiefer in die Sahara hinein als je zuvor.

In gewisser Weise reagierte das Osmanische Sultanat, wie sein Vasall, das ägyptische Khedivat, nur auf den Hunger der europäischen Mächte auf afrikanisches Territorium im späten 19. Jahrhundert. Erst 1910–1911 baten die Sanussi und andere Stämme der Sahara die Osmanen um Schutz, allerdings erfolgte nur wenige Monate später eine Invasion des osmanischen Libyens durch italienische Truppen. Eingeklemmt zwischen dem osmanischen Libyen und dem französischen Algerien befand sich Tunesien, dessen Pascha über eine kleine und einst effektive Armee verfügte. Dazu gehörten ursprünglich direkt aus Anatolien, von den griechischen Inseln und vom Balkan kommende Janitscharen, die auf ihrem Weg nach Algerien überredet worden waren, in Tunesien zu bleiben, da die Bezahlung und die Ausrüstung dort besser waren.

Während die französische Invasion Algeriens zu einer Konsolidierung der osmanischen Herrschaft in Libyen führte, brachte sie den autonomen Gouverneur Tunesiens, Husayn Bey, dazu, eine neue Armee, Nizami, aufzustellen, die nach europäischem Muster ausgebildet und organisiert war. Französische Berater spielten dabei eine große Rolle, doch waren die Ergebnisse nie wirklich zufriedenstellend. Als die Franzosen 1881 Tunesien ohne Gegenwehr besetzten, waren dessen Soldaten unterbezahlt, trugen zerlumpte Uniformen, übten höchstens eine Stunde am Tag, strickten Strümpfe, knüpften Teppiche oder reparierten Schuhe, um Geld zu verdienen. Zwei Jahre später wurde Tunesien zum französischen Protektorat, und obwohl die Beys weiter regierten, waren sie wenig mehr als Marionetten Frankreichs.

**Oben rechts:** Sidi Husayn, der Bey von Tripolis.

**Rechts:** Ein algerischer Kavallerist, gemalt von Géricault, um 1820.

# KAPITEL ZEHN

# Streben nach Modernisierung

## Von den Hamiden-Sultanen bis zum Beginn der Luftfahrt

Am Ende des 19. Jahrhunderts galt das Osmanische Sultanat allgemein als der kranke Mann Europas. Seit 200 Jahren hatten die einst so mächtigen osmanischen Türken Territorien an ihre europäischen Nachbarn verloren, während sich in letzter Zeit große Provinzen auf dem Balkan losgesagt hatten, um zunehmend autonome oder gar unabhängige Staaten wie Montenegro, Serbien, Rumänien, Griechenland und Bulgarien zu gründen. Das Osmanische Reich wurde zudem von internen Problemen geplagt. Muslime lagen im Wettstreit mit Christen, Kurden mit Armeniern, Reformisten mit Konservativen und jene mit säkularen Ideen konkurrierten gegen jene, die eine religiöse Anschauung vertraten. Um 1900 schienen diese Probleme das Sultanat zu zerreißen. Zudem war zu den alten räuberischen Nachbarn wie Österreich-Ungarn und Russland ein ganzes Rudel von Balkanstaaten gestoßen, welche die Absicht hatten, die Osmanen völlig aus Europa zu vertreiben. Des Weiteren wuchs der Nationalismus der Armenier an, und sogar in einigen arabischen Provinzen kam es zu Unruhen. Russland machte ebenfalls erneut keinen Hehl aus seinen Ambitionen südlich des Kaukasus, während Frankreich einen Großteil Nordafrikas erobert und ein großes Interesse am Schicksal der Christen des Libanon bekundet hatte. Großbritannien besetzte Ägypten, den Sudan, Zypern und den südlichsten Teil des Jemens mit dem strategisch wichtigen Hafen Aden, während Italien ein begehrliches Auge auf Libyen warf.

Das Porträt eines kompromisslosen neuen Herrschers: „Abdul Hamid II., Sultan der Türkei“. Diese kolorierte Lithografie stammt aus einer Serie von Postkarten, die um 1880 erschienen und weite Verbreitung fanden. Das Gesicht des neuen Herrschers wurde so im Westen ebenso bekannt wie im Orient.

Dennoch war das Sultanat um 1900 immer noch riesig. Es reichte von Albanien bis zum Jemen, vom Persischen Golf bis zur Oase Ghadames in der Sahara. Einige Randgebiete waren zumindest technisch gesehen noch osmanisch, darunter das österreichisch-ungarische Protektorat Bosnien-Herzegowina und die anglo-ägyptische Provinz Equatoria im südlichen Sudan. Zudem hatte der vermeintlich kranke Mann versucht, sich selbst zu heilen. Einige Bereiche der Wirtschaft blühten auf, und die Nachrichtenübermittlung verbesserte sich.

Von Feinden umgeben, hatte man der Modernisierung der Bürokratie und des Militärs des Sultanats seit dem frühen 19. Jahrhundert höchste Beachtung geschenkt. Zunächst waren Begriffe wie Demokratie oder nationale Selbstbestimmung als unwichtig angesehen worden, begannen nun jedoch wichtiger zu werden, nicht nur unter den christlichen Armeniern und Griechen, sondern auch unter den muslimischen Türken und Arabern, die zusammen mit den Kurden um 1900 die große Mehrheit der osmanischen Bevölkerung bildeten.

1876 bestieg Abdul Hamid II., der den Ruf hatte, ein ernsthafter, aber mürrischer junger Mann zu sein, im Alter von 34 Jahren als neuer Sultan den Thron. Zwei Jahre später verwarf er die neue Verfassung und herrschte autokratisch. Die öffentliche

Meinung schien die Rückkehr eines Monarchen mit starkem Willen, der den Staat vor seinen zahlreichen Feinden rettete, zu begrüßen. Die hamidische Zeit, wie Hamids Regentschaft später genannt wurde, zeichnete sich durch eine zunehmende Zentralisierung und eine kontinuierliche Politik aus. Der Sultan intervenierte unmittelbarer, als seine Vorgänger es seit vielen Jahren getan hatten, und ein ausgeklügelter Geheimdienst versorgte den Palast direkt mit Informationen. Abdul Hamid ließ sich auch von unorthodoxen religiösen Führen beraten, darunter Mitglieder der Derwisch- und Sufisekten. Als Antwort auf den Nationalismus der Christen auf dem Balkan entwickelte sich eine engere Zusammenarbeit zwischen dem islamischen Klerus und der osmanischen Regierung, als dies seit Jahrzehnten der Fall gewesen war. Die panislamische Ideologie Abdul Hamids versuchte der Toleranz, die den Christen im osmanischen Staat entgegengebracht wurde, die Unterdrückung der Muslime in vielen der neuen Balkanstaaten und in einigen europäischen Kolonien gegenüberzustellen.

Dennoch gelang es dem Sultan nicht, die tief sitzenden antiislamischen Vorurteile Europas zu überwinden, das ihn als Beschützer der Muslime und zugleich als „Abdul den Verdammten", den Verfolger der Christen, ansah. Diese Sicht verschärfte sich gar noch, als es 1890 in Ostanatolien zu Unruhen kam. Muslimische Flüchtlinge aus Russland rotteten sich mit einheimischen Muslimen zusammen, um die Tötung ihrer Glaubensbrüder durch Armenier zu rächen. Zu Beginn des 20. Jahrhunderts gehörten Thrakien, Mazedonien und Albanien noch immer zum Osmanischen Reich, waren jedoch von jüngst unabhängig gewordenen, ehemals osmanischen Staaten umgeben. Jede dieser Seiten verschanzte sich hinter ihren eigenen Märtyrern und der Erinnerung an durch die Gegenseite verübte Massaker. Für die Europäer waren es die muslimischen Türken, welche christliche Griechen, Bulgaren und Serben hinschlachteten, tatsächlich jedoch hatten die Muslime mehr darunter gelitten, dass immer mehr Gebiete wieder unter christliche Herrschaft gerieten. Als Resultat war das Sultanat mit Flüchtlingen übersät. Muslimische Dörfer wurden zudem häufig, ob nun offiziell oder inoffiziell, vom benachbarten Ausland her überfallen. Allerdings geschah dies nur selten von Griechenland aus.

„Abdul der Verdammte (mit Blut an seinen Händen)" wurde zum Symbol des bösartigen Türken im christlichen Europa, der in Karikaturen wie dieser von August Roubille aus dem Jahr 1901 scharf kritisiert wurde.

Die rückständigste und ärmste aller verbliebenen europäischen Provinzen der Osmanen war Albanien. Fast 75% der Bevölkerung waren Muslime. Zwischen 1878 und 1881 hatte es ein nationales Aufflackern gegeben, doch war diese Stimmung vor allem gegen bulgarische, serbische und montenegrinische Ansprüche auf albanisches Gebiet, weniger gegen die Osmanen gerichtet gewesen. Anfang des 20. Jahrhunderts lebte der albanische Nationalismus wieder auf, was nach allgemeiner Unordnung zur weitgehenden Autonomie der vier albanischen Provinzen führte. Allerdings blieben die Albaner gespalten, ob die völlige Unabhängigkeit mit europäischer Unterstützung erreicht werden oder man die Verbindung nach Istanbul aufrechterhalten sollte. Für die erste Lösung plädierten vor allem die albanischen Katholiken.

Die Situation in Mazedonien war noch verworrener, dort waren Türken, Bulgaren, Griechen, Serben, Albaner, Walachen, Juden, Roma und andere beheimatet,

Ruinen einer Moschee nahe Parakila, Lesbos. Zahlreiche Überbleibsel des einst so mächtigen Osmanischen Reiches finden sich auf dem Balkan und in der Ägäis.

von denen niemand eine klare Mehrheit stellte. Griechenland, Bulgarien, Serbien und sogar Rumänien meldeten Ansprüche auf diese Gebiete an, während die muslimische Bevölkerungshälfte sich von Istanbul Schutz vor den Verfolgungen erhoffte, die typisch für die christliche Herrschaft auf dem Balkan geworden waren. Die strategische Lage Mazedoniens im Herzen der Balkanhalbinsel sorgte dafür, dass auch die europäischen Mächte ein lebhaftes Interesse an seinen Problemen zeigten. Während die benachbarten Staaten über das Schicksal Mazedoniens stritten, waren sie zugleich Ausgangsbasis für verschiedene Geheimgesellschaften, welche die Provinz verwüsteten. Die europäische Presse – die sich überaus moralistisch gab und gegen Grausamkeiten zu Felde zog, diese gleichzeitig aber ihrer fasziniert-abgestoßenen Leserschaft vorführte – berichtete über die Leiden der Christen, ignorierte jedoch jene der Muslime und gab der osmanischen Regierung auch noch die Schuld an den Aktivitäten der Terroristen.

Als Antwort auf ein osmanisches Reformprogramm begann ein Aufstand der von Bulgarien unterstützten Inneren Mazedonischen Revolutionären Organisation (IMRO), worauf die osmanische Armee wiederum mit brutalen Gegenmaßnahmen antwortete. Tausende Christen flohen nach Bulgarien, während Tausende schreckensstarre Muslime nach Thrakien zogen und damit den islamischen Charakter dieser Region, die seit dem späten 14. Jahrhundert intensiv von Türken besiedelt worden war, noch weiter stärkten.

Zwei weitere Gebiete in Südosteuropa waren zu Beginn des 20. Jahrhunderts theoretisch weiterhin Teil des Sultanats: Bosnien-Herzegowina, von 1878 bis zu seiner Annektierung 1908 ein Protektorat Österreich-Ungarns, sowie Kreta, wo unter osmanischer Herrschaft fast die Hälfte der Bevölkerung zum Islam konvertiert war. Ein Massaker an kretischen Muslimen 1897 führte zur Autonomie unter einem christlichen Gouverneur. Dennoch blieb Kreta bis zu seiner Annektierung durch Griechenland 1912 nominell osmanisch. Veränderungen innerhalb der muslimischen Provinzen der Türken, Kurden und Araber traten erst während des Ersten Weltkrieges in den Vordergrund – ein Konflikt, der das gesamte Gefüge des Mittleren Ostens verändern und das Ende des Sultanats bringen sollte.

## Eines neues Imperium am Nil

1867 war Isma'il der Erste seiner Dynastie, dem der Titel Khedive oder „erblicher autonomer Gouverneur Ägyptens" zuteil geworden war. Khedive Isma'il hatte große Pläne für sein Land, war sich aber darüber im Klaren, dass die ägyptische Armee seit den Tagen Muhammad Alis stark an Qualität verloren hatte. Ein Zustandsbericht des Russen Rostislaw Fadeiell überzeugte Isma'il, dass der Erfolg von einem europäisierten Offizierskorps abhinge, während die ungebildeten Mannschaften nur zu gehorchen hätten. Das Offizierskorps litt unter erbitterten ethnischen Rivalitäten zwischen Türken, Tscherkessen, Albanern und Offizieren arabisch-ägyptischer Herkunft. Das Paschasystem bedeutete, dass die hohen Offiziere ihre Regimenter praktisch als persönlichen Besitz ansahen. Sie sperrten sich gegen äußere Einmischungen und waren oft nicht gewillt, auch nur kleinste Aufgaben zu delegieren. Auch der Analphabetismus war weit verbreitet, sodass sogar Offiziere auf christliche Kopten als Schreiber zurückgreifen mussten.

Die ersten ausländischen Söldner Isma'ils kamen aus Europa, doch während der späten 1860er-Jahre stritt er sich mit Napoleon III. von Frankreich über die Finan-

**Gegenüber:** Trommeln des 11. sudanesichen Regiments der ägyptischen Armee, spätes 19. Jahrhundert.

zierung des Suezkanals. Die Arbeiten am Kanal hatten 1858 begonnen und zogen sich über elf Jahre hin. Als der Kanal im November 1869 eröffnet wurde, waren bis auf drei alle französischen Offiziere nach Hause geschickt worden. Isma'il war stattdessen nun daran interessiert, Veteranen des amerikanischen Bürgerkriegs anzuwerben, auch weil die USA nur wenige ökonomische oder politische Interessen in Ägypten hatten. New York war ein guter Ort zur Anwerbung, denn dort fand man nicht nur ehemalige Offiziere der Union, sondern auch der Konföderierten, die dort versuchten. ihr Glück zu machen. Einer von ihnen mit Namen Derrick wollte der „verfluchten Tyrannei" der US-Regierung entgehen, während ein anderer, Graves genannt, sich mit Abraham und Lot verglich, die „sich in Ägypten aufhielten, als in ihrem Land Hunger herrschte". Isma'il war sich bewusst, dass es kulturelle Schwierigkeiten geben könnte, und wies seine hohen Offiziere an, mit den Fremden geduldig zu sein. Ein Major Morgan z. B. reiste eilig wieder ab, nachdem er von einer Dame aus dem Harem des Khediven eine Rose angenommen und dann von deren Eunuchenwächtern gejagt worden war.

Während der 1870er-Jahre sollten die Amerikaner eine Schlüsselrolle in der Armee spielen. Der ägyptische Generalstab wurde von Mott und Stone wiederbelebt, während andere Amerikaner im Kriegsministerium tätig waren und eine Militärbibliothek sowie eine Kartensammlung schufen. Amerikaner befehligten auch einige der wenigen Schiffe der Marine. Von langfristigerer Bedeutung waren jedoch die Erkundungsreisen, die von US-Offizieren in Ägypten und im Sudan unternommen wurden. Einer der hohen Offiziere, Loring, schrieb dazu: „Offiziere des ägyptischen Generalstabs erkundeten und kartografierten zwischen 1871 und 1878 mehr unbekannte Gebiete in Afrika als alle anderen Forschungsreisenden der Welt zusammen."

Militärisch gesehen waren die 1870er-Jahre jedoch eine Katastrophe. Isma'il und General Stone glaubten, die Herrschaft Ägyptens über das gesamte Horn von Afrika ausdehnen zu können. König Yohannis von Äthiopien (1872–1889) hatte 1875 die Zentralgewalt über sein Land wiederhergestellt, als Isma'il sich für eine groß angelegte Invasion entschied, um die regionale Vorherrschaft Ägyptens durchzusetzen. Die

Invasion erfolgte aus drei Richtungen und unter vier Kommandeuren – drei westlichen und einem türkisch-ägyptischen. Nur Muhammad Rauf Pascha hatte Erfolg. Seine Truppe drang vom Golf von Aden ins Inland vor und nahm die Stadt Harar.

Von ihren eigenen Offizieren geführte ägyptische Soldaten bewährten sich weiterhin, besonders 1877, als 30.000 gemeinsam mit den Osmanen auf dem Balkan gegen die Russen kämpften. Zu diesem Zeitpunkt war Isma'il der Amerikaner jedoch bereits müde und suchte anderswo Ersatz für sie. Doch aufgrund Ägyptens Finanzkrise wurde aus diesen Plänen nichts. Stattdessen wurde die Armee drastisch verkleinert. 1878 wurden alle Amerikaner außer General Stone, der bis 1882 Stabschef blieb, entlassen. Stone blieb auch dem Khediven Muhammad Tawfiq (1879–1892) gegenüber loyal. Selbst während der Armeerevolte unter Führung von Oberst Urabi Pascha und der Besetzung Ägyptens durch die Briten 1882 blieb er an Tawfiqs Seite.

Dieser Stich zeigt ägyptische Truppen unter dem Kommando von Chaillé-Long, die von Angehörigen der Yanbari im Südsudan angegriffen werden. Charles Chaillé-Long (1842–1917), Hauptmann der U.S. Army, kam 1869 in Ägypten an und wurde rasch zum Oberst und Bey im Stab General Lorings. In seiner abenteuerlichen achtjährigen Dienstzeit in Ägytpen führte Chaillé-Long Erkundungsvorstöße tief nach Afrika hinein an und ebnete so den Weg für spätere ägyptische Feldzüge.

## Die Jungtürken und die Balkankriege

Die Tanzimat-Reformen des 19. Jahrhunderts hatten viele Osmanen mit westlichen politischen Ideen bekannt gemacht, darunter auch mit der Annahme, dass Modernisierungen nur erfolgreich sein können, wenn zugleich sozialer Wandel stattfindet. Die Anhänger dieses Konzepts fanden sich unter dem Namen Jungtürken als loses Bündnis zusammen. Die progressiven Jungtürken kamen aus den unterschiedlichsten Bereichen, z. B. aus der Beamtenschaft, dem Bildungssystem und dem Militär. Zu den Jungtürken gehörten ebenso radikale wie gemäßigte Kräfte, doch allen gemeinsam war die Hoffnung, den osmanischen Staat vor der westlichen Aggression retten zu können.

1902 fand ein Kongress osmanischer Liberaler, an dem Reformer jeder Couleur sowie Vertreter nationaler Minderheiten teilnahmen, in Paris statt. Leider waren die Ziele der einzelnen Gruppen zu unterschiedlich, und der Kongress löste sich auf. Dennoch behielt Abdul Hamids Sicherheitsapparat das Komitee für Einheit und Fortschritt im Auge, denn zahlreiche gut ausgebildete junge Männer traten dem KEF bei. Anders als die Reformer früherer Zeiten kam diese Generation oft aus bescheidenen Verhältnissen und war nicht Teil der alten herrschenden Schicht der Os-

Zeitgenössischer Stich von Khedive Muhammad Tawfiq von Ägypten.

manen. Auch waren sie eher geneigt, Gewalt anzuwenden, um einen politischen Wandel durchzusetzen, besonders in Anbetracht des Unvermögens der Osmanen, mit nationalistischen Terroristen umzugehen, und einer sich verschlimmernden Korruption in der Regierung. Geheime revolutionäre Zellen der Jungtürken bildeten sich auch im osmanischen Offizierskorps, zu dem auch Mustafa Kemal gehörte, der die so genannte Osmanische Freiheitsgesellschaft gründete. Die Heimatstadt Mustafa Kemals, Thessaloniki, entwickelte sich zu einem Zentrum solcher Aktivitäten, und seine Gruppe fand in der in Mazedonien stationierten 3. Osmanischen Armee viele Anhänger.

1907 fand in Paris erneut ein Kongress statt, auf dem es eine Zeit lang so aussah, als ob Jungtürken und armenische Dashnak-Revolutionäre zusammenarbeiten würden, doch als es 1908 zur Revolution der Jungtürken kam, geschah dies ohne sonstige Unterstützung und ziemlich planlos. Man nahm einst an, dass eine breit gefächerte Verschwörung zur Revolte der Jungtürken geführt hatte. Doch scheint der Auslöser vielmehr eine Serie ungeplanter Aktionen unzufriedener Offiziere der 3. Armee gewesen zu sein, die eine Säuberungsaktion der Geheimpolizei fürchteten. Alles begann, als der Offizier Niyazi in Mazedonien die Wiedereinführung der Verfassung von 1876 verlangte, was von Meuterern und Demonstranten in der ganzen Region übernommen wurde. Untersuchungen, Verhaftungen sowie neue Truppen beschleunigten die Revolte nur noch, da viele der Neuankömmlinge sich den Rebellen anschlossen.

Schnittvorlage für die neuen khakifarbenen Uniformen der Osmanen, 1909–1918.

Die KEF in Thessaloniki wurde von dieser plötzlichen Aufwallung revolutionärer Gefühle unvorbereitet getroffen und hatte sich der Revolte noch nicht angeschlossen, als der Sultan am 23. Juli das Parlament wieder einberief. Abdul Hamid erklärte, seine ursprüngliche Auflösung der indirekt gewählten Versammlung und die Abschaffung der Verfassung hätten nur stattgefunden, um Modernisierungen zu ermöglichen. Nun, da die Modernisierungen im Gange wären, wäre es für das Parlament wieder an der Zeit, seinen Teil zur Rettung des Imperiums beizutragen. Trotz dieser Behauptungen gab es keinen Zweifel, dass der Sultan eingelenkt hatte und der osmanische Staat auf dem Weg von einer Autokratie zu einer Art von konstitutionellen Monarchie war.

Die Ereignisse von 1908 waren keine wirkliche Revolution, ebneten jedoch den Weg für einen Umsturz im folgenden Jahr, als Abdul Hamid durch einen Putsch entmachtet wurde. Davon profitierten die jungen, gut ausgebildeten *harbiye*-Offiziere am meisten, während Proteste einfacher Ränge und islamischer Fundamentalisten beiseite gefegt wurden. Die Macht des neuen Sultans Mehmet V. wurde nun stark

beschnitten, und die osmanische Armee erhielt Vorrang vor allen anderen Angelegenheiten des Staates. Die KEF der Jungtürken wurde zu einer richtigen politischen Partei, die bei den Wahlen von 1912 einen erdrutschartigen Sieg errang und im folgenden Januar die Macht übernahm. In vielerlei Hinsicht war dies der

Erste einer langen Reihe von Quasi-Militärputschen, die für den Rest des 20. Jahrhunderts so typisch für den Mittleren Osten werden sollten.

Tatsächlich setzten die Jungtürken die Reformen fort, die bereits vorher begonnen worden waren. Die Idee der Dezentralisierung wurde verworfen, stattdessen konzentrierte man sich auf darauf, sämtliche Macht in der Hand der Regierung zu bündeln, die Verwaltung effizienter zu machen und die Armee zu stärken. Besonderer Wert wurde auf die wirtschaftliche Entwicklung gelegt. Gegenüber Gegnern waren die Jungtürken weitaus weniger kompromissbereit als ihre Vorgänger.

Drei politische Ideen rangen um die Vorherrschaft: traditioneller, multikultureller Osmanismus, eine panislamische Vision der Vereinigung aller Muslime, welcher Herkunft oder Sprache auch immer, sowie ein großtürkischer Nationalismus, der eine Art von Union zwischen den Türken des Osmanischen Reiches und jenen weiter im Osten beabsichtigte. Allerdings gibt es keinen Beweis dafür, dass diese Gedankenspiele großen Einfluss auf die Mehrheit der Jungtürken hatte, die ein noch immer multiethnisches und multireligiöses Reich regierten. Dennoch, die Grundlage für den türkischen Nationalismus war gelegt, und die Kontakte mit den meist im Zarenreich lebenden Türken des Ostens intensivierten sich nach und nach.

Eine amerikanische Postkarte von 1906 macht sich über Vorurteile lustig.

Deutsche Militärberater übten einen beständigen Einfluss auf die Armee aus, während dies den Briten bei der Marine weniger gelang. Der Aufbau der Luftwaffe begann 1912 unter französischer Anleitung, und die Provinzgendarmerie wurde völlig umstrukturiert. Den meisten ausländischen Beobachtern blieb verborgen, wie tiefgehend dieser Wandel war, weshalb die Widerstandsfähigkeit der osmanischen Armee während des Ersten Weltkrieges, besonders nach den erniedrigenden Niederlagen durch die Balkanstaaten und Italien 1911–1912, für ihre Gegner sehr überraschend war.

Die Nachbarn des Sultanats nutzten diese unruhige Zeit zu ihrem Vorteil. 1908 annektierte Österreich-Ungarn Bosnien-Herzegowina, 1911 griff Italien Libyen an. Der dortigen winzigen osmanischen Garnison, energisch von Stammeskriegern unterstützt, gelang es, die Invasoren zunächst in einem schmalen Küstenstreifen einzuschließen, doch konnte dies nicht darüber hinwegtäuschen, dass die Osmanen dabei waren, ihr letztes, direkt beherrschtes nordafrikanisches Territorium zu verlieren. Die Italiener sandten auch Waffen nach Montenegro, unterstützten albanische Dissidenten, besetzten 1912 Rhodos sowie weitere Inseln des Dodekanes und bedrohten sogar die Dardanellen. Im Oktober 1912, eine Woche vor dem Friedensschluss zwischen Italien und dem Sultanat, marschierten Truppen Montenegros in Nordalbanien ein. Dies war der Beginn des Ersten Balkankrieges, in dem die Osmanen von einer Koalition aus Montenegro, Serbien, Bulgarien und Griechenland besiegt wurden. Die Griechen besetzten Kreta, während die zahlenmäßig unterlegene osmanische Armee sämtliche

Territorien in Europa, außer Albanien, einigen belagerten Städten und einem kleinen Gebiet westlich von Istanbul, aufgeben musste.

Hunger und Massen von Flüchtlingen suchten das Reich heim. Die Bulgaren schlossen Edirne ein, beschossen die Stadt und hungerten sie aus, bis sie sich ergab. Zudem begannen sie mit der Vertreibung türkisch-muslimischer Kleinbauern aus dem östlichen Thrakien. Zwar kehrte Ende Mai 1913 Frieden ein, doch sollte dieser nicht lange halten. Die christliche Koalition zerstritt sich bald ob ihrer Beute, und im Zweiten Balkankrieg, der am 30. Juni 1913 begann, focht Bulgarien gegen seine ehemaligen Verbündeten sowie gegen Rumänien. Dies verschaffte den Osmanen die Chance, Edirne und das östliche Thrakien sowie einen schmalen Streifen westlich des Flusses Maritsa zurückzuerobern. Währenddessen wurde Albanien unabhängig.

Am 10. August 1913 kam es zu einem Friedensschluss. Trotz der Rückeroberung Edirnes war das Ergebnis für die Osmanen eine Katastrophe. Sie hatten 83% ihrer europäischen Territorien sowie 70% ihrer dortigen Bevölkerung verloren.

Museumslokomotive im Istanbuler Hauptbahnhof (oben). Nur zwei nicht fertig gestellte Abschnitte durch das Taurusgebirge verhinderten, dass muslimische Pilger die Reise von Istanbul nach Medina per Bahn machen konnten. Heute sind Teile der Strecke sich selbst überlassen: eingestürzte Brücke über den Fluss Yarmouk an der Grenze zwischen Jordanien und Syrien (unten).

## Probleme im Osten

Ein Drittel der Bevölkerung Anatoliens – 1912 rund 17,5 Millionen – waren Armenier, Kurden, Georgier, Griechen, Iraner sowie Araber. Wie schon auf dem Balkan kämpften die Osmanen dort sowie in Mesopotamien, Arabien und Syrien um ihre Identität und die Kontrolle. Von 1878 bis 1914 erfreuten sich Westanatolien und der nördliche Küstenstreifen einer Zeit des Wohlstandes. Durch die Ansiedelung von Flüchtlingen war es zu einer beträchtlichen Ausweitung der landwirtschaftlich genutzten Fläche gekommen, allerdings auch zu sozialen Spannungen. Dortige Christen (17% der Gesamtbevölkerung von 1912) wurden häufig von neu angesiedelten Muslimen, die zuvor selbst oft unter Christen gelitten hatten, angefeindet.

In Ostanatolien hatten sich Kurden, Armenier und Türken praktisch untrennbar miteinander vermengt. Die Kurden widersetzten sich zwar traditionell der Durchsetzung der osmanischen Zentralgewalt, waren aber dem Sultan gegenüber loyal, während die Armenier sich auf der Suche nach Unterstützung nun nach Russland wandten. Der militärische Erfolg der Russen nährte zwar die Hoffnungen der Armenier, erweckte aber zugleich auch Furcht vor ihren Nachbarn unter den Muslimen. Rund 860.000 Armenier lebten in sechs östlichen Provinzen, auf deren Gebiet sich im Mittelalter ihr Königreich erstreckt hatte. Doch in keiner dieser Provinzen waren sie noch in der Mehrheit. Dort wuchs nun das nationale Bewusstsein, zum Teil auch aufgrund besserer Bildung und des Kontakts mit Armeniern im Ausland. Die hauptsächlichen ausländischen

**Oben:** Die kunstvolle Fassade der Endhaltestelle der Hedschas-Bahnlinie in Medina.

armenischen Nationalistengruppen waren die pro-russischen Dashnaks und Hunçaks, die beschuldigt wurden, auf osmanischem Gebiet Terroranschläge zu verüben. Dies führte im späten 19. Jahrhundert zu ernsthaften blutigen Auseinandersetzungen zwischen Kurden und Armeniern.

Das britisch besetzte Zypern sowie Ägypten und der Sudan waren zumindest theoretisch bis 1914 noch Teil des Sultanats, doch tatsächlich beherrschten die Türken bis 1914 nur noch Großsyrien (heute Syrien, Libanon, Palästina, Israel und Jordanien), den Irak sowie einen Großteil der arabischen Halbinsel. Syrien war damals wie heute ein religiöser Flickenteppich. Ein früher arabischer Nationalismus war nur eine unter vielen Strömungen, von denen die meisten aber Istanbul gegenüber loyal blieben. Wie auch in Westanatolien hatte sich in Großsyrien aufgrund des Zuwachses an kultiviertem Land ein gewisser Wohlstand entwickelt. Die Bevölkerung wuchs auf vier Millionen an.

Die Situation in Mesopotamien stellte sich völlig anders dar: Dieses Gebiet bestand aus kulturell, ökonomisch, religiös und sprachlich ganz unterschiedlichen Provinzen. Obwohl die Bevölkerung vor allem aus Stammesangehörigen bestand, war das Nomadentum beträchtlich zurückgegangen, sodass es eine dementsprechende Zunahme der Landwirtschaft gegeben hatte. Das konfessionell organisierte Schulsystem breitete sich in den Städten aus, und die nach außen orientierten Juden profitierten besonders vom wachsenden Handel. Während des späten 19. und frühen 20. Jahrhunderts versuchten die Osmanen, ihre Verkehrs- und Nachrichtenwege zu verbessern. Es kam zum Bau von Eisenbahnstrecken und einigen modernen Straßen, doch die asiatischen Provinzen waren auch zu Beginn des Ersten Weltkrieges noch schlecht erschlossen. Neben einigen modernen Häfen gab es aber nun auch Telegrafen, und man erhielt Zeitungen in verschiedenen Sprachen.

Erst durch den Bau der Eisenbahnlinie von Damaskus nach Medina waren die Osmanen in der Lage, ihre Herrschaft im Hedschas und im Jemen zu festigen. Die

Soeben zu Offizieren beförderte Kadetten der osmanischen Armee posieren 1913 stolz für die Kamera. Die neuen Piloten kamen aus dem Kavalleriekorps.

**Improvisationen:** Die Entwicklung der Luftkriegsführung erforderte Erfindungsgabe wie bei dieser Behelfs-Flak, die 1914 aus einem umfunktionierten Feldgeschütz der osmanischen Armee entstand.

Kontrolle des arabischen Inlandes beschränkte sich meist darauf, einen Stamm gegen den anderen auszuspielen. Im Herzen der Halbinsel verschafften sich die wahabitischen islamischen Fundamentalisten unter der politischen Führung von 'Abd al-Aziz ibn Sa'ud, dem späteren Gründer des Königreiches Saudi-Arabien, erneut Geltung. Generell war die arabische Halbinsel in osmanische und britische Interessenssphären aufgeteilt, was 1914 durch einen Vertrag bestätigt wurde, der die Grenze als eine Linie zwischen Aden im Süden und Katar am Golf im Norden festlegte.

Auch die Ausbreitung von Büchern und der Fähigkeit, sie zu lesen, hatte Einfluss auf die Entwicklung nationaler Gefühle. Die Wiedergeburt arabischer Literatur ist mitunter libanesischen Christen und westlichen Missionaren zugeschrieben worden, doch das scheint der bereits zuvor zu beobachtenden Blüte weltlicher arabischer Literatur und ihres Drucks im 19. Jahrhundert zu widersprechen. Kunst und Kultur waren in den arabischen Provinzen weniger verwestlicht als in der Türkei. Der künstlerische Ausdruck orientierte sich weiterhin an bestehenden islamischen Formen. Obschon traditionell, waren diese aber nicht statisch. Zum Beispiel breiteten sich besonders türkische Teppichknüpftechniken bis in relativ abgelegene arabische Gebiete aus, während der Zuzug von Flüchtlingen die traditionellen Muster in Anatolien veränderte.

## Die Osmanen beginnen zu fliegen

Wie bereits erwähnt, machten vor allem die Franzosen die Osmanen mit dem Motorflug vertraut. Allerdings war die Luftfahrt den Osmanen nicht völlig neu. Bereits im 17. Jahrhundert hatte es erste Experimente gegeben, und man hatte sich der Ballonbegeisterung des späten 18. und frühen 19. Jahrhunderts angeschlossen. Noch im Jahr 1909 war der französische Ballonfahrer Ernest Barbotte vom Taksim-Platz in Istanbul aufgestiegen. Ein Fesselballon half der belagerten Garnison Edirnes im Ersten Balkankrieg, während sich ein von Deutschland erworbenes Luftschiff als wenig nützlich erwies.

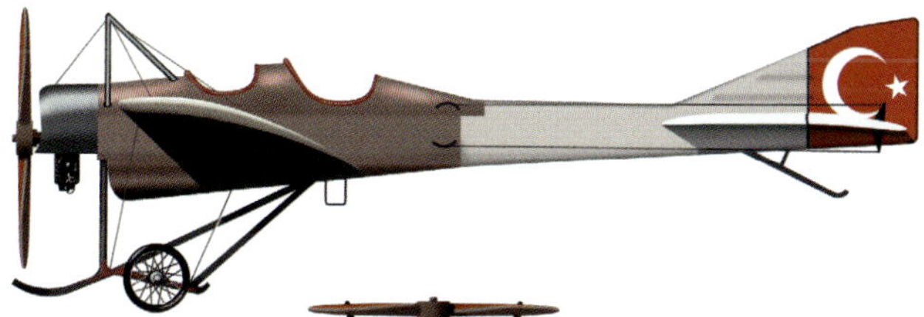

Die Osmanen konzentrierten sich daher darauf, eine Einheit von Maschinen, die „schwerer als Luft" waren, aufzustellen. Im November/Dezember 1909 flog der französische Pilot Louis Blériot (1872–1936) über Istanbul. Zwar wurde sein Flugzeug bei einem kleinen Unfall beschädigt, doch waren die osmanischen Militärs genügend beeindruckt, um eine Hand voll Offiziere in die Flugschule Blériots in der Nähe von Paris zu schicken. Die ersten beiden Offiziere, der Kavalleriehauptmann Fesa Bey und der Pionierleutnant Yusuf Kenan, machten 1911 ihren Abschluss. Beim Angriff Italiens auf Libyen spielten Flugzeuge nur eine untergeordnete Rolle, und bevor die Invasion osmanischen Territoriums in Libyen sowie der Inseln des Dodekanes vorüber war, sahen sich die Türken im Ersten Balkankrieg einem Angriff auf ihre verbliebenen europäischen Provinzen gegenüber. Die ersten Maschinen der osmanischen Luftwaffe kamen ebenfalls aus Frankreich, darunter ein Einsitzer und zwei Doppelsitzer von Deperdussin, die am 15. März 1912 eintrafen. In den darauf folgenden Monaten baute man Hangare, richtet eine Flugschule ein und zeigte die Neuerwerbungen öffentlich. In Frankreich, Deutschland und Großbritannien wurden weitere Maschinen erworben, und als der Erste Balkankrieg ausbrach, eilten die osmanischen Piloten aus Frankreich heim, wobei sie eine Hand voll neuer Flugzeuge mitbrachten. Allerdings konnten diese während des katastrophalen Konflikts wenig ausrichten.

Während des Zweiten Balkankrieges aber flogen osmanische Maschinen Aufklärungseinsätze, die ausreichend effektiv waren, dass der französische Luftfahrtautor Alfred Durand in Istanbul eine Militärluftfahrtkonferenz einberief. Weitere Bestellungen französischer Maschinen sowie eines Curtiss-Flugboots aus den USA folgten. Die französische Regierung schickte zudem Berater, die beim Aufbau einer wirkungsvolleren Luftwaffe helfen sollten.

Die zweisitzige Deperdussin TT mit dem Namen *Osmanli* wurde 1913 auf dem Leitwerk und der Tragflächenunterseite mit den türkisch-osmanischen Markierungen versehen. Die *Osmanli* war eines der Flugzeuge, das 1914 am Propagandaflug von Istanbul nach Alexandria teilnahm.

**Oben:** Die Blériot *Ertugrul* in Damaskus mit Fethi und Sadik in der Mitte der Gruppe. Leider kam es zwischen Damaskus und Jerusalem zum Desaster, doch wurden die beiden auf Postkarten wie dieser als Helden gefeiert, **oben rechts** (Hauptmann Fethi rechts, Beobachter Sadik links). Nach dem Verlust der Deperdussin *Osmanli* vor Jaffa kam die Ersatz-Blériot *Edremit* in Kairo an, **oben**, Pilot Salim und sein Beobachter Kemal im Cockpit.

Flugzeuge wurden außerdem als Möglichkeit gesehen, das osmanische Ansehen in den arabischen Provinzen zu verbessern, wie eine Unternehmung des Jahres 1914 zeigt. Bereits im Winter 1913/14 waren die Franzosen Jules Vedrine und Marc Bonnier von Istanbul nach Alexandria geflogen, was 40 Tage gedauert hatte. Die osmanischen Besatzungen, die nun ihrer Route folgten, waren erfahrene Flieger. Der Pilot Hauptmann Fethi und sein Beobachter Leutnant Sadik flogen eine auf den Namen *Ertugrul* getaufte Blériot, während Leutnant Nuri und sein Beobachter Isma'il Hakki eine *Osmanli* genannte Deperdussin flogen. Ein solcher Langstreckenflug war 1914 noch ein sehr ehrgeiziges Unterfangen, besonders für die osmanische Fliegertruppe. Die Flugzeuge starteten – von Feierlichkeiten begleitet – am 8. Februar 1914 und flogen jeweils allein. Obwohl Wetter und technische Probleme beide Maschinen zu unvorhergesehenen Zwischenlandungen zwangen, wurden sie überall von begeisterten Menschenmengen empfangen. Es erschienen Sonderbriefmarken sowie Postkarten, und am 10. Februar beförderte Leutnant Nuri die erste Luftpost in der türkischen Geschichte. Er hielt auch kurzzeitig den internationalen Höhenrekord, als er beim Überflug über das Taurusgebirge 3.962 m erreichte.

Zwischen Damaskus und Jerusalem kam es dann zum Desaster, als die Blériot in der Nähe des Tiberias-Sees abstürzte und Fethi sowie Sadik umkamen. Nur ein paar Tage später musste die Deperdussin nahe Jaffa auf dem Mittelmeer niedergehen. Nuri ertrank, doch sein Beobachter Hakki überlebte. Die drei toten Offiziere wurden nahe des Mausoleums von Saladin in Damaskus beigesetzt, das erst kürzlich auf Kosten des deutschen Kaisers Wilhelm II. (1888–1918) renoviert worden war.

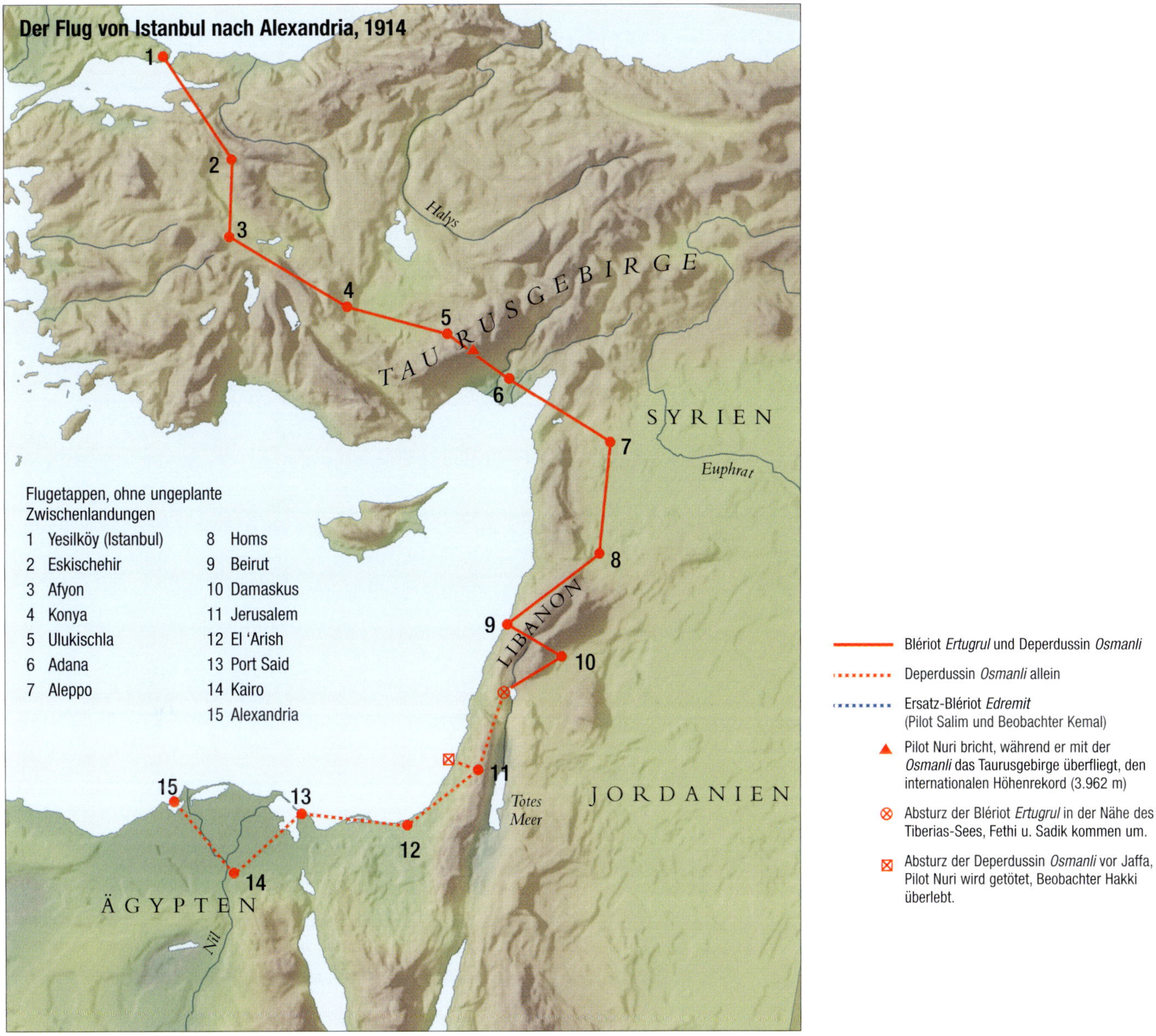


Eine zweite Blériot mit dem Namen *Edremit* wurde per Schiff nach Beirut und von dort nach Palästina gesandt, um die letzten Abschnitte des Ägyptenfluges zu vollenden. Die von Hauptmann Salim und seinem Beobachter Hauptmann Kemal geflogene Maschine erreichte am 8. Mai 1914 Kairo und sieben Tage später Alexandria. Die *Edremit* kehrte per Schiff nach Istanbul zurück und blieb bis zum Eintritt des Osmanischen Reiches als Verbündeter Deutschlands in den Ersten Weltkrieg im Dienst. Die beiden schwer beschädigten Flugzeuge wurden repariert und ebenfalls während des Weltkrieges eingesetzt.

KAPITEL ELF

# Untergang

## Katastrophe und Nachfolger im 20. Jahrhundert

Enver Pascha, Anführer der Kriegsbefürworter in der Regierung, setzte sich schließlich durch und führte das Sultanat auf Seiten der Mittelmächte in den sich ausbreitenden Ersten Weltkrieg.

Selbst heute sind die Gründe, warum das Osmanische Sultanat in den Ersten Weltkrieg eintrat, nicht völlig klar. Der deutsche Einfluss war keinesfalls beherrschend, und 1914 betrachtete die Türkei unter dem Eindruck der vorherigen Beziehungen auch Frankreich und Großbritannien als mögliche Bündnispartner. Tatsächlich führte dann der Wunsch nach Schutz vor Russland und die Begeisterung für ein Bündnis mit Deutschland innerhalb einer kleinen Gruppe von Politikern zur Bindung an die Mittelmächte. Die Kriegserklärung wurde in Istanbul mit wenig Begeisterung aufgenommen. Cavit Pascha war einer von vier Ministern, die empört zurücktraten. Er erklärte: „Dies wird der Ruin unseres Landes sein – selbst wenn wir gewinnen." Die Verluste bei Gallipoli bestätigten seinen Aussage, auch wenn die Türken die Schlacht gewonnen hatten.

Während der ersten Kriegsmonate blieb Istanbul neutral. Enver Pascha, dem Führer der kriegswilligen Minderheit innerhalb der osmanischen Regierung, gelang es jedoch, den Staat in den Konflikt hineinzumanövrieren, nachdem Großbritannien zwei für die osmanische Marine gebaute – und bereits bezahlte – Schlachtschiffe in England konfisziert hatte. Dies führte zu allgemeinem Unmut, da diese Schiffe unter Verwendung von Spendengeldern erworben worden waren. Enver und Cemal Pascha, der Marineminister, gewährten auch zwei von den Briten gejagten deutschen Kriegsschiffen, der *Goeben* und der *Breslau*, Zuflucht. Zu gegebener Zeit wurden die Schiffe und ihre Besatzungen dann in die osmanische Flotte eingegliedert.

Im Oktober 1914 erlaubten Enver und Cemal den immer noch deutschen Kapitänen der vermeintlich ehemals deutschen Kriegsschiffe, unterstützt von einigen osmanischen Schiffen, Häfen der russischen Schwarzmeerflotte zu beschießen. Andere Mitglieder der osmanischen Regierung waren außer sich vor Wut, doch da waren die Würfel schon gefallen. Zu Beginn des 20. Jahrhunderts war die Marine des Sultanats nur noch ein Schatten ihrer ruhmvollen Vergangenheit und sollte während des Krieges nur eine untergeordnete Rolle spielen. Sie war weder dafür gedacht noch dafür ausgestattet, sich den großen

**Links:** Der deutsche kleine Kreuzer *Breslau* liegt 1915 am Goldenen Horn vor Anker, nachdem er Häfen der russischen Schwarzmeerflotte beschossen hat. Begleitet wurde die *Breslau* vom großen Kreuzer *Goeben*, **unten**.

Flotten Großbritanniens oder Frankreichs zu stellen. Zwar hatte man von 1909 bis 1914 erhebliche Anstrengungen zur Stärkung der Marine unternommen, wobei die Neuorganisation von einem britischen Admiral geleitet worden war, doch die dabei ins Auge gefassten Gegner waren Griechenland oder eventuell Russland. Tatsächlich war der britische Einfluss so stark, dass nicht nur die osmanischen Schiffe die gleiche Farbe wie jene der Royal Navy hatten, sondern auch die Rangabzeichen der Offiziere den britischen fast aufs Haar glichen. An Großbritannien (und an Frankreich) waren Aufträge für Kriegsschiffe, vom Kanonenboot bis hin zum Schlachtschiff, vergeben worden, während osmanische Werften darum wetteiferten, wer die besten kleinen Schiffe in der kürzesten Zeit bauen konnte. Die Marine hatte sich zu einem äußerst beliebten Zweig der Streitkräfte entwickelt, auch durch die Erfolge des Kreuzers *Hamidiye* unter dem Kommando von Kapitän Husayn Rauf in der Ägäis und der Adria, welche die Moral während des katastrophalen Ersten Balkankrieges gestärkt hatten.

Angesichts eines zahlenmäßig weit überlegenen Feindes unternahm die osmanische Marine während des Ersten Weltkrieges nur wenige offensive Operationen.

Die Marine war ein beliebter Zweig des osmanischen Militärs. Hier tragen osmanische Seekadetten im Jahr 1916 die neue, in jenem Jahr eingeführte Uniform.

Das Osmanische Reich während des Ersten Weltkrieges
Paris
SCHWEIZ
FRANKREICH
Wien
Budapest
ÖSTERREICH-UNGARN
Zagreb
Belgrad
RUMÄNIEN
Bukarest
SERBIEN
BULGARIEN
Asow
Astrachan
RUSSLAND
KASPISCHES MEER
SCHWARZES MEER
Trabzon
ARMENIEN
Marseille
SPANIEN
Barcelona
Korsika
Rom
ITALIEN
ALBANIEN
Istanbul
Ankara
Sardinien
GRIECHENLAND
Athen
ANATOLIEN
Tigris
Mosul
Tehran
Euphrat
Algier
Tunis
Sizilien
Antalya
Mit der Hilfe deutscher U-Boote
Kreta
Zypern
Bagdad
Damaskus
MITTELMEER
Tripolis
Bengasi
Port Said
Kairo
Rashids
Kuwait BRITISCH
Algerien FRANZÖSISCH
Ghadames
Libyen ITALIENISCH
ÄGYPTEN
Haschemiten
ARABIEN
Bahrain BRITISCH
Saudis
Riyadh
Die osmanisch unterstützte Sanussi-Invasion Ägyptens wird im Februar 1916 von britischen Truppen niedergeschlagen.
Ghat
Assuan
ROTES MEER
Medina
Mekka
Nil
Idrisids
Dongola
Berber
Französisch-Westafrika
Eritrea ITALIENISCH
Sanaa
Asmara
Deutsch-Togo
Französisch-Äquatorialafrika
Khartoum
El Fasher
Sennar
Französisch-Somaliland
Aden
Niamey
Sokoto
Kano
Maiduguri
N'Djamena
SUDAN
Nigeria BRITISCH
Niger
Addis Ababa
ÄTHIOPIEN
Lagos
DEUTSCH Kamerun
Belgisch-Kongo
KENIA
Italien

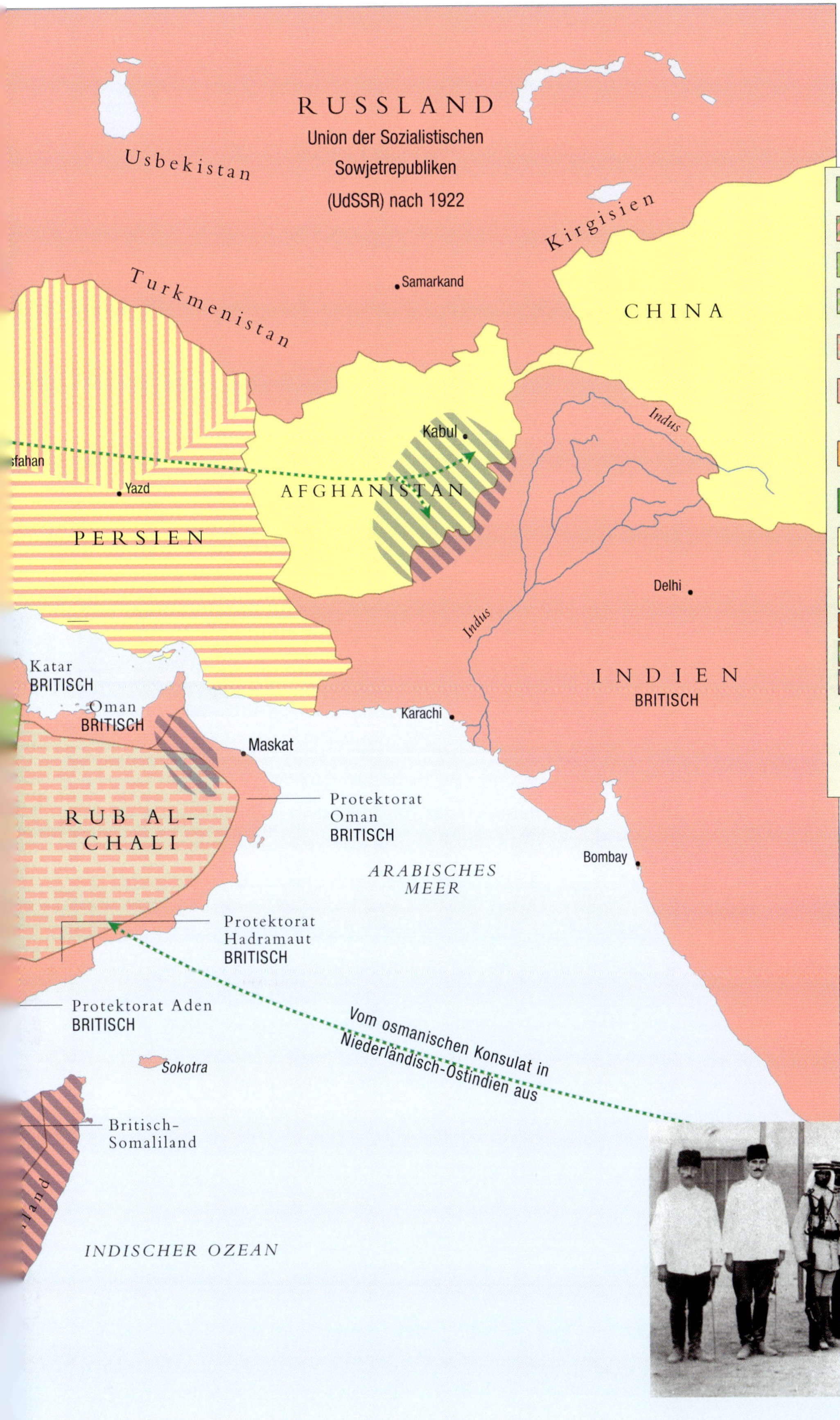

Statt Kamelen nutzt man nun eine moderne Form der Mobilität. Die arabisch-osmanischen Fahrradtruppen der Gendarmerie von Medina, aufgenommen 1914.

Britische Kavallerie (Middlesex Yeomanry) geht in Alexandria von Bord. Die Truppe sollte monatelang mit der Abwehr einer von Djemal Pascha geführten Attacke auf den Suezkanal und dem von den Osmanen unterstützten Sanussi-Aufstand in der Libyschen Wüste zu tun haben.

Allerdings wurde die britische HMS *Goliath* am 13. Mai 1915 vom Torpedoboot *Muavenet Milli* unter Kommandant Ahmet Efendi versenkt. Hauptaufgabe der Marine war die Konvoisicherung, besonders im Marmarameer. Die E-15, das zweite britische U-Boot, das in dieses Gebiet vordrang, wurde von den Osmanen erobert, und das australische U-Boot AE-2 wurde ebenso wie die E-14 versenkt.

Die größten Verluste erlitt die osmanische Marine bei Küstenschutzaufgaben. Das alte Schlachtschiff *Mesudiya* wurde vom britischen U-Boot B-11 in den Dardanellen und *Hayruddin Barbarossa* von E-11 im Marmarameer torpediert. 1918 verloren die Osmanen den ehemals deutschen kleinen Kreuzer *Breslau* (umbenannt in *Midilli*) vor Imbroz durch Minen. Der kleine Kreuzer *Mecidiye* hatte eine außergewöhnliche Geschichte. 1915 durch eine Mine im Schwarzen Meer versenkt, wurde er von den Russen gehoben und wieder eingesetzt, um 1918 von den Osmanen zurückerobert zu werden. Der große Kreuzer *Goeben*, in *Sultan Selim Yavuz* umbenannt, überlebte den Krieg und wurde Flaggschiff der türkischen Marine. 1960 wurde er außer Dienst gestellt und – trotz vieler Versuche, dieses geschichtsträchtige Schiff zu erhalten – verschrottet.

## Das Ende Armeniens

Bevor die Konfiszierung zweier Kriegsschiffe das Sultanat mit in den Krieg zog, taten Großbritannien, Frankreich und Russland nur wenig, um die Neutralität der Osmanen zu erhalten, da sie glaubten, dass ihr Eintritt in den Krieg kaum etwas bewirken würde. Allerdings erwies sich dies als Irrglaube – die Osmanen errangen einige gewaltige Siege und banden während des gesamten Konflikts eine große Zahl gegnerischer Truppen. So hielten etwa in der Sahara in der wohl erfolgreichsten Geheimoperation des Ersten Weltkrieges 300 Osmanen gemeinsam mit den Sanussi 15.000 Franzosen, 60.000 Italiener und 35. 000 Briten sowie Ägypter in Atem.

Eine der ersten Handlungen Sultan Mehmets V. war die Proklamation des Heiligen Krieges oder Dschihads gegen die ungläubigen Feinde, was jedoch allgemein als politischer Trick gesehen wurde, weshalb nur wenige nichtosmanische Muslime dem Aufruf folgten. Der Krieg hatte allerdings Auswirkungen auf die christlichen Minderheiten. Besonders hatten die Armenier zu leiden, nachdem russische Armenier im November 1914 ihre Glaubensbrüder im Sultanat aufgefordert hatten, in die russische Armee einzutreten und Ostanatolien zu „befreien".

Die Osmanen führten einen kühnen, aber erfolglosen Angriff gegen den Suezkanal durch, scheinbar in der Hoffnung, in Ägypten käme es zu einem Aufstand. Am anderen Ende des Roten Meeres überrannte eine winzige osmanische Streitmacht das britische Protektorat Aden (heute der südliche Jemen) und hielt sich dort bis Kriegsende. Im Osten war der neutrale Iran Schauplatz erbitterter Gefechte zwischen osmanischen und russischen Verbänden. Zudem kam es zu einem kurzen Kampf zwischen Osmanen und Briten um die iranischen Ölfelder in Ahwaz, während deutsche Agenten weiter östlich versuchten, anti-britische und anti-russische Gefühle anzustacheln. Das vielleicht ungewöhnlichste Beispiel einer osmanischen Geheimoperation stellte wohl der Versuch des osmanischen Konsulats in Niederländisch-Ostindien (heute Indonesien) dar, einen anti-britischen Aufstand in der Hadramaut-Region östlich von Aden zu entfachen. Derweil unterstützte der osmanische Kommandeur im Jemen Aufständische gegen die britische, französische und italienische Herrschaft in Somalia.

Für die osmanische Armee besaß jedoch die Kaukasusfront Priorität, da sich dort viele Armenier dem Vormarsch der Russen, die bei Sarikamisch in Ostanatolien einen wichtigen Sieg errungen hatten, anschlossen und es Vorbereitungen für einen Aufstand der Armenier hinter den osmanischen Linien gab. Im Mai 1915 ließ Kriegsminister Enver Pascha daher in einer schlecht geplanten Operation die armenische Bevölkerung von Van, Bitlis, und Erzerum zwangsevakuieren, was zu vielen Toten führte. Die Armenier Kilikiens und Nordsyriens wurden in Erwartung einer britischen Invasion von See her ebenfalls vertrieben.

Die Armenier litten sowohl im als auch nach dem Krieg. Dieses Bild wurde während der kurzzeitigen Besetzung der südtürkischen Stadt Marasch durch französische Truppen im Juni 1920 gemacht. Armenische Flüchtlingskinder warten außerhalb Maraschs auf Nahrungsmittelhilfe.

Dashnak-Guerrillas bereiteten in Van, wo die Armenier fast 50% der Bevölkerung stellten, eine Revolte vor. Als ein Verband aus armenischen Freischärlern und Russen Van am 14. Mai 1915 erreichte, kam es zu Angriffen auf muslimische Zivilisten. Kurz darauf riefen die Armenier dort ihren eigenen Staat aus, und viele ihrer Landsleute strömten zu ihnen. Im Juli jedoch trieb eine osmanische Gegenoffensive die Russen zurück über die Grenze, und Tausende von Flüchtlingen folgten ihnen.

Bei Kriegsende gab es in den östlichsten Provinzen Anatoliens nur noch eine winzige armenische Minderheit. Den Alliierten zufolge wurden über eine Million

**Rechts:** Während Enver Pascha (links) sich mit Winkler, dem deutschen Kommandeur der Armee in Mazedonien, bespricht, tut sein Kollege Cemal Pascha in seinem Hauptquartier in Palästina das Gleiche mit seinem Stabschef Oberst Ali Fuat Bey (**oben**).

Armenier umgebracht. Aus Dokumenten geht hervor, dass rund 400.000 deportiert wurden und 500.000 mit den Russen in den Kaukasus flüchteten. Heute beziffern viele westliche Historiker den Genozid an den Armeniern auf rund 600.000 Tote, andere schätzen, dass rund 200.000 Menschen an Hunger, Krankheit, Krieg und durch Massaker starben.

## Gallipoli – eine alliierte Katastrophe

Trotz des Aufrufs Mehmets V. zum Dschihad lag die wirkliche Macht für den Rest des Krieges in den Händen von Enver Pascha, Talat Pascha und Cemal Pascha. Enver agierte quasi als Militärdiktator, Cemal übernahm die Kontrolle Syriens und war dort praktisch unabhängiger Herrscher, während sich Talat in Istanbul um zivile Angelegenheiten kümmerte. Die Gouverneure regierten ihre Provinzen mit unterschiedlichen Graden an Autonomie und Begeisterung für den Krieg. In Izmir etwa verhielt sich Rahmi Bey beinahe so, als sei seine Provinz eine neutrale Zone.

Der befürchtete britische Angriff fand nicht in Kilikien oder Nordsyrien statt, sondern im Bereich der Dardanellen. Großbritannien und Frankreich beabsichtigten, die Osmanen aus dem Krieg zu drängen, indem sie die Dardanellen besetzten und Istanbul bedrohten, während Russland den Bosporus vom Norden her attackieren

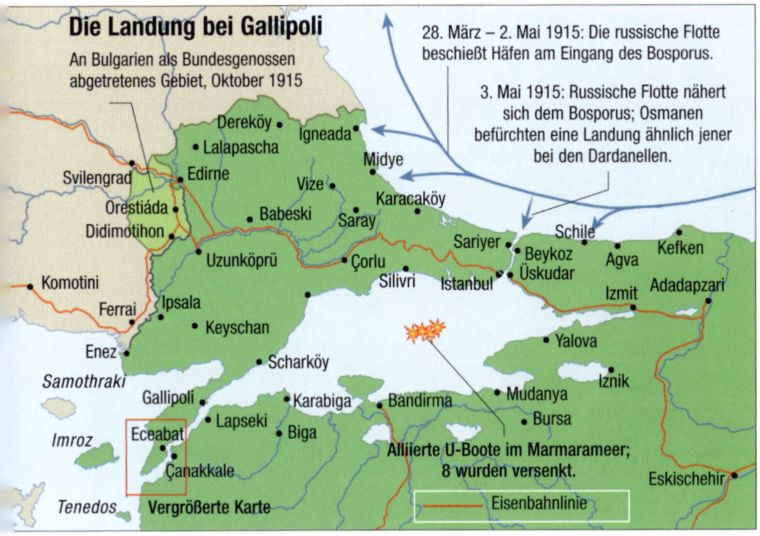

Oben links: Osmanische Infanterie 1915 bei Gallipoli. Der Grabenkrieg in der Türkei war ebenso hart und verheerend wie die bekannteren Schlachten in Flandern und Frankreich an der Westfront.

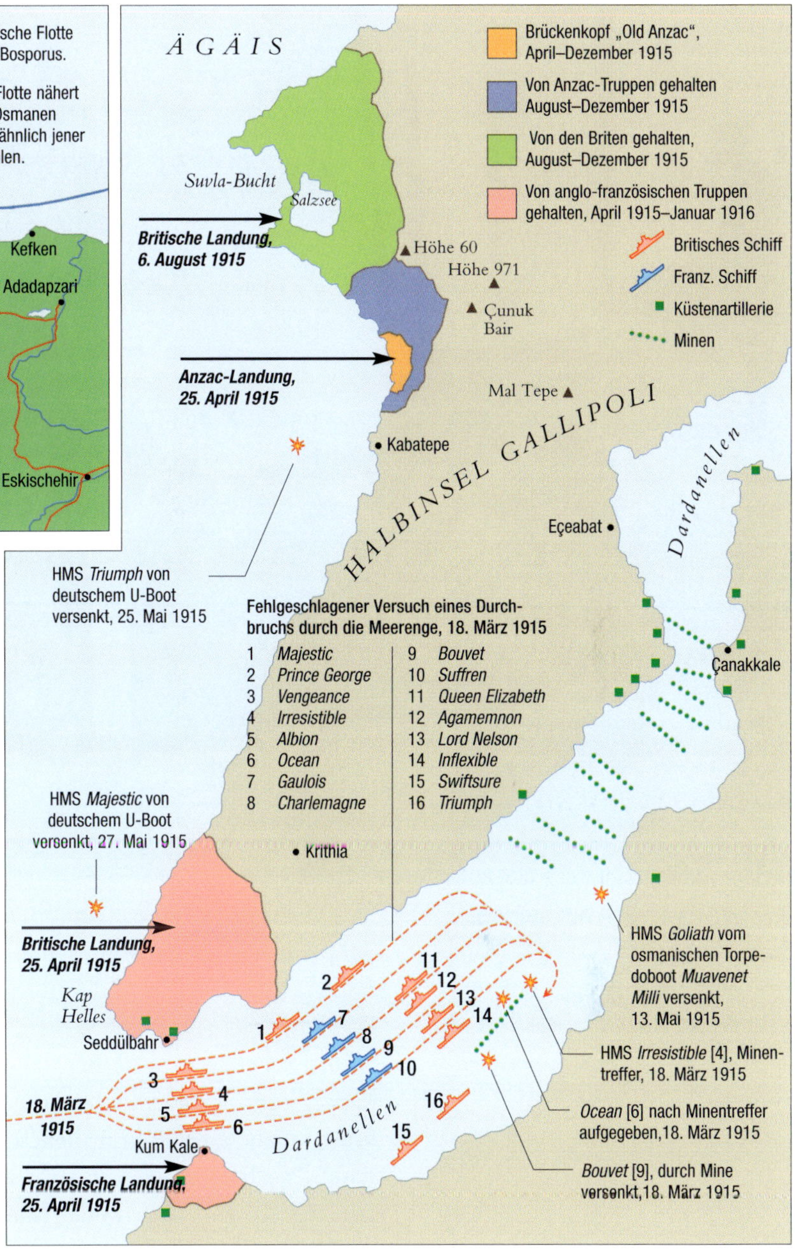


sollten. Ein anglo-französischer Beschuss von See her am 19. Februar 1915 war ebenso erfolglos wie ein Durchbruchsversuch am 18. März 1915, der mit mehreren beschädigten oder versenkten Schiffen endete. Nun kam es auf das Heer an. Die erste Landung auf der Halbinsel Gallipoli durch britische, australische und neuseeländische Truppen erfolgte am 25. April 1915. Den Franzosen gelang es zudem zwar, einen Brückenkopf auf der asiatischen Seite der Meerenge zu errichten, jedoch wichen die Osmanen unter Führung des deutschen Generals Liman von Sanders und des ehemaligen Jungtürken General Mustafa Kemal nicht zurück.

Erstaunlicherweise blieb die Moral der osmanischen Armee, die selbst wohlmeinende westliche Militärhistoriker heute als „unverwüstlich, aber minderwertig" bezeichnen, fast bis zum Ende des Krieges intakt. Dies wurde nirgendwo deutlicher als bei Gallipoli. So wurde dort das türkische 57. Infanterieregiment, während es einen Angriff der Australier aus „Anzac Cove" stoppte, praktisch ausgelöscht. Weitaus weniger bekannt ist, dass ein arabisches Regiment die Australier dann zurück zur Küste trieb.

Britische Streitkräfte halten nach der anglo-französischen Landung bei Kum Kale und Kap Helles vom 25. April 1915 türkische Soldaten bei Seddülbahr hinter ihrem eigenen Stacheldraht gefangen.

Die Kämpfe zogen sich bis Januar 1916 hin. Die britischen und die Anzac-Truppen Australiens und Neuseelands führten immer wieder Frontalangriffe durch, und es gelang ihnen im August 1915, weiter nördlich einen zusätzlichen Brückenkopf einzurichten. Doch während der ganzen Kämpfe krallten sich die osmanischen Soldaten verbissen in ihren Stellungen fest und schlugen die alliierten Angriffe beständig zurück. Ein Durchbruch wäre nur durch die Heranführung massiver Verstärkung möglich gewesen, welche den Briten und Franzosen aber nicht zur Verfügung stand. Nach dem Verlust von fast 250.000 Soldaten zogen sich die Alliierten im Januar 1916 zurück, und der Kampf um Gallipoli war beendet.

Als Resultat war Russland praktisch von seinen westlichen Verbündeten abgeschnitten, der osmanische Kampfeswille blieb intakt, und Mustafa Kemals (1881 bis 1938) Popularität als „Held der Dardanellen" wuchs enorm. Wie er später schrieb, war das beste Denkmal für seinen Erfolg *Mehmetçik* selbst – „kleiner Mehmet", der liebevolle Name, den die mutigen und anspruchslosen osmanischen Infanteristen erhalten hatten. Im Mittleren Osten erinnerte man sich der türkischen Soldaten des Ersten Weltkrieges als Abu Shuja'a, „Vater des Mutes", und ihrer britischen Gegner als Abu Alf Midfah, „Vater der tausend Kanonen". Die meisten Beobachter waren sich einig, dass die ungebildeten osmanischen Soldaten ohne gute Führung verloren waren. Bei Gallipoli aber erkannten Kommandeure wie Mustafa Kemal das Potenzial ihrer Männer, wenn diese von vorn geführt wurden. Es gab zahlreiche Beispiele von Angriffen, bei denen Offiziere mit gezücktem Schwert ihren Soldaten vorausstürmten und diesen befohlen hatten, ihren Schlachtruf „Allahu Akbar!" erst dann ertönen zu lassen, wenn sie die feindlichen Gräben erreicht hatten.

## Der Krieg im Osten des Sultanats

Zunächst blieben die meisten arabischen Untertanen des Sultans ihm gegenüber loyal, doch im Januar 1915 kam es zwischen dem Hedschas und dem Jemen zu Unruhen. Die scherifisch-arabische Revolte, am 5. Juni 1916 von Scherif Husayn, dem haschemitischen Herrscher Mekkas, ausgerufen, entwickelte sich zu einem langen, harten Kampf. 1917 schließlich befanden sich die osmanischen Armeen an vielen Fronten auf einem schrittweisen Rückzug, was die Hoffnung der Araber auf Unabhängigkeit nährte. Der arabische Aufstand erhielt neuen Schwung, als eine Armee unter Emir Faysal mit der Hilfe ägyptischer Truppen und britischer Berater – darunter der undurchsichtige Arabist T. H. Lawrence – unerwartet Aqaba eroberte und eine Verbindung zu den britischen Streitkräften im südlichen Palästina herstellte.

Osmanische Skitruppen an der Kaukasusgrenze in der Osttürkei, ca. 1918.

Die Briten durchbrachen die osmanische Front bei Gaza und besetzten am 9. Dezember 1917 Jerusalem. Doch erst im September 1918 gelang der endgültige Durchbruch. Britische und scherifisch-arabische Kräfte strömten nordwärts zur syrisch-türkischen Grenze. Die Araber besetzten Damaskus und hissten die arabische Flagge. Emir Faysal wurde von den Briten als Führer der OETA (Occupied Enemy Territory Administration – Verwaltung besetzten Feindgebietes) Ost anerkannt.

Derweil hatte die Russische Revolution, durch die Russland praktisch aus dem Krieg ausschied, das Kriegsglück der Osmanen in Ostanatolien gewendet. Zunächst blieben die türkischen Truppen aber noch in der Defensive, während die sich auflösende Armee des Zaren von lokalen Freiwilligen ersetzt wurde. Im Dezember 1917 bildeten die drei Hauptvölker des Kaukasus – die christlichen Georgier und Armenier sowie die muslimisch-türkischen Aserbaidschaner – eine Föderierte Transkaukasische Republik und schlossen mit dem Sultanat einen Waffenstillstand. Doch die Beziehungen zwischen den Dreien waren von Beginn an schlecht. Die Georgier wollten sich von der ökonomischen Vorherrschaft der Armenier befreien und verbündeten sich mit Deutschland. Armenier und Aserbaidschaner entzweiten sich über Gebietsfragen, wobei Letztere bei den Osmanen um Unterstützung nachsuchten. Als die Armenier beschuldigt wurden, die türkische Minderheit im südlichen Kaukasus zu attackieren, stieß die osmanische Armee rasch bis zum Kaspischen Meer vor.

Doch auch dieser Erfolg konnte das Ergebnis eines Krieges, der den Osmanen enorme Verluste an Menschen und Material bescherte, nicht verändern. Allein bis 1916 waren die Lebenshaltungskosten um 2.500% gestiegen, was zu Hungersnöten führte. Rund 325.000 Soldaten waren gefallen, und man schätzte die Zahl der Deserteure auf rund 1,5 Millionen. Die Verluste in der Zivilbevölkerung waren ähnlich schwer. Der osmanische Verbündete Bulgarien kapitulierte am 29. September 1918, Deutschland begann bald darauf auch, Gespräche über einen Waffenstillstand zu führen. Die Regierung trat am 8. Oktober zurück, und eine ganze Woche verging, bevor Sultan Mehmet V. jemanden fand, der die Friedensverhandlungen übernehmen wollte. Waffenstillstandsgespräche begannen am 27. Oktober 1918 auf der Insel Lemnos, und drei Tage später wurde ein Abkommen unterzeichnet; allerdings wurden den Osmanen sehr viel härtere Bedingungen auferlegt als ihren christlichen Verbündeten Deutschland, Österreich-Ungarn und Bulgarien.

Ein alliiertes Übereinkommen von 1917 teilte praktisch das gesamte osmanische Territorium in Gebiete unter direkter Herrschaft und Einflusszonen auf, wobei ein osmanischer Rumpfstaat im nordwestlichen Anatolien übrig bleiben sollte. Russland sollte Istanbul, die Meerengen und Nordostanatolien besetzten; Italien das südwestliche und Frankreich das südöstliche Anatolien sowie Syrien, den Libanon und das nördliche Mesopotamien; Großbritannien das südliche Mesopotamien (Irak) und Transjordanien, während Palästina unter internationale Verwaltung gestellt werden sollte.

General Allenby, Kommandant der britischen Truppen in Palästina, reitet im Januar 1918 als Teil seines förmlichen Einzuges in das eroberte Jerusalem durch das Jaffa-Tor. Edmund „der Bulle" Allenby eroberte die Stadt am 9. Dezember 1917 von den Türken. Vor dem Fall der Stadt führte Oberst T.H. Lawrence (Lawrence von Arabien) zahlreiche Guerillaüberfälle auf osmanische Truppen in Ostjerusalem an.

## Das Schicksal der arabischen Provinzen

Gegen Ende des Krieges stellten sich die Alliierten die Frage, was mit den arabischen Territorien des Sultanats geschehen sollte. Da die totale Niederlage des Osmanischen Reiches nun in den Bereich des Möglichen rückte, begannen die Briten, kleine Staaten ins Auge zu fassen, die von der scherifisch-haschemitischen Königsfamilie regiert, aber tatsächlich von London aus kontrolliert werden sollten. Dies schien eine durchaus realistische Möglichkeit zu sein, vor allem, da die in Damaskus amtierende scherifische Regierung sich der Unterstützung der arabischen Nationalisten erfreute. Doch sahen sich die Araber weit größeren Problemen gegenüber als die Türken. Ihnen fehlten erfahrene Militärkommandeure und Verwaltungsfachleute, denn die hochrangigen Posten innerhalb der osmanischen Bürokratie waren meist mit Türken besetzt gewesen.

Dennoch blieb die scherifisch-haschemitische Dynastie der einzige glaubwürdige Punkt, auf den sich nationale Gefühle außerhalb Ägyptens richten konnten. Allerdings hatte ein großer Teil der Araber kein Interesse daran, die osmanische durch eine haschemitische oder gar britische Herrschaft zu ersetzen. Im Juni 1919 trat in Damaskus der Syrische Generalkongress unter der Ägide Faysals zusammen. Im Libanon und an der syrischen Küste häuften sich derweil die Zusammenstöße zwischen arabischen Freischärlern und französischen Truppen.

Faysal wurde – obwohl er sich der Absichten und der Macht der Franzosen bewusst war – von den radikalen Forderungen des Syrischen Generalkongresses mitgerissen, der ihm den Thron des am 8. März 1920 ausgerufenen Königreiches

Großsyrien anbot. Währenddessen hatten Iraker in Damaskus 'Abd Allah, einen weiteren Spross der haschemitischen Familie, zum König des Irak gemacht. Im April erhielt Frankreich von den Alliierten ein Mandat über Syrien und den Libanon, woraufhin es Faysal im Juli ein Ultimatum stellte, das dieser akzeptierte. Paris besetzte Damaskus am 25. Juli 1920 dennoch.

Etwas südlich von Damaskus keimte die Saat eines weiteren langwierigen Konflikts. Fast drei Jahre zuvor, am 2. November 1917, hatte der britische Außenminister Arthur Balfour dem führenden Zionisten seiner Zeit, Lord Rothschild, versichert, dass Großbritannien dabei helfen würde, den Juden eine nationale Heimstatt in Palästina zu schaffen. Man hoffte so, die Unterstützung vor allem der jüdischen Gemeinde in den USA zu erlangen, doch fand die Balfour-Erklärung zunächst weder bei amerikanischen noch bei den russischen Juden große Resonanz. Großbritannien war in seinem Bestrebungen, jüdische Unterstützung zu gewinnen, nicht allein: Auch Deutschland hatte 1915/1916 erwogen, einen jüdischen Staat zu unterstützen. Zuvor waren bereits von 1896 bis 1902 Verhandlungen zwischen dem Zionistenführer Theodor Herzl und Abdul Hamid II. geführt worden, bevor die osmanische Regierung eine intensive jüdische Besiedelung Palästinas ausschloss. Dennoch gab es bereits 1914 mindestens 10.000 zionistische Siedler in Palästina, dazu kamen die alteingesessenen jüdischen Gemeinden in den Städten.

Faysal, Sohn Husseins von Mekka, mit seiner Delegation und Beratern auf der Pariser Friedenskonfernez von 1919. Hinter ihm stehen (von links nach rechts) sein Privatsekretär und Delegierter Rustem Haidar; Brigadegeneral Nuri Said aus Bagdad; Hauptmann Pisani aus Frankreich; Oberst T. H. Lawrence „von Arabien“ und Hassan Kadri.

Bereits im Mai 1918 kam es in Palästina zu Konflikten zwischen Arabern und Zionisten. Die britische Militärregierung hatte erkannt, dass es unmöglich war, die jüdischen und die arabischen Absichten unter einen Hut zu bringen, und widersetzte sich nun den radikaleren zionistischen Forderungen. Am 4. April 1920, nur wenige Tage, bevor Großbritannien das Mandat über Palästina erhielt, waren in Jerusalem schwere antizionistische Unruhen ausgebrochen. Als die Briten 1948 endgültig abzogen, gründeten Juden den Staat Israel, ließen jedoch die West Bank und den Gazastreifen unbesetzt. 1967 eroberte Israel Jerusalem und die West Bank von Jordanien, womit ein erbitterter Konflikt begann, der bekanntermaßen bis heute andauert.

Das Gebiet östlich des Jordans war Teil der scherifisch kontrollierten OETA Ost, doch war Großbritannien nach dem Sturz der Regierung Faysals in Damaskus nicht bereit, es den Franzosen in die Hände fallen zu lassen. Allerdings war man in London von der Idee, ein großes, von mächtigen Beduinenstämmen dominiertes Gebiet verwalten zu müssen, ebenfalls nicht begeistert. Als dann im November 1920 eine

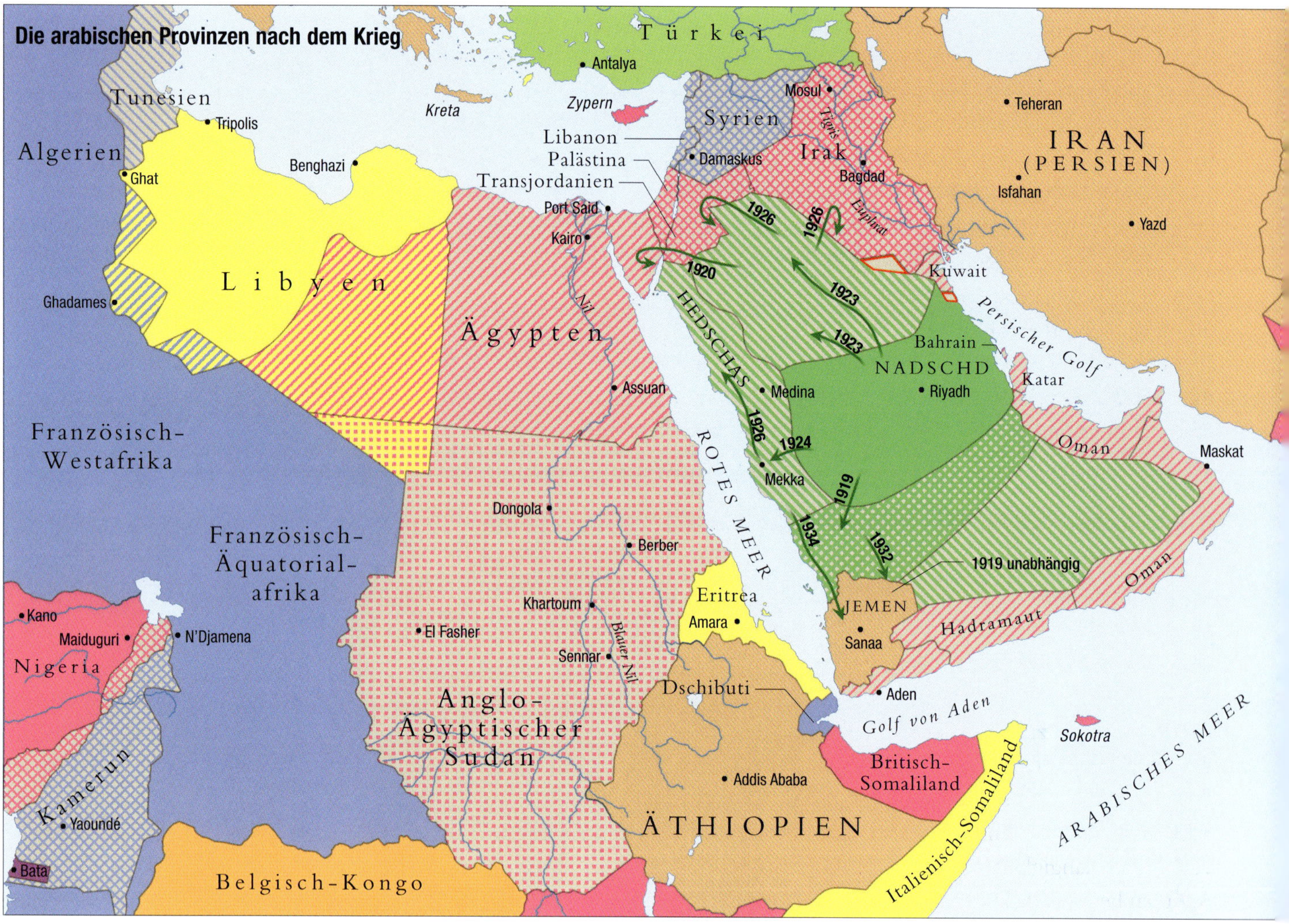


Französische Kolonie
Französisches Mandat
Französisches Protektorat
Britische Kolonie
Britisches Mandat
Britisches Protektorat
Anglo-Ägyptisches Eigentum
Italienische Kolonie
Von franz. Kolonie an d. italien. Libyen, 1919
Von Ägypten an das italien. Libyen, 1919
Vom anglo-ägypt. Sudan an Libyen, 1925
Belgische Kolonie
Spanische Kolonie
Türkei
Andere unabhängige Staaten
Neutrale Zone

Die Expansion Saudi-Arabiens

1918 1920 bis 1926

Saudischer Feldzug 1919–1934

scherifische Armee unter Emir 'Abd Allah in der Absicht, Damaskus gegen die französische Besetzung zu unterstützen, vom Hedschas nach Transjordanien marschierte, bot Großbritannien 'Abd Allah finanzielle Unterstützung, falls er Transjordanien für eine bestimmte Zeit regieren würde. Auf Anraten von Oberst T. H. Lawrence (Lawrence von Arabien) wurde dieses Arrangement später zur Dauereinrichtung und Jordanien schließlich ein unabhängiger Staat unter den Haschemiten, die das Land auch noch heute regieren.

Die britischen Interessen im Irak waren noch verworrener als anderswo. Öl spielte damals zwar noch keine allzu große Rolle, das imperiale Ansehen dagegen sehr. Einige britische Bürokraten hofften, aus dem Irak, obschon er aus drei sehr unterschiedlichen ehemals osmanischen Provinzen bestand, ein Schmuckstückchen britischer Kolonialpolitik machen zu können. Diese Absicht lief jedoch der neuen Idee der Selbstbestimmung zuwider, die vom Völkerbund vertreten wurde.

## Die Rolle der Briten im Mittleren Osten

Am Ende des Ersten Weltkriegs war Großbritannien die dominierende Macht in der arabischen Welt. Es hatte die Unabhängigkeit des nördlichen Teils des modernen Jemens anerkannt und alte Verbindungen mit dem Sultan von Maskat (Oman) wieder aufgefrischt. Großbritannien bot den Scherifen des Hedschas massive Unter-

stützung an, weniger hingegen ihren Rivalen den Idrisiden von Asir oder den Saudis aus dem Inland Arabiens Ein großer Aufstand Ende 1920, der teils nationalistisch, teils religiös und teils von Stammesinteressen geprägt war, bewog Großbritannien schließlich, einen nominell unabhängigen arabischen Staat zu schaffen, der nur ein Mindestmaß an britischer Einmischung erfordern würde. 1921 wurde Faysal die Krone des Iraks angeboten. Dies geschah teils als Ausgleich für den Verlust von Damaskus, vor allem aber, weil er in der Lage war, diese problematische Region unter Kontrolle zu bringen. Im langen Kampf zwischen Scherifen und Saudis hingegen unterstützten die Briten eindeutig die Verliererseite, denn nachdem ein britischer Vermittlungsversuch 1926 gescheitert war, besetzten die Truppen Ibn Sauds den Hedschas und stürzten das scherifische Königreich.

Der Erste Weltkrieg schärfte das Nationalbewusstsein auch in Ägypten, wo die Präsenz britischer Truppen den Wunsch nach Selbstbestimmung zusätzlich anheizte. Die britische Weigerung, eine ägyptische Delegation auf der Pariser Friedenskonferenz zuzulassen, obwohl ägyptische Truppen gemeinsam mit den Briten gekämpft hatten, schürte die Unzufriedenheit noch mehr.

Ein jüdischer Siedler mit Sonnenschirm geht 1918 in Jerusalem an einem palästinensischen Rekruten des Regulären Scherifischen Kamelkorps (noch in einer osmanischen Uniform) vorbei. Das Erste Ägyptische Infanteriebataillon marschiert nach der Eroberung durch die Briten am 26. April 1918 durch Jerusalem **(unten)**.

1919 kam es zu einem bewaffneten Aufstand, der jedoch nur zwei Monate andauerte. Dennoch war klar, dass die britische Besetzung in ihrer bisherigen Form nicht weitergehen könnte. Die anglo-ägyptischen Verhandlungen erwiesen sich jedoch als ausgesprochen langwierig und mühsam, da die ägyptischen Nationalisten die volle Unabhängigkeit wünschten, während Großbritannien eher ein autonomes Ägypten bevorzugte, in dem weiterhin britische Truppen stationiert wären und dessen außenpolitische Angelegenheiten von London kontrolliert würden. Eine Übereinkunft schien daher unmöglich. Am 28. Februar 1922 verkündete London, dass Ägypten in Zukunft ein unabhängiger Staat wäre, Großbritannien aber weiterhin dessen Außen- und Sicherheitspolitik, den Suezkanal und die Verwaltung des Sudans kontrollieren würde. Die Unruhen dauerten aber auch dann noch an, und im August 1924 wurde der britische *sirdar* oder Kommandeur der ägyptischen Armee, Sir Lee Stack, ermordet, weshalb London auf einer weiteren Verringerung der ägyptischen Streitkräfte und der Kontrolle über alle modernen Waffen bestand.

Diese kurzsichtige Missachtung der Wünsche der Ägypter trat in der Art und Weise, wie man Ägypten zwang, weite Landstriche an die Italiener in Libyen abzutreten, noch eklatanter zu Tage. Unter den Alliierten war man sich einig, dass Italien im Krieg zwar stark gelitten, aber nur wenig davon profitiert hatte. So war Ägypten also das einzige Land, das Gebiete verlor, obwohl es ein Verbündeter Großbritanniens und Frankreichs gewesen war.

Der ehemalige Kosakenkommandeur Reza Schah Pahlevi, der Schah von Persien, sitzt nach seinem Putsch, der von den Briten durchaus mit Sympathie gesehen wurde, auf dem Pfauenthron.

Bei Kriegsende war Großbritannien auch in Persien (Iran) die vorherrschende Macht. In Persien gab es aber erheblichen Widerstand gegen die offen zur Schau getragene britische Dominanz, während die Macht der Regierung immer mehr schwand. Im Februar 1921 schließlich übernahm eine ursprünglich von den Briten unterstützte Kosakenbrigade unter der Führung von Oberst Reza Khan die Kontrolle. Wenn es auch keine direkten Beweise dafür gibt, dass die Briten hinter diesem Staatsstreich standen, gab es in der neuen Regierung jedoch nicht wenige pro-britische Kräfte. 1925 stürzte Reza Khan die herrschende Dynastie und erklärte sich selbst zum Schah. Er wurde damit der Gründer der Pahlevi-Dynastie, die den Iran bis zur islamischen Revolution 1979 regierte.

## Die Türkei – vom Sultanat zur Republik

Auf der von den Siegermächten in Paris einberufenen Friedenskonferenz ging es neben vielen anderen Dingen – wie der Höhe der deutschen Reparationsleistungen – auch um eine Neuordnung des Mittleren Ostens. Als ideal sah man eine Aufteilung in kleine, unterschiedlich stark vom Westen kontrollierte Staaten an. Armenien, Syrien, Irak, Palästina, Arabien und Kurdistan sollten eigenständig, die Dardanellen unter internationale Kontrolle gestellt und der osmanische Staat auf Nordwestanatolien beschränkt werden. Die Alliierten sahen sich Januar 1919 in Paris einer außergewöhnlichen Vielfalt von Forderungen gegenüber, wobei diejenigen der Griechen wohl die extravagantesten waren. Angetrieben von der „Großen Idee" eines wiedergeborenen Byzantinischen Reiches beanspruchte der griechische Premierminister Venizelos Südalbanien, ganz Thrakien, alle Inseln des östlichen Mittelmeeres sowie einen großen Teil Westanatoliens. Im Mai 1919 sandte Griechenland sogar Truppen nach Izmir, um den Italienern, die Anatolien von Süden her besetzten, zuvorzukommen. Dabei fachten griechische Gräueltaten den türkischen Nationalismus nur noch weiter an.

US-Präsident Thomas Wilson erklärte zwar, dass die Armenier einen eigenen Staat erhalten sollten, zu dem auch Trabzon am Schwarzen Meer gehören würde, doch waren weder die Amerikaner noch die anderen Alliierten bereit, dies notfalls auch mit Gewalt durchzusetzen. Kurdistan stellte ein noch größeres Problem dar, da die Kurden einen großen Teil des den Armeniern zugedachten Territoriums bewohnten und keine anerkannte kurdische Führung existierte. Diese widersprüchlichen Forderungen schienen durch den Vertrag von Sèvres vom August 1920 gelöst, der einen Großteil West- und Südanatoliens unter griechische Kontrolle stellte, bzw.

zu französischen oder italienischen Einflusszonen erklärte. Die griechische Herrschaft über Izmir sollte zunächst fünf Jahre dauern. Danach sollten die Einwohner im einer Volksabstimmung entscheiden, ob sie unter griechischer oder türkischer Herrschaft leben wollten. Auch Thrakien sollte griechisch werden, Istanbul hingegen osmanisch bleiben.

Mustafa Kemal, Held von Gallipoli und Vater aller Türken, führte den nationalen Aufstand an und focht auf dem Parkett der internationalen Diplomatie für die Rechte seines Landes.

Muslime wurden aus dem Staatsdienst entfernt, der Besuch staatlicher Schulen war nur noch Christen gestattet. Von Missionaren geleitete Waisenhäuser betrachteten alle Kinder – so lange es keine Dokumente gab, die das Gegenteil bewiesen – als griechisch oder armenisch, und die Ermordung entlassener osmanischer Soldaten oder muslimischer Zivilisten war allgemein üblich. Mitte 1919 setzte sich General Mustafa Kemal an die Spitze der wachsenden nationalistischen Bewegung. Mustafa Kemal Atatürk, der „Vater der Türken", wie man ihn nach 1934 nannte, wurde zum Gründer der modernen türkischen Republik. Später versuchten Nationalisten in der gesamten islamischen Welt, seine Reformen zur Modernisierung des Landes nachzuahmen.

Weite Teile von Mustafa Kemals Vaterland waren von fremden Mächten besetzt, während die osmanische Regierung unfähig war, das Land vor der Aufteilung zu bewahren. Die nationalistische Bewegung war noch schwach, Gewalt war an der Tagesordnung, und die Alliierten festigten ihre Besetzung türkischen Gebietes. Die Nationalisten reagierten darauf, indem sie in Ankara eine Nationalversammlung einberiefen, die ihren Autoritätsanspruch auf dem Islam und dem „Willen des Volkes" gründete. Dabei sah man sich den Armeniern im Osten, den Franzosen im Süden, den Griechen im Westen, einer bunt gemischten, vom Sultan gesandten Armee sowie Räuberbanden gegenüber. Während sie all diese Kräfte im Land selbst besiegten, verzichteten die Nationalisten auf die arabischen Provinzen und erzielten mit Russland eine Einigung. Mit der armenischen Republik wurde Ende 1920 ein Friedensvertrag geschlossen, der jedoch nie ratifiziert werden konnte, da bolschewistische Einheiten kurz darauf einen Großteil Armeniens besetzten.

Den Griechen gelangen 1921 zwei tiefe Vorstöße nach Anatolien, in der entscheidenden Schlacht von Sakarya wurden sie jedoch aufgehalten. Im August 1922 gingen die Nationalisten in die Offensive, woraufhin der griechische Widerstand zusammenbrach. In Izmir brach Panik aus, als die dortige griechische Minderheit zu fliehen versuchte, bevor die Truppen der Nationalisten am 9. September die Stadt erreichten. Mustafa Kemals Armee wandte sich dann nach Norden in Richtung

**Situation nach dem Vertrag von Sèvres, 1920**
- Osmanisch-türkisches Gebiet
- Syrien, Libanon und Hatay (Alexandretta) unter französischem Mandat
- Teil des franz. Mandatsgebietes Syrien
- Bis 1921 französisch besetzt
- Hatay 1938 unabhängig, ab 1939 türkisch
- Irak unter britischem Mandat
- Teil des brit. Mandatsgebietes Irak

**Alliierte Einflusszonen in der Türkei:**
- Ital. / Franz. / Brit.
- Von Italien besetzte Dodekanes
- Griech. / zu Griechenland (Sèvres)
- Armenien, unabhängig 1918–1920
- Provinz Kars, 1921 zurückgewonnen
- Andere unabhängige Staaten

Dardanellen und Thrakien, wo sie alliierten Truppen gegenüberstanden. Ein Blutbad wurde nur durch Kemals Zurückhaltung vermieden. Die Griechen waren schließlich bereit, sich aus fast ganz Ostthrakien zurückzuziehen. Die Nationalisten marschierten nach Istanbul und stürzten am 1. November 1922 das osmanische Sultanat. Der letzte Sultan, Mehmet VI. (Vahdeddin), und seine Familie gingen am 17. November ins Exil, und das Kalifat wurde in der Verfassung vom 3. März 1924 endgültig abgeschafft. Erst 1974 erlaubte das Parlament den Nachfahren der ehemaligen Dynastie wieder, die türkische Staatsbürgerschaft zu erwerben. In einem neuen Friedensvertrag erhielt die Türkei Ostthrakien, Edirne, die beiden Ägäisinseln Imroz und Bozcaada sowie die Souveränität über die Dardanellen. Die Mosul-Frage sollte vom Völkerbund geklärt werden. Die Türkei wurde mit dem Vertrag von Lausanne vom 24. Juli 1923 offiziell zur Republik erklärt. Dieser Vertrag ebnete auch den Weg für einen Bevölkerungsaustausch im großen Stil. Rund 20% der Bevölkerung Anatoliens kam 1914–1925 ums Leben; 10% emigrierten. In den Balkanstaaten starben 27% der Muslime, über 60% wanderten aus oder wurden ausgewiesen. Bulgarien nahm 250.000 Flüchtlinge auf, während 380.000 Türken Griechenland in Richtung Türkei verließen. Fast alle Griechen – rund 1,5 Millionen – mussten die Türkei verlassen. Am Vorabend des Zweiten Weltkrieges kam es zu einem letzten Gebietsgewinn für die Republik, als 1939 Hatay und damit ein kleiner Streifen des ehemals osmanischen Syriens Teil der Türkei wurde.

Was das osmanische Erbe angeht, so überließ man in der Türkei viele christliche Gotteshäuser dem Verfall oder wandelte sie in Moscheen oder Touristenattraktionen um. Auf dem Balkan gab es diese Tradition der Umnutzung islamischer Gebäude nicht, sodass die meisten abgerissen wurden. Einige überlebten, da sie entweder zu Lagerhäusern umgebaut oder so stabil konstruiert worden waren, dass ihr Abriss zu aufwändig gewesen wäre, und man sie daher dem Verfall überließ. Über 95% aller weltlichen osmanischen Gebäude wurden zerstört, darunter wunderbare Bauten aus dem 14. Jahrhundert, die man noch in 1960er-Jahren sprengte. Erst kürzlich begannen Anstrengungen, die schönsten Beispiele osmanischer Architektur zu retten.

Premierminister Ismet Pascha (links), eben von der Lausannekonferenz zurückgekehrt, die die Grenzen der modernen Türkei festlegte, und Präsident Mustafa Kemal Atatürk. Dazwischen Atatürks Frau Latifah, Oktober 1923.

Die Silhouette der Süleymanyye, 1964 von der alten Galata-Brücke aus aufgenommen, als es in Istanbul noch keine Hochhäuser gab.

# LISTE DER HERRSCHER

## Seldschukische Dynastien

### Großseldschukische Herrscher 1037–1157

| | |
|---|---|
| 1037–63 | Tugril I. |
| 1063–73 | Alp Arslan *(Sieger der Schlacht von Manzikert, 1071)* |
| 1073–92 | Malik Schah I. |
| 1092–94 | Mahmud I. |
| 1094–1105 | Barkiyaruq |
| 1105 | Malik Schah II. |
| 1105–1118 | Muhammad I. Tapar |
| 1118–57 | Ahmed Sanjar |

### Seldschukische Herrscher von Kirman (südlicher Iran) 1041–1187

| | |
|---|---|
| 1048–73 | Ahmad Qawurd |
| 1073–74 | Kirman Schah |
| 1074–85 | Sultan Schah |
| 1085–97 | Turan Schah I. |
| 1097–1101 | Iran Schah |
| 1101–42 | Arslan Shah I. |
| 1142–56 | Muhammad I. |
| 1156–70 | Togrül Schah |
| 1170–70 | Bahram Schah *(1.R.)* |
| 1170–71 | Arslan Schah II. *(1.R.)* |
| 1171–72 | Bahram Schah *(2.R.)* |
| 1172–77 | Arslan Schah II. *(2.R.)* |
| 1177–83 | Turan Schah II. |
| 1183–87 | Muhammad II. |

*(Kirman wurde 1187 wahrscheinlich von gusischen Stämmen erobert)*

### Seldschukische Herrscher in Syrien 1076–1117

| | |
|---|---|
| 1078–95 | Tutush I. |
| 1095–1113 | Ridwan |
| 1113–14 | Alp Arslan al-Akhras |
| 1114–23 | Sultan Schah |

*(Sultane/Emire von Damaskus)*

| | |
|---|---|
| 1076–78 | Abaq al-Khwarazmi |
| 1078–95 | Tutush I. *(von Syrien)* |
| 1095–1104 | Duqaq |
| 1104 | Tutush II. |

### Seldschukische Sultane von Rum 1077–1307

| | |
|---|---|
| 1081–92 | Süleyman Ibn Qutalmïsh |
| 1092–1109 | Kilij Arslan I. |
| 1109–16 | Malik Schah. |
| 1116–56 | Mas'ud I. |
| 1156–92 | Kilij Arslan II. |
| 1192–97 | Kay Khusrau I. *(1. R.)* |
| 1197–1204 | Süleyman II. |
| 1204–05 | Kilij Arslan III. |
| 1205–11 | Kay Khusrau I *(2. R.)* |
| 1211–20 | Kay Ka'us I. |
| 1220–37 | Kay Qubadh I. |
| 1237–46 | Kay Khusrau II. |
| 1246–57 | Kay Ka'us II *(als gemeinsamer Herrscher, 1248–57)* |
| 1248–65 | Kilij Arslan IV. *(als gemeinsamer Herrscher, 1248–57)* |
| 1265–82 | Kay Khusrau III. |
| 1282–84 | Mas'ud II. *(1. R.)* |
| 1284 | Kay Qubadh III. *(1. R.)* |
| 1284–93 | Mas'ud II *(2. R.)* |
| 1293–94 | Kay Qubadh III *(2. R.)* |
| 1294–1301 | Mas'ud II *(3. R.)* |
| 1301–03 | Qubadh III *(3. R.)* |
| 1303–07 | Mas'ud II *(4. R.)* |
| 1307 | Mas'ud III *(Sultanat vom Il-Khanat absorbiert )* |

## Emire des Libanon

### Ma'n-Emire

| | |
|---|---|
| ca.1516–? | Qormaz I. |
| ?–? | Ma'n I. |
| ?–? | Ma'n II. |
| ?–1585 | Qormaz II. |
| 1585–1633 | Fakhr al-Din |
| 1633–58 | Mulhim Ibn Yunis |
| 1658–97 | Ahmad Ibn Mulhim |

### Shihab-Emire

| | |
|---|---|
| 1697–1707 | Bashir I. |
| 1707–32 | Haydar |
| 1732–54 | Mulhim |
| 1754–70 | Mansur |
| 1770–88 | Yusuf |
| 1788–1840 | Bashir II. |
| 1840–42 | Bashir III. |

## Osmanische Dynastie

### Vorimperiale Oberhäupter der Dynastie

| | |
|---|---|
| ?–1227 | Süleymanschah *(Bey)* |
| 1227–1281 | Ertugrul *(Bey)* |

### Imperiale Oberhäupter der Dynastie

| | |
|---|---|
| 1281–1324 | Osman I. *(Bey)* |
| 1324–60 | Orhan I. *(Bey)* |
| 1360–89 | Murat I. *(Sultan seit 1383)* |
| 1389–1402 | Bayezit I. |

*(Interregnum, 1402–1413)*

| | |
|---|---|
| 1413–21 | Mehmet I. |
| 1421–44 | Murat II. *(1. R.)* |
| 1444–45 | Mehmet II. |
| 1445–51 | Murat II. *(2. R.)* |
| 1451–81 | Mehmet II. *(2. R.; der Eroberer)* |
| 1481–1512 | Bayezit II. |
| 1512–20 | Selim I. *(Kalif seit 1517)* |
| 1520–66 | Süleyman I. *(Kanuni; der Prächtige)* |
| 1566–74 | Selim II. |
| 1574–95 | Murat III. |
| 1595–1603 | Mehmet III. |
| 1603–17 | Ahmed I. |
| 1617–18 | Mustafa I. |
| 1618–22 | Osman II. |
| 1622–23 | Mustafa I. |
| 1623–40 | Murad IV. |
| 1640–48 | Ibrahim I. |
| 1648–87 | Mehmet IV. |
| 1687–91 | Süleyman II. |
| 1691–95 | Ahmed II. |
| 1695–1703 | Mustafa II. |
| 1703–30 | Ahmed III. |
| 1730–54 | Mahmut I. |
| 1754–57 | Osman III. |
| 1757–74 | Mustafa III. |
| 1774–89 | Abdul Hamid I. |
| 1789–1807 | Selim III. |
| 1807–08 | Mustafa IV. |
| 1808–39 | Mahmut II. |
| 1839–61 | Abd'l Mecid |
| 1861–76 | Abdulaziz |
| 1876 | Murat V. |
| 1876–1909 | Abdul Hamid II. |
| 1909–18 | Mehmet V *(Reschad)* |
| 1918–22 | Mehmet VI. *(Vahdeddin; abgesetzt)* |

## Byzantinische Kaiser

### Seit dem 11. Jahrhundert

| | |
|---|---|
| 976–1025 | Basileios II. *(der Bulgarentöter)* |
| 1025–28 | Konstantin VIII. *(Bruder von Basileios II.)* |
| 1028–34 | Romanus III. *(Schwiegersohn Konstantins VIII.)* |
| 1034–41 | Michael IV. *(Gatte der Witwe v. Romanus III.)* |
| 1041–42 | Michael V. (*Cousin Michaels IV.)* |
| 1042 | Zoe und Theodora *(Töchter Konstantins VIII.)* |
| 1042–55 | Konstantin IX. *(Gatte der Witwe von Michael IV.)* |
| 1055–56 | Theodora *(wiedereingesetzt)* |
| 1056–57 | Michael VI. *(von Theodora auserwählt)* |
| 1057–59 | Isaak I. Komnenus *(stürzte Michael VI.)* |
| 1059–67 | Konstantin X. Ducas *(Beim Rücktritt Isaaks I. gewählt)* |
| 1068–71 | Romanus IV. Diogenes *(Gatte der Witwe Konstantins X.; Verlierer von Manzikert 1071, von Alp Arslan verschont, auf Anweisung Michaels VII. ermordet)* |
| 1071–78 | Michael VII. Ducas *(Sohn Konstantins X.)* |
| 1078–81 | Nikephorus III *(Gatte der Witwe v. Michael VII.)* |
| 1081–1118 | Alexius I. Komnenus *(Neffe von Isaak I.)* |
| 1118–43 | Johannes II. Komnenus (Sohn von *Alexius I.)* |
| 1143–80 | Manuel I. Komnenus *(Sohn von Johnannes II.)* |
| 1180–83 | Alexius II. Komnenus *(Sohn Manuels I.)* |
| 1183–85 | Andronicus I. Komnenus *(Neffe von Johannes II.)* |
| 1185–95 | Isaak II. *(Großenkel von Alexius I.)* |
| 1195–1203 | Alexius III. *(Bruder von Isaak II.)* |
| 1203–04 | Isaak II. Angelus *und* Alexius IV. *(wiedereingesetzt, Vater und Sohn)* |
| 1204 | Alexius V. *(Schwiegersohn von Alexius III.)* |
| 1204–22 | Theodor I. *(Schwiegersohn von Alexius III.)* |
| 1222–54 | Johannes III. Ducas *(Schwiegersohn Theodors I.)* |
| 1254–58 | Theodor II. *(Sohn von Johannes III.)* |
| 1258–1261 | Johannes IV. *(Sohn Theodors II.)* |
| 1259–82 | Michael VIII. Palaeologus *(stellte das Byzantinische Reich nach der Eroberung durch die Lateiner wieder her.)* |
| 1282–1328 | Andronicus II. Palaeologus *(Sohn Michaels VIII.)* |
| 1328–41 | Andronicus III. Palaeologus *(Enkel von Andronicus II.)* |
| 1341–91 | Johannes V. Palaeologus *(Sohn von Andronicus III.)* |
| 1347–54 | Johannes VI. Kantakuzenus *(Schwiegervater von Johannes V.)* |
| 1376–79 | Andronicus IV. Palaeologus *(Sohn von Johnannes V.)* |
| 1390 | Johannes VII. Palaeologus *(Sohn von Andronicus IV.)* |
| 1391–1425 | Manuel II. Palaeologus *(Sohn von Johannes V., Bruder von Andronicus IV.)* |
| 1425–48 | Johannes VIII. Palaeologus *(Sohn Manuels II.)* |
| 1449–1453 | Konstantin XI. Palaeologus *(Sohn Manuels II.; abgesetzt und wahrscheinlich auf Geheiß von Mehmet II. (dem Eroberer) getötet* |

## Lat. Kaiserreich von Romania

### Lateinische Kaiser Konstantinopels

| | |
|---|---|
| 1204–05 | Baldwin I. von Flandern |
| 1206–16 | Henry von Hainault |
| 1217 | Peter von Courtenay |
| 1217–19 | Yolanda |
| 1221–28 | Robert von Courtenay |
| 1228–61 | Baldwin II. |
| 1231–37 | John von Brienne |

### Despotat von Epirus

| | |
|---|---|
| 1204–15 | Michael I. |
| 1215–24 | Theodor |

### Kaiser/Despoten von Thessaloniki

| | |
|---|---|
| 1224–30 | Theodor |
| 1230–40 | Manuel |
| 1240–44 | Johannes |
| 1244–46 | Demetrius |

### Despotat von Epirus

| | |
|---|---|
| 1237–71 | Michael II. |
| 1271–96 | Nikephorus |
| 1296–1318 | Thomas |
| 1318–23 | Nicholas Orsinir |
| 1323–55 | Johnannes Orsini |
| 1335–40 | Nikephorus II. |

### Sebastocratoren von Thessalien

| | |
|---|---|
| 1271–96 | Johannes I. |
| 1296–1303 | Konstantin |
| 1303–18 | Johannes II. |

## Husayniden-Beys von Tunesien

| | |
|---|---|
| 1705–35 | Al-Husayn I. |
| 1735–56 | Ali I. |
| 1756–59 | Muhammad I. |
| 1759–82 | Ali II. |
| 1782–1814 | Hammuda Pasha |
| 1814 | 'Uthman |
| 1814–24 | Mahmud |
| 1824–35 | Al-Husayn II. |
| 1835–37 | Mustafa |
| 1837–55 | Ahmad I. |
| 1855–59 | Muhammad II. |
| 1859–82 | Muhammad III. |
| 1882–1902 | Ali III. |
| 1902–06 | Muhammad IV. |
| 1906–22 | Muhammad V. |
| 1922–29 | Muhammad VI. |
| 1929–42 | Ahmad II. |
| 1942–43 | Muhammad VII. |
| 1943–57 | Muhammad VIII. |
| 1957 | Rashad |

*(Ausrufung der Republik Tunesien am 20. März 1957)*

## Karamanlis von Tripolitanien

| | |
|---|---|
| 1711–45 | Ahmad Bey I. |
| 1745–54 | Muhammad |
| 1754–95 | Ali I. |
| 1795–96 | Ahmad II. |
| 1796–1832 | Yusuf *(abgesetzt)* |

*(Wiedereinführung der direkten osmanischen Herrschaft 1835)*

## Giray-Khane der Krim

**Osmanische Vasallen seit dem späten 15. Jahrhundert**

| | |
|---|---|
| 1449–56 | Hajji Giray I *(1. R.)* |
| 1456 | Haydar Giray |
| 1456–66 | Hajji Giray I *(2.R.)* |
| 1466–67 | Nur Dawlat Giray*(2.R.)* |
| 1467–74 | Mengli Giray *(1.R.)* |
| 1474–75 | Nur Dawlat Giray *(2. R.)* |
| 1475–76 | Mengli Giray *(2. R.)* |
| 1476–78 | Nur Dawlat Giray *(3. R.)* |
| 1478–1514 | Mengli Giray *(3. R.)* |
| 1514–23 | Muhammad Giray I. |
| 1523–24 | Ghazi Giray I. |
| 1524–3 | Sa'adat Giray I. |
| 1532 | Islam Giray I. |
| 1532–51 | Sahib Giray I. |
| 1551–77 | Dawlat Giray I. |
| 1577–84 | Muhammad Giray II. |
| 1584–88 | Islam Giray II. |
| 1588–96 | Ghazi Giray II. *(1. R.)* |
| 1596 | Fath Giray I. |
| 1596–1608 | Ghazi Giray II. *(2.R.)* |
| 1608 | Toqtamïsh Giray |
| 1608–10 | Salamat Giray I. |
| 1610 | Muhammad Giray III. *(1.R.)* |
| 1610–23 | Jani Beg Giray *(1.R.)* |
| 1623–24 | Muhammad Giray III. *(2. R.)* |
| 1624 | Jani Beg Giray *(2. R.)* |
| 1624–27 | Muhammad Giray III. *(3. R.)* |
| 1627–35 | Jani Beg Giray *(3. R.)* |
| 1635–37 | 'Inayat Giray |
| 1637–41 | Bahadur Giray |
| 1641–44 | Muhammad Giray IV. *(2. R.)* |
| 1644–54 | Islam Giray III. |
| 1654–66 | Muhammad Giray IV. *(2. R.)* |
| 1666–71 | 'Adil Giray |
| 1671–78 | Salim Giray I. *(2. R.)* |
| 1678–83 | Murad Giray |
| 1683–84 | Hajji Giray II. |
| 1684–91 | Salim Giray I. *(2. R.)* |
| 1691 | Sa'adat Giray II. |
| 1691–92 | Safa' Giray |
| 1692–99 | Salim Giray I. *(3. R.)* |
| 1699–1702 | Dawlat Giray II. *(2. R.)* |
| 1702–04 | Salim Giray I. *(4. R.)* |
| 1704–07 | Ghazi Giray III. |
| 1707–08 | Qaplan Giray I. *(2. R.)* |
| 1708–13 | Dawlat Giray II. *(2. R.)* |
| 1713–16 | Qaplan Giray I. *(2. R.)* |
| 1716–17 | Dawlat Giray III. |
| 1717–24 | Sa'adat Giray III. |
| 1724–30 | Mengli Giray II. *(1. R.)* |
| 1730–36 | Qaplan Giray I. *(3. R.)* |
| 1736–37 | Fath Giray II. |
| 1737–40 | Mengli Giray II. *(2. R.)* |
| 1740–43 | Salamat Giray II. |
| 1748–56 | Arslan Giray *(1. R.)* |
| 1756–58 | Halim Giray |
| 1758–64 | Qïrïm Giray *(1. R.)* |
| 1764–67 | Salim Giray III. *(1. R.)* |
| 1767 | Arslan Giray *(2. R.)* |
| 1767–68 | Maqsud Giray *(1. R.)* |
| 1768–69 | Qïrïm Giray *(2. R.)* |
| 1769 | Dawlat Giray IV. *(1. R.)* |
| 1769–70 | Qaplan Giray II. |
| 1770–71 | Salim Giray III. *(2. R.)* |
| 1771–72 | Maqsud Giray *(2. R.)* |
| 1772–75 | Sahib Giray II. |
| 1775–77 | Dawlat Giray IV. *(2 R.)* |
| 1777–83 | Shahin Giray *(1. R.)* |
| 1783 | Bahadur Giray II. |

*(Russland annektierte die Krim 1783)*

| | |
|---|---|
| 1783–87 | Shahin Giray *(erneut, aber als russischer Vasall)* |

## Mamelukische Herrscher Ägyptens

| | |
|---|---|
| 1250 | Shajarat al-Durr |
| 1250–57 | Al-Mu'izz al-Din Aybak |
| 1257–59 | Al-Mansur Nur al-Din Ali |
| 1259–1260 | Al-Muzaffar Sayf al-Din Qutuz |
| 1260–77 | Al-Zahir Baibars |
| 1277–79 | Al-Sa'id Nasir al-Din Baraka |
| 1279 | Al-Adil Badr al-Din Salamish |
| 1279–90 | Al-Mansur Sayf al-Din Qalawun |
| 1290–93 | Al-Ashraf Salah al-Din Khalil |
| 1293–94 | Al-Nasir Muhammad *(1. R.)* |
| 1294–96 | Al-Adil Zayn al-Din Kitbougha |
| 1296–99 | Al-Mansour Husam al-Din Lajin |
| 1299–1309 | Al-Nasir Muhammad *(2. R.)* |
| 1309–10 | Al-Muzaffar al-Din Baibars II |
| 1310–41 | Al-Nasir Muhammad *(3. R.)* |
| 1341 | Al-Mansur Sayf al-Din Abu Bakr |
| 1341–42 | Al-Ashraf Ala al-Din Kujuk |
| 1342 | Al-Nasir Shihab al-Din Ahmad |
| 1342–45 | Al-Salih Imad al-Din Ismail |
| 1345–46 | Al-Kamil Sayf al-Din Shaban II. |
| 1346–47 | Al-Muzaffar Sayf al-Din Hajji I. |
| 1347–51 | Al-Nasir Nasir al-Din Al-Hasan *(1. R.)* |
| 1351–54 | Al-Salih Salah al-Din Salih |
| 1354–61 | Al-Nasir Nasir al-Din Al-Hasan *(2. R.)* |
| 1361–63 | Al-Mansur Salah al-Din Muhammad |
| 1363–77 | Al-Ashraf Nasir al-Din Shaban II. |
| 1377–82 | Al-Mansur Ala al-Din Ali |
| 1382 | Al-Salih Salah al-Din Hajji II. |
| 1382–89 | Al-Zahir Sayf al-Din Barquq |
| 1389–90 | Al-Salih Salah al-Din Hajji II. *(erneut)* |
| 1390–99 | Al-Zahir Sayf al-Din Barquq *(erneut)* |
| 1399–1405 | Al-Nasir al-Din Faraj *(1. R.)* |
| 1405 | Al-Mansur Izz al-Din Abd Al-Aziz |
| 1405–1412 | Al-Nasir al-Din Faraj *(2. R.)* |
| 1412 | Al-Adil Al-Mustayn *(Abbasiden-Kalif, zum Sultan ernannt)* |
| 1412–21 | Al-Muayad Sayf al-Din Shaykh |
| 1421 | Al-Muzaffar Ahmad II. |
| 1421 | Al-Zahir Sayf al-Din Tatar |
| 1421–22 | Al-Salih Nasir al-Din Muhammad III. |
| 1422–38 | Al-Ashraf Sayf al-Din Barsbay |
| 1438 | Al-Aziz Jamal al-Din Yusuf |
| 1438–53 | Al-Zahir Sayf al-Din Jaqmaq |
| 1453 | Al-Mansour Fakhr al-Din Uthman |
| 1453–61 | Al-Ashraf Sayf al-Din Inal |
| 1461 | Al-Muayad Shihab al-Din Ahmad |
| 1461–67 | Al-Zahir Sayf al-Din Khushqadam |
| 1467 | Al-Zahir Sayf al-Din Yalbay |
| 1467–68 | Al-Zahir Timurbugha |
| 1468–96 | Al-Ashraf Sayf al-Din Qaitbay |
| 1496–98 | Al-Nasir Muhammad IV. |
| 1498–1500 | Al-Zahir Qansawh |
| 1500–01 | Al-Ashraf Janbulat |
| 1501 | Al-Adil Sayf al-Din Tuman Bey I. |
| 1501–1516 | Al-Ashraf Qansawh al-Ghawri |
| 1516–17 | Al-Ashraf Tuman Bey II. *(von Selim I. bei Raydaniyah besiegt; hingerichtet)* |

## Spätere Herrscher Ägyptens

**Ägyptische Dynastie Muhammad Alis**

| | |
|---|---|
| 1805–48 | Muhammad Ali Pascha *(G.)* |
| 1848 | Ibrahim Pascha *(G.)* |
| 1848–54 | Abbas Hilmi I. Pascha *(G.)* |
| 1854–63 | Muhammad Sa'id Pascha *(G.)* |
| 1863–79 | Isma'il Pascha *(G. bis 1867, dann Khedive)* |
| 1879–92 | Muhammad Tawfiq *(Khedive)* |
| 1892–1914 | Abbas Hilmi II. *(abgesetzt)* |
| 1914–17 | Husayn Kamil |
| 1917–36 | Ahmad Fu'ad I. *(Sultan bis 1922, dann König)* |
| 1936–52 | Faruk *(durch Offiziersputsch abgesetzt)* |
| 1952–53 | Ahmad Fu'ad II. |

*(1953 Proklamation der der ägyptischen Republik)*

# REGISTER